DEUS OU NADA

CARDEAL ROBERT SARAH
E NICOLAS DIAT

DEUS OU NADA

Entrevista sobre a Fé

Tradução
J. Figueiredo
Eliane da Costa Nunes Brito

1ª edição

Fons Sapientiae

São Paulo, 2016

@ Librairie Arthème Fayard, 2015 – all Rights reserved

Título original: Dieu ou rien Entretien sur la foi

Autor: Cardinal Robert Sarah avec Nicolas Diat

© 2016 – Distribuidora Loyola de livros.

FUNDADOR: Jair Canizela (*1941-†2016)
DIRETOR GERAL: Vitor Tavares
DIRETOR EDITORIAL: Rogerio Reis Bispo
EDITORA: Cristiana Negrão
CAPA: Diego de Castro
DIREITOS DA FOTO DA CAPA: Guinean Cardinal Robert Sarah, president of the Pontifical Council Cor Unum, is eligible to vote in the upcoming conclave. He is pictured in a 2011 file photo. (CNS photo/Paul Haring)
DIAGRAMAÇÃO: Claudio Tito Braghini Junior
TRADUÇÃO: J. Figueiredo e Eliane da Costa Nunes Brito
PREPARAÇÃO: Joseli Brito
REVISÃO: Patrícia de Fátima Santos

Este livro segue as regras da Nova Ortografia da Língua Portuguesa.

Dados Internacionais de Catalogação na Publicação (CIP)
(Câmara Brasileira do Livro, SP, Brasil)

Sarah, Robert, 1945-
  Deus ou nada : entrevista sobre a fé / Cardeal Robert Sarah e Nicolas Diat ; [tradução J. Figueiredo, Eliane da Cota Nunes. -- 1. ed. -- São Paulo : Edições Fons Sapientiae, 2016.

Título original: Dieu ou rien : entretien sur la foi.
ISBN 978-85-63042-35-4

  1. Igreja Católica - Apologética 2. Deus 3. Sarah, Robert, Cardeal, 1945- 4. Teologia natural I. Diat, Nicolas, 1956-. II. Título.

16-02014   CDD-211

Índices para catálogo sistemático:

1. Deus : Conhecimento: Teologia natural 211

Edições *Fons Sapientiae* é um selo da
Distribuidora Loyola de Livros
Rua Lopes Coutinho, 74 - Belenzinho
03054-010 São Paulo - SP
T 55 11 3322 0100
F 55 11 4097 6487

Todos os direitos reservados. Nenhuma parte desta obra pode ser reproduzida ou transmitida por qualquer forma ou quaisquer meios (eletrônico ou mecânico, incluindo fotocópias e gravação) ou arquivada em qualquer sistema ou banco de dados sem permissão escrita.

*Ao monsenhor Louis Barry,
tão grande por sua coragem.*

*Ao frère Vincent
e a todos aqueles que se revezam
incansavelmente à sua cabeceira.*

"Porque nada é impossível a Deus."
Lucas 1,37

"Tende uma só alma e um só coração,
voltados para Deus."

Santo Agostinho, *Regra*

"Porque o homem do mundo quer mudar seu lugar, seu destino, seus ídolos, e mudar perpetuamente, o amigo de Deus deve permanecer e manter-se no lugar em que Deus o colocou. Com efeito, entre os amigos de Deus e o mundo, há antítese e ruptura. O que um escolhe, o outro o rejeita. De outro modo, não haveria mais dois campos, mas um só: o mundo."

Père Jérôme, *Écrits monastiques*

Sumário

Prefácio à edição brasileira Cardeal Sarah: de Ourous ao Vaticano .. 11

INTRODUÇÃO "Deus se encontra por caminhos baixos."
Père Jérôme, *Car toujours dure longtemps*... 13

1 OS SINAIS DE DEUS NA VIDA DE UM
FILHO DA ÁFRICA 19

2 A ESTRELA DOS REIS MAGOS 57

3 DE PIO XII A FRANCISCO, OS PAPAS DE UMA VIDA 103

4 EM BUSCA DA IGREJA 129

5 AS PEDRAS ANGULARES E OS FALSOS VALORES 195

6 QUESTÕES DO MUNDO PÓS-MODERNO 213

7 PARA ESTAR NA VERDADE 253

8 O MISTÉRIO DA INIQUIDADE E AS
GRANDES DÚVIDAS 275

9 *EVANGELII GAUDIUM*, A ALEGRIA DO
EVANGELHO SEGUNDO O PAPA FRANCISCO 297

10 DEUS NÃO FALA, MAS SUA VOZ É DISTINTA................ 327

NOTAS 365

Prefácio à edição brasileira
Cardeal Sarah: de Ourous ao Vaticano

Ao ler a entrevista do cardeal Robert Sarah ao jornalista Nicolas Diat, *Deus ou nada*, lembrei-me da observação do papa Francisco, no *Angelus* da Praça São Pedro, na manhã de 8 de novembro de 2015: "A Igreja se renova com a oração e a santidade diária de cada pessoa batizada".

A vida do cardeal Sarah testemunha isso. Mais: a vida do cardeal Sarah testemunha as surpresas de Deus. Nascido em um país de pouca expressão política, batizado em uma vila desconhecida de todos nós, ele ocupa hoje, por escolha do papa Francisco, um dos mais importantes cargos na Igreja: o de prefeito da Congregação para o culto divino e a disciplina dos sacramentos. Contudo, e quem o conhece pode testemunhar isso, cargos e responsabilidades não mudaram seu jeito simples de ser, a atenção que dá a quem a ele se dirige e o olhar calmo de quem sabe o que quer.

O cardeal Sarah tem, além de ideias claras, a capacidade de apresentá-las de forma direta. Ele não impõe seus pontos de vista: apresenta-os, num grande respeito ao interlocutor. É provável que, ao fazê-lo, o cardeal tenha consciência de que nem todos concordarão com o que ele pensa e diz; mesmo assim, vai adiante, pois sabe em quem pôs sua confiança.

As convicções do cardeal Sarah devem muito aos missionários franceses que conheceu na infância; reforçaram-se ao longo de seus estudos teológicos e se expressaram nas diversas responsabilidades eclesiais que precisou assumir em seu país e, mais tarde, na Santa Sé.

"A Igreja se renova com a oração e a santidade diária de cada pessoa batizada." A leitura de *Deus ou nada* leva o leitor a imergir numa experiência em que se entrecruzam fé e vida, amor a Deus e amor à Igreja, trabalho e dedicação ao próximo, realismo e esperança. Como é confortante poder acompanhar, em poucas horas, a ação da graça divina numa pessoa que demonstra ter um desejo: servir à Igreja, na consciência de que Deus continua utilizando-se de "vasos de barro" (2Cor 4,7), para neles colocar suas riquezas. Ao término da leitura desta entrevista, não se sente o desejo de exaltar a figura do cardeal, mas se é levado, sim, a pensar: em busca de "pescadores de homens", Jesus continua indo ao mar da Galileia, em vez de procurá-los no Templo de Jerusalém.

A oração e a santidade diária são a base da renovação da Igreja, lembra-nos o papa Francisco. As respostas do cardeal Sarah, na entrevista que aqui está, vêm lembrar-nos de que cada um de nós pode dar sua contribuição para a renovação da Igreja e do mundo. Eis aí um belo desafio para nós, brasileiros.

Dom Murilo S. R. Krieger, scj
Arcebispo de São Salvador

INTRODUÇÃO
"Deus se encontra por caminhos baixos."
Père Jérôme, *Car toujours dure longtemps...*

Há encontros radicais que mudam uma parte de nosso olhar. O encontro com o cardeal Robert Sarah é intimamente desta natureza. Não há um antes e um depois, mas a evidência de se encontrar com um homem de Deus.

Em *L'Art d'être disciple,* père Jérôme, monge da abadia Notre-Dame de Sept-Fons, da Ordem cisterciense da estrita observância, escrevia: "Não peçais a vosso mestre falar, para nada dizer. Questionai-o sobre os problemas do destino humano e sobre os problemas conexos, problemas sempre atuais. Como ele os vê? O que faz para aceitá-los com coragem e tranquilidade? Perguntai o que ele conhece com certeza, o que não o questiona mais, o que considera indiscutível e imutável. Fazei-o falar sobre o drama de sua verdadeira personalidade, não sobre a comédia artificial que lhe impõem, talvez, as circunstâncias. Fazei-o falar sobre sua insatisfação e suas esperanças, sobre sua fé religiosa, sobre sua confiança em Deus, sobre sua oração. Perguntai como e até que ponto, pelo dom de si, ele se libertou. Informai-vos de onde vem a lucidez de suas recusas. Que ele vos confie o que descobre em seu silêncio. Que vos diga qual é a fonte de suas lágrimas e a razão de seu sorrir. Ide ao essencial desse homem. E se ele aceita retomar, para vos ajudar, seus cadernos escolares ou seus instrumentos de aprendiz, agradecei-lhe por sua docilidade".

Ao longo desses meses de conversações com o cardeal Robert Sarah, procurei praticar os preceitos simples e exigentes do père Jérôme. Esse santo monge trapista se dirigia a um noviço para convidá-lo a melhor conhecer os conselhos e convites de seu mestre.

O cardeal Robert Sarah é um mestre espiritual extraordinário. Um grande homem por sua humildade, um guia doce e firme, um sacerdote que nunca cansa de falar do Deus que ama.

O cardeal Robert Sarah teve uma vida excepcional, embora pense sinceramente que esta existência foi realmente muito banal.

O cardeal Robert Sarah é um companheiro de Deus, um homem de misericórdia e de perdão, um homem de silêncio, um homem bom.

Quando repenso as longas horas passadas juntos a trabalhar neste livro, volto sempre aos primeiros momentos, em que ele me falava de sua infância, na Guiné mais distante, no fundo do interior, no fim do mundo, da pequena vila rural de Ourous, da penumbra da igreja, dos missionários, de seus pais e de seu povo, os coniaguis.

Estou certo de que Deus colocou sobre o cardeal um olhar particular; e penso também que sua expectativa é imensa. Mas Deus pode tranquilizar-se, porque o cardeal o ama da maneira mais bela que um homem pode amar seu Pai.

No livro, o novo prefeito da Congregação para o culto divino e a disciplina dos sacramentos fala muito de Bento XVI. Com admiração, gratidão e alegria.

INTRODUÇÃO

Mas o pontífice do qual o cardeal Robert Sarah se sente mais próximo é Paulo VI. Entre Giovanni Battista Montini e o filho da África há uma correspondência misteriosa. Suas duas espiritualidades, suas duas místicas, suas duas teologias convergem da mesma maneira, simples e ascética, para Deus.

Certamente, nas últimas horas de seu pontificado, Paulo VI escolheu um sacerdote de pouca experiência para fazê-lo o bispo mais jovem do mundo. Este sacerdote chamava-se padre Sarah. Mas sua relação é mais ampla, mais secreta, mais profunda. O elo entre Paulo VI e o cardeal Sarah se situa no lado do espírito de infância, da docilidade, da radicalidade, da exigência de verdade, seja qual for o preço a pagar.

Em 1º de setembro de 1976, na audiência geral, Paulo VI podia dizer: "Para construir a Igreja, é preciso dar-se ao trabalho, é preciso sofrer. A Igreja deve ser um povo de fortes, um povo de testemunhas corajosas, um povo que sabe sofrer por sua fé e para sua difusão no mundo, em silêncio, gratuitamente, e sempre por amor". Dois anos mais tarde, Paulo VI deixava este mundo; mas estas poucas palavras poderiam ser novamente pronunciadas pelo cardeal Sarah, que não esquece nunca que "a Igreja deve ser um povo forte", porque nada em sua vida jamais foi fácil nem gratuito. Um homem que atravessou um dos regimes ditatoriais mais sangrentos da África avalia melhor que ninguém o valor desta meditação de Paulo VI, que data de 1963, quando o sucessor de Pedro inicia sua marcha: "Deus fala à alma agitada ou à alma pacífica? Sabemos perfeitamente que para escutar esta voz, é preciso que reine um pouco de calma, de tranquilidade. Devemos nos afastar de toda excitação ou nervosismo ameaçadores, sermos nós mesmos. Eis o elemento essencial: em nós mesmos! Por conseguinte, o compromisso não está do lado de fora, mas em nós".

Se fosse preciso guardar na memória uma só passagem deste livro, é sem dúvida a confidência do cardeal no momento em que parecia impossível assumir seu episcopado diante de todas as dificuldades políticas, econômicas e sociais da Guiné. Então Robert Sarah partia para um convento de monges, longe do barulho e da fúria, para estar só com Deus, jejuando, sem alimentação nem água, durante vários dias, tendo como única companhia a Eucaristia e a Bíblia. Toda a personalidade do filho de Ourous, guiado pelos missionários espiritanos, está aqui. E em nenhuma outra parte. Sua mensagem é verdadeiramente a de Paulo VI, que não temia afirmar, em 1970: "É preciso que cada um aprenda a rezar da mesma maneira em si mesmo, e de si mesmo. O cristão deve saber possuir uma oração pessoal. Cada alma é um templo. Quando entramos neste templo de nossa consciência para adorar a Deus que aí está presente? Seríamos almas vazias, embora cristãs, almas ausentes de si mesmas, que esquecem o misterioso e indizível encontro, o diálogo filial e inebriante que Deus, Deus uno em três pessoas, digna nos oferecer dentro de nós?".

Há muitos acontecimentos excepcionais na vida do cardeal Sarah, particularmente as raízes de sua vocação sacerdotal. Nada no ambiente animista que foi o seu o predispunha a deixar sua pequena vila rural para entrar aos onze anos no seminário menor. Este dia no qual deixou seus pais com um pequeno enxoval marcou o início de uma longa e tumultuada travessia, como se forças obscuras tentassem por todos os meios possíveis impedir um jovem adolescente de se tornar sacerdote: a pobreza, o afastamento de sua família, a ditadura marxista, a perseguição militar, a tempestade que soprava na Igreja, os ventos contrários da ideologia... Mas este homem permaneceu firme porque pensava que Deus estaria sempre perto dele.

Como os monges, ele sabe que a monotonia e a repetição dos dias que passam é também a energia escondida do encontro autêntico com Deus. Como a sequência de sua vida pôde lhe provar que Deus o esperava sempre mais longe...

De uma religião primitiva, Robert Sarah atingiu os cimos do cristianismo.

INTRODUÇÃO

Hoje, continua absolutamente o mesmo: humilde, atencioso e determinado. João Paulo II disse muitas vezes que ele não precisava economizar suas forças nesta terra, porque nós teríamos a eternidade para desfrutar o repouso. Robert Sarah pensa também que seu trabalho não acabará senão no instante de sua morte. Ele está na terra para servir a Deus e ajudar os homens.

Em 2010, Bento XVI confiou-lhe o Conselho pontifício *Cor unum*, que tem por função administrar a caridade do papa. Ele tomava tal decisão certo de que esse homem originário de um pequeno país frágil saberia melhor do que ninguém compreender a vida dos pobres. O antigo papa estava certo! Porque Robert Sarah não descobriu a miséria nos livros, nos salões burgueses ávidos de boa consciência ou nos anfiteatros febricitantes por mudar o mundo pela vontade desregrada de egos empolados... Nasceu numa família pobre que nada possuía e pôde seguir os estudos graças à ajuda de missionários franceses que lhe deram tudo.

Às vezes, o pensamento do cardeal parece áspero e demasiado exigente. Tem certamente um grande mistério por ser tão radical para não mostrar finalmente senão a via de um justo meio. Robert Sarah desenvolve em cada coisa uma doce e angélica obstinação.

"Consola-te, não me procurarias se não me tivesses encontrado", escrevia Pascal em seus *Pensées*.

A vontade do cardeal sempre se voltou somente para Deus. Porque o desejo permanente de Robert Sarah é de encontrá-lo pela oração. Ele crê no poder da oração. É simples de dizer, mas, para este homem, trata-se das batidas de coração de toda uma vida. Mais ainda, o filho dos missionários intrépidos pensa que a oração é apenas uma maravilhosa transposição dos atos da amizade. Com Paulo VI, em viagem às Filipinas, pôde também dizer: "O amor de Deus é indissociável, nos ensina Jesus Cristo, do amor do próximo. O apóstolo deve estar sedento de uma caridade sempre mais real, mais universal. Seu amor por seus irmãos, e particularmente pelos mais fracos e pelos mais pobres, estará enraizado no amor que Deus tem conosco e, especialmente, 'com os mais pequenos dentre os seus'. O amor por Deus não é uma segurança para si: é uma exigência de partilha".

Longe de sua pátria, em Roma, o coração de Robert Sarah permanece sempre perto de seus irmãos africanos, de todos aqueles que sofrem com a guerra, a doença, a fome. No outono de 2014, quando o papa Francisco o nomeou em suas novas funções, o cardeal estava triste. Outros se alegrariam com uma promoção tão brilhante, teriam desfilado como pavões que fazem a roda... Robert Sarah nada procurou, nada pedia. Desejava somente continuar a servir os pobres.

Robert Sarah dá em sua simples pessoa a prova de um êxito não espetacular, mas essencial. A piedade deste homem, sutil e reservada, é de uma simplicidade atemporal. Sua relação com Deus é evidente porque se alimenta de uma existência inteira de fidelidade, de constância, de amor e de confiança. É um combatente, mestre na arte de não atrair a atenção e, no entanto, portador de uma força indescritível.

O filho de Claire e de Alexandre Sarah é, às vezes, semelhante a um monge que parte em uma grande viagem para encontrar seu Deus, seu amor. É pacífico, confiante, com uma pequena inquietude, um pequeno sofrimento, rapidamente apagados pela lâmina incandescente de sua fé.

Os amigos de Deus estão certamente sempre escondidos em sua sombra. Robert Sarah é um familiar da casa de Deus e conhece bem as entradas.

Nicolas Diat
Roma, 25 de janeiro de 2015.

1
OS SINAIS DE DEUS
NA VIDA DE UM FILHO DA ÁFRICA

"O que me admira, diz Deus, é a esperança.
E eu não posso acreditar.
Essa pequena esperança que não parece nada.
Essa menina esperança.
Imortal."

Charles Péguy,
Le Porche du mystère de la deuxième vertu

NICOLAS DIAT: A primeira questão de nossa entrevista trata do seu nascimento em Ourous, no coração dos planaltos da Guiné. Não é fácil compreender como o filho dos campos africanos pôde tornar-se cardeal...

CARDEAL ROBERT SARAH: Você tem toda razão! É difícil compreender o que sou hoje ao olhar para minhas origens tão modestas.

Quando penso no meio animista, profundamente ligado a seus costumes, de onde o Senhor me tirou para fazer de mim um cristão, um sacerdote, um bispo, um cardeal e um dos colaboradores próximos do papa, sou invadido por uma grande emoção.

Nasci em 15 de junho de 1945 em Ourous, uma das menores vilas rurais da Guiné, no norte do país, perto da fronteira com o Senegal. É uma região de montanhas medianas, distante da capital, Conakry, e muitas vezes olhada com pouco interesse pelas autoridades administrativas e políticas.

Com efeito, minha terra dista cerca de 500 quilômetros de Conakry. O percurso para lá chegar leva um dia inteiro em estradas particularmente difíceis. Acontece algumas vezes, na época das chuvas, de os carros se atolarem. A viagem pode ser interrompida por longas horas, entre a retirada do veículo da lama e o atolar-se novamente um pouco mais adiante. Quando vim ao mundo, a maior parte das estradas eram apenas caminhos de terra.

Ourous representa a época mais preciosa de minha existência na Guiné. Cresci num lugar isolado do mundo em que ia à escola para obter o diploma do ensino primário. Seguíamos o mesmo programa que as crianças francesas, e assim aprendi que meus antepassados eram gauleses...

Nessa época, os padres espiritanos, membros da Congregação do Espírito Santo fundada no século XVIII por Claude Poullart des Places e reformada no século XIX pelo padre François Libermann, tinham já convertido numerosos animistas à fé cristã. Esses missionários vieram à nossa região porque o Islá era pouco presente; viam ali possíveis campos de evangelização. Em Conakry, por exemplo, o trabalho de conversão era quase nenhum porque os muçulmanos encontravam-se desde muito tempo em posição dominante.

Hoje, minha pequena vila rural é quase inteiramente cristã e conta com perto de mil habitantes.

O chefe de Ourous do início do século XX – a missão foi fundada em 1912 – acolheu os espiritanos generosamente. Deu-lhes um terreno com mais de quarenta hectares para favorecer a implantação do culto católico. A exploração dessas terras permitiria aos missionários encontrar no local os recursos necessários para atender a todas as despesas da missão e à manutenção dos alunos internos. Seis meses após a chegada dos espiritanos, um deles foi antecipadamente levado por uma morte prematura. Não se deve esquecer de que a higiene era então muito sumária. Os casos de malária, em particular, eram frequentes.

Em tal contexto, esses homens de Deus aceitavam grandes sacrifícios e assumiam muitas privações, sem queixa, com uma generosidade inesgotável. Os moradores os ajudaram a construir suas casas. Depois, progressivamente, juntos edificaram uma igreja. Esse lugar de culto foi decorado pelo padre Fautrard que mons. Raymond Lerouge, primeiro vigário apostólico de Conakry, acabava de designar para Ourous.

Meu pai viu a construção da missão e da igreja. Ele me contou que tinha sido escolhido com sete outros jovens, animistas como ele, para transportar até a pequena vila rural o sino, que chegara de barco a Conakry. Revezando-se regularmente, durante uma semana, realizaram essa desgastante viagem.

Mais tarde, meu pai, Alexandre, foi batizado e casou-se no mesmo dia, 13 de abril de 1947, isto é, dois anos após meu nascimento.

Como era a vida de seu povo, os coniaguis, esta pequena etnia do norte da Guiné?

Os coniaguis são um povo composto quase exclusivamente de agricultores e pecuaristas, que conseguiram preservar suas tradições. De onde eles vêm? Segundo alguns pesquisadores, os coniaguis são parentes dos yolas da Casamance, cuja língua seria quase idêntica à deles. Ora, os yolas, segundo a memória oral, são filhos de Guelowar Bamana. Com efeito, à margem do rio de Geba, oposta a Bissau, vivem os yolas ou biagares, cujo território se estende até Koli e faz fronteira com o dos bassaris. Segundo a tradição oral dos griots, uma jovem filha coniagui, Guelowar Bamana, estaria na origem das dinastias de Gabu ou Kaabu, que remontariam ao século XIII, e de todas as populações da região do Sine, seja o Senegal, a Guiné-Bissau, a Gâmbia e o noroeste da Guiné-Conakry: "Nessa época, o filho do rei desposou uma jovem encontrada no mato, misteriosamente: ela descendia dos espíritos e não falava mandingue. Aprendeu a falar e a comer como os mandingues, ou os malinkes. De seu casamento nasceram quatro filhas que desposaram respectivamente os reis de Djimana, de Pinda, de Sama e do Sine. Somente podem ser imperadores do Gabu os descendentes varões, mas pela linha matrilinear".

Meus antepassados eram fundamentalmente animistas, fiéis aos ritos e às festas seculares que ainda ritmam suas existências.

Na minha infância, vivíamos em cabanas redondas feitas de tijolo, com um só cômodo, recobertas por uma argamassa de palha, cercadas de uma galeria coberta onde tomávamos em geral nossas refeições. Ao lado, possuíamos uma ou duas outras pequenas cabanas nas quais guardávamos o arroz, o fonio, o amendoim, o milho e as colheitas. Tínhamos campos e arrozais; o produto da terra servia para alimentar as famílias, e o excedente era vendido nos mercados. Era uma existência simples, sem atritos, humilde e confiante. A vida comunitária, a atenção de cada um às necessidades dos outros revestiam-se de grande importância.

Os moradores, a fim de se ajudarem no trabalho dos campos, organizavam-se em grupos de quinze a vinte pessoas. Durante todo o período dos cultivos e das colheitas, cada grupo dedicava dias fixos para trabalhar no campo de um de seus membros, segundo um calendário estabelecido de comum acordo. Quando um ciclo desses trabalhos terminava, tendo cada um recebido seu grupo em seu campo, recomeçávamos, até o fim do período de cultivo. Essa solidariedade permitia a cada um, quando era a sua vez, ser eficazmente ajudado por seu grupo. Acontecia também de uma família convidar algumas pessoas do vilarejo para ajudá-la nos trabalhos do campo. Ela oferecia, então, cerveja de milho ou hidromel, e a refeição do meio-dia aos amigos que aceitassem seu convite.

O senhor pode me descrever os antigos ritos religiosos de seus antepassados, especialmente o importante rito de passagem para a vida adulta?

O povo coniagui é muito religioso, ligado a Deus, denominado *Ounou*. Mas não pode entrar em contato com ele a não ser mediante os antepassados.

O Deus de meus antepassados é o Criador do universo e de tudo o que existe. É um Ser supremo, inefável, incompreensível, invisível e inatingível. Mas está no centro de nossas vidas e impregna toda a nossa existência. Não é raro encontrar entre os coniaguis nomes teofóricos como *Mpooun* ("o segundo de Deus"), *Taoun* ("o terceiro de Deus"), *Ounouted* ("é Deus que sabe"), ou *Ounoubayrerou* (é que você é Deus?).

O essencial da vida religiosa e ritual articula-se em torno de um duplo sistema: os ritos funerários de um lado e os ritos de iniciação de outro.

Os ritos funerários consistem em oferendas sacrificiais, feitas com libação de sangue de animais ou de cerveja de milho. Essas oferendas são espalhadas no solo ou ao pé de uma árvore sagrada, sobre um altar ou sobre uma estela de madeira representando os antepassados. Elas pretendem apaziguar os gênios, agradecer a Deus e solicitar favores às potências sobrenaturais. Há três ritos ou três tipos de oferendas. 1) O "*rhavanhë*", para os funerais, é um momento fundamental porque abre a porta da cidade dos antepassados aos defuntos de certa idade; não se celebra o "*rhavanhë*" para aqueles que morreram com menos idade, nem para os jovens, provavelmente por causa de sua inocência, isto é, por sua incapacidade de cometer um mal grave e deliberado; após a morte, são readmitidos à cidade dos antepassados sem que haja necessidade de sacrifício. 2) O *"sadhëkha"*, celebrado como uma oferenda de ação de graça pelos benefícios recebidos, por exemplo, na ocasião de um nascimento, ou para pedir a bênção de atos importantes. 3) O *"tchëva"* tem por finalidade obter o fim das calamidades como a seca e a invasão de nuvens de gafanhotos devastadores que devoram as folhas e os frutos das árvores. Trata-se de uma procissão noturna através dos campos e da pequena vila, a fim de pedir a proteção de Deus sobre as culturas e os trabalhos. Esse rito assemelha-se à procissão das rogações, que foi praticada na Igreja católica até o concílio Vaticano II, e que existe ainda hoje em diferentes países, como o México. Ele é celebrado pelas mulheres, presidido pelo *"loukoutha"*, que é uma máscara especial para esta cerimônia; o *"loukoutha"* é um espírito de forma humana, vestido de fibras ou de folhas para não ser visto nem reconhecido pelas mulheres e pelas crianças não iniciadas.

A cerimônia de iniciação de um jovem constitui realmente um momento essencial na vida do povo coniagui. É precedida pelo rito da circuncisão, concebida como uma prova de resistência física. Com efeito, na ocasião da circuncisão, efetuada sem anestesia na idade de doze anos, o menino não deve chorar, qualquer que seja a dor. Esta operação abre um período transitório de dois a três anos para preparar o menino à sua iniciação; ela tem por fim realizar uma transformação radical da pessoa para passá-la da infância ao estado de adulto. O adolescente torna-se então um homem plenamente responsável por si e pela sociedade.

Após as danças folclóricas que começam sábado à tarde e duram toda a noite, os jovens são conduzidos à floresta, então confinados uma semana para serem exercitados no sofrimento, educados na resistência, na renúncia a favor do bem comum, no respeito escrupuloso dos anciãos, dos mais velhos e das mulheres. Realmente, a iniciação é um tempo de aprendizagem dos costumes, das tradições e das boas maneiras em sociedade. O jovem aprende igualmente as propriedades das plantas para curar algumas doenças.

A iniciação poderia parecer positiva; mas, de fato, este rito é um estratagema, uma dissimulação que utiliza a mentira, a violência e o medo. As provas físicas ou as humilhações são tais que não conduzem a uma transformação verdadeira nem a uma assimilação livre dos ensinamentos em que a inteligência, a consciência e o coração deveriam ser solicitados. Cultiva-se uma submissão servil às tradições por medo de ser eliminado ao não se conformar às prescrições. Durante o rito de iniciação, os guardiões dos costumes fazem com que as mulheres acreditem que o jovem adolescente morre e renasce para outra vida. O iniciado é comido por um gênio, o *"nh'ëmba"*, e, segundo as crenças animistas, é restituído à sociedade com um espírito novo. A cerimônia de volta ao vilarejo é particularmente solene, porque o jovem aparece pela primeira vez simulando fisicamente um homem diferente, dotado de novos poderes diante da sociedade.

A iniciação é um rito obsoleto, incapaz de responder às questões fundamentais de nossa existência e de mostrar como o homem guineano pode se integrar de maneira justa num mundo cheio de desafios.

Com efeito, uma cultura que não favorece a capacidade de progredir, de se abrir a outras realidades sociais para acolher serenamente sua própria transformação interior, fecha-se em si mesma. Ora, a iniciação nos torna escravos de nosso meio, nos empareda no passado e no medo.

Os missionários espiritanos permitiram que meu povo compreendesse que somente Jesus nos dá verdadeiramente nascer de novo, "nascer da água e do Espírito", como disse Cristo a Nicodemos (Jo 3,5).

A iniciação foi sempre um rito secreto comportando conhecimentos e práticas exclusivamente reservadas aos iniciados. Uma educação esotérica, num círculo secreto de iniciados, não pode suscitar dúvidas sobre seu valor, sua consistência e sua capacidade de transformar realmente um homem. A Igreja se opôs sempre a esse tipo de gnose. Mais grave, com respeito à educação das meninas, algumas práticas devem ser proibidas; com efeito, o rito atinge gravemente a dignidade da mulher: perversamente, a iniciação danifica sua integridade mais íntima.

De meu lado, fui levado à floresta por meu tio, Samuel MPouna Coline, que ainda vive.

Meu pai aceitou fazer-me iniciar com a condição de que a cerimônia fosse breve. Como seminarista, era impensável que eu faltasse à missa por uma semana. Para meu pai e para mim, a missa já representava o único momento que transforma o homem nesta terra. Minha iniciação, portanto, durou simplesmente três dias...

Como o senhor vê hoje sua infância em Ourous? Qual era sua rotina?

Certamente, minha infância foi muito feliz. Cresci na paz e na simplicidade inocente de um vilarejo no centro do qual se encontrava a missão dos espiritanos.

Vivia numa família piedosa, serena, pacífica, em que Deus estava presente e a Virgem Maria era filialmente venerada.

Como numerosos habitantes, meus pais eram agricultores. Guardei um grande respeito ao trabalho bem-feito observando-os tão rigorosos e felizes. Levantavam cedo pela manhã para ir ao campo, eu partia com eles às 6 horas. Aos 7 anos, não me foi mais possível acompanhá-los porque devia, após a missa, ir à escola. Devo dizer que não éramos ricos; o produto de nosso trabalho nos permitia alimentar, vestir e assegurar o mínimo necessário. A grandeza de coração, a honestidade, a humildade, a generosidade e a nobreza dos sentimentos de meus pais, sua fé e a densidade de sua vida de oração, especialmente sua confiança em Deus, muito me impressionaram. Jamais os vi em conflito com alguém.

Lembro-me também das partidas de futebol, do esconde-esconde, das argolas e particularmente das danças intermináveis à claridade do luar. Como esquecer os longos momentos passados com os anciãos, com os companheiros, ouvindo contos e lendas da cultura coniagui? Isso era para nós, crianças, como uma escola, momentos maravilhosos que nos eram oferecidos para melhor assimilarmos os valores e as tradições. As cerimônias festivas eram regulares e cheias de cores. Guardo na memória precisamente as grandes festas no momento das colheitas. Esvaziávamos os celeiros sem nos preocupar se iríamos necessitar...

Qualquer um podia vir à nossa cabana, em qualquer momento do dia e da noite. Todo mundo era bem-vindo para partilhar da refeição. A maior felicidade do meu pai e da minha mãe, sua maior alegria interior, era ver nossos hóspedes felizes, regiamente recebidos em nossa pequena casa. Para eles, havia uma bênção divina e uma imensa alegria no simples fato de acolher os outros; nossa pequena família de três pessoas se via durante alguns dias "uma multidão comparável à dos astros do céu"(Hb 11,12).

O amor, a generosidade e a alegria de abrir as portas de sua casa aos vizinhos ou aos estrangeiros levam sempre a dilatar os espaços de nosso coração; "O nosso coração se abriu de par em par", dizia são Paulo na segunda carta aos Coríntios (6,11). O altruísmo permanecerá no centro de todas as coisas. Por exemplo, lembro-me ainda que meu pai tinha um amigo que, todo ano, vinha de longe passar as festas de Natal e depois as de Páscoa em nossa casa. Ficava com a família o tempo que desejasse; minha mãe estava sempre disponível, com o mesmo sorriso e muita delicadeza.

Como se desenrolaram os anos na escola francesa de seu vilarejo?

A partir dos 7 anos, depois da missa matinal, ia à escola primária. Nessa época, podíamos falar nossa língua em casa e o francês na sala de aula e no pátio de recreação. Se infringíssemos esta regra, éramos punidos com "a marca", uma espécie de pequeno colar de madeira rústica que simbolizava nossa falta... Mas, de fato, as crianças se mostravam orgulhosas de ir à escola, aprender a língua e a cultura francesas. Nossa ambição era realmente de nos abrir a tudo o que conduzia ao conhecimento e ao mundo da ciência.

A amizade com os colegas da escola era forte; existia uma grande união entre os jovens. Podíamos brigar, mas nunca gravemente. Agora, perdi muitos desses amigos, que morreram muito jovens; alguns vivem ainda no vilarejo ou em outras regiões da Guiné. Guardo numerosas recordações dessa época tão pura, marcada pelo heroísmo dos missionários, cujas vidas estavam todas impregnadas de Deus.

Eu era filho único, cercado de grande afeto, sem ser superprotegido. Meus pais nunca me castigaram; eu tinha para com eles uma ternura inexaurível e uma afetuosa veneração. Apesar da volta deles para a casa do Pai, sinto ainda o amor que nos mantém profundamente unidos.

Lembro-me também de minha avó materna, que foi batizada no fim de sua vida, no momento mesmo de sua morte. Foi batizada com o nome de Rosa, a santa à qual a paróquia era dedicada. Minha avó aceitou o batismo quando o sacerdote lhe explicou que poderia nos reencontrar no céu.

Inicialmente, ela não compreendia o sentido do batismo; foi uma grande alegria que ela se tornasse filha de Deus, porque eu estava certo de que iríamos um dia viver juntos no céu, um ao lado do outro.

Em Ourous, os espiritanos aparecem finalmente no centro de sua vida...

De fato, como lhe disse, nasci em 15 de junho de 1945 e recebi o sacramento da confirmação em 15 de junho de 1958, em Bingerville, das mãos do mons. Boivin, então arcebispo de Abidjan. Fui batizado com dois anos, em 20 de julho de 1947, por um espiritano, e fui ordenado sacerdote em 20 de julho de 1969 por um bispo espiritano, o mons. Raymond-Marie Tchidimbo.

Minha entrada na família de Cristo deve tudo ao devotamento excepcional dos padres espiritanos. Guardarei durante minha vida uma imensa admiração por esses homens que deixaram a França, suas famílias e seus laços a fim de levar o amor de Deus aos confins do mundo.

Os três primeiros missionários que fundaram a missão Santa Rosa de Ourous foram os padres Joseph Orcel, Antoine Reeb e Firmin Montels. Chegaram no período das festas de Páscoa do ano de 1912, apresentando-se ao comandante do Círculo francês de Youkounkoun, que se recusou a acolhê-los. Continuaram a viagem e chegaram a Ithiou. De lá, atravessaram o rio e chegaram a Ourous onde foram recebidos de braços abertos.

Durante três meses, acamparam na floresta. Faltava-lhes tudo, sofriam com a fome e com a hostilidade do comandante do Círculo que se encontrava a um quilômetro e meio de Ourous. Toda manhã, após a missa o padre Orcel, com a colher de pedreiro e o martelo na mão, construía a cabana provisória que devia abrigá-los. Seis meses depois, o padre Montels caiu gravemente doente, fisicamente esgotado; Deus o chamou em 2 de setembro de 1912, tornando-se assim a "pedra" de fundação da missão.

Toda tarde, os padres de Ourous reuniam as crianças perto de uma grande Cruz, plantada no pátio da missão, simbolizando o coração e o centro do vilarejo; podíamos vê-la de longe; era a orientação de toda a nossa vida! Era em torno da Cruz que se fazia nossa educação humana e espiritual. Aqui, quando o sol começava a se pôr, os missionários nos introduziam nos mistérios cristãos.

Sob a proteção da imensa Cruz de Ourous, Deus nos preparava para os acontecimentos dolorosos da perseguição revolucionária que a

Igreja de meu país conheceria durante todo o período do regime de Sékou Touré. Esse governo ditatorial levou as populações ao embrutecimento, à mentira, à brutalidade, à mediocridade e à miséria espiritual.

A Igreja na Guiné conheceu um terrível caminho da Cruz. Toda a jovem nação se transformara num vale de lágrimas. Se devemos um certo reconhecimento a Sékou Touré por seu papel na conquista de nossa independência, como esquecer os crimes atrozes, o campo Boiro em que muitos prisioneiros morreram cruelmente torturados, humilhados e eliminados em nome da revolução orquestrada por um poder sanguinário, obcecado pelo espectro do complô?

A experiência física da Cruz é uma graça absolutamente necessária para nosso crescimento na fé cristã e uma ocasião providencial de nos conformar a Cristo a fim de entrar nas profundidades do inefável. Compreendemos então que, ao atravessar o coração de Jesus, a lança do soldado abriu um grande mistério, porque foi mais longe do que o coração de Cristo, ela abriu Deus, ela acabou, por assim dizer, no meio mesmo da Trindade.

Agradeço aos missionários que me fizeram compreender que a Cruz é o centro do mundo, o coração da humanidade e a âncora de nossa estabilidade. Realmente há um só ponto firme neste mundo para assegurar o equilíbrio e a consistência do homem. Tudo mais é movediço, mutável, efêmero e incerto: "*Stat Crux, dum volvitur orbis*" [Somente a Cruz permanece estável, enquanto o mundo gira ao redor]. O calvário é o ponto mais alto do mundo, de onde podemos tudo ver com olhos diferentes, os olhos da fé, do amor e do martírio: os olhos de Cristo.

Em Ourous, fomos marcados por essa presença da Cruz, que foi desenraizada pela revolução de Sékou Touré, substituída pela bandeira nacional e finalmente posta em seu lugar após a morte do ditador.

Quando a Cruz caiu, foi para os fiéis cristãos um sofrimento indescritível. Nesse momento, o dispensário, a casa dos padres e a das

Irmãs do Sagrado Coração de Versailles, as escolas e o cemitério foram confiscados e nacionalizados.

Durante minha infância, os padres nos ensinavam o catecismo de Pio X em nossa língua, depois em francês, nos dois últimos anos preparatórios para o diploma dos estudos. Eles nos falavam da Bíblia ou da História da Igreja. As crianças apresentavam muitas questões e os espiritanos evocavam suas missões em outros países. Ao cair da noite, cantávamos as orações da tarde; então eles nos abençoavam e nos dirigíamos para nossas cabanas. Você pensa talvez que eu descrevo um mundo idílico, mas essa era a realidade.

Meus pais não faltavam nunca à celebração dominical. Ajudei na missa, primeiro aos domingos, depois o padre Marcel Bracquemond me pediu que viesse todos os dias ajudar na missa das seis horas. Observara que eu gostava da celebração divina. Para nos ajudar a realizar nossa função de coroinhas, o padre superior, Martin Martinière, designara um de nossos mais velhos, Barnabé Martin Tany, para nos ensinar as primeiras orações ao pé do altar. Depois, terminada a missa, ia para casa tomar o desjejum e me dirigia em seguida para a escola.

Como nasceu sua vocação sacerdotal e a decisão de entrar no seminário?

Se eu procuro a fonte de minha vocação sacerdotal, como não ver, como são João Paulo II, que "ela palpita no Cenáculo de Jerusalém"? É do Cenáculo. No decorrer da última ceia de Jesus com seus discípulos, "a noite em que foi entregue" (1Cor 11,23), "a imensa noite das origens", e desta primeira celebração eucarística, que decorre a seiva que alimenta toda vocação, a dos apóstolos e de seus sucessores, como a de todo homem. Na primeira Eucaristia se encontra minha vocação sacerdotal, e a de todos os sacerdotes. Eu também fui posto à parte, chamado para servir a Deus e à Igreja, desde o seio materno. Em cada uma de minhas

Eucaristias diárias, ouço ressoar em meu coração as Palavras que Jesus dirigia aos apóstolos, neste dia memorável do lava-pés, da instituição do sacerdócio e da Eucaristia, como se estas palavras me fossem dirigidas: "Compreendeis o que vos fiz? Vós me chamais de Mestre e Senhor, e dizeis bem, pois eu o sou. Se, pois, eu Senhor e Mestre, vos lavei os pés, vós deveis, também vós, lavar-vos os pés uns aos outros; pois é um exemplo que eu vos dei: o que eu fiz por vós, fazei-o vós também" (Jo 13,12-15). Estou certo de que, naquela noite, Jesus pensava também em mim e que colocara já sua mão sobre minha cabeça.

Foi no contexto da Eucaristia diária que o padre Bracquemond, ao ver sem dúvida meu desejo ardente de conhecer a Deus, impressionado provavelmente por meu amor à oração e por minha fidelidade à missa diária, me perguntou se eu queria entrar no seminário. Com o espanto e a espontaneidade que caracterizam as crianças, respondi que eu queria muito, ignorando tudo aquilo a que eu me engajava, porque nunca deixara meu vilarejo, e tudo da vida num seminário...

Ele me explicou que se tratava de uma casa orientada pela oração e pelo afeto de toda Igreja. Esse jugar, dizia, me prepararia com outros jovens para me tornar sacerdote como ele. Com essa simples explicação, minha alegria de ser padre um dia encheu duplamente meu coração de admiração e de "loucura"!

O padre pediu-me que falasse com meus pais, Alexandre e Clara, que ele conhecia perfeitamente.

Primeiro, fui ver minha mãe para lhe dizer que poderia talvez entrar no seminário. Ela desconhecia totalmente o que constituía o seminário, mas ficou curiosa para saber por que eu queria ir para lá. Expliquei-lhe que se tratava de entrar numa escola especial que me prepararia para me tornar sacerdote consagrado a Deus, como os padres espiritanos... Então, com os olhos arregalados, respondeu-me que eu tinha perdido a cabeça falando daquela maneira, ou que não compreendera as palavras do padre. Para minha mãe e os habitantes do vilarejo, todos os padres eram necessariamente brancos... De fato, parecia-lhe impossível que um negro pudesse se tornar sacerdote! Assim sendo, era-lhe evidente que eu tinha entendido mal as palavras do padre Marcel Bracquemond. Recomendou-me, pois, falar disso com meu pai, convencida que eu acabava de dizer uma enorme tolice sem futuro.

No mesmo dia, fui ao encontro de meu pai no campo e ele teve a mesma reação... Tentei dizer-lhe que fora o padre Bracquemond que me havia persuadido: sim, eu podia me tornar um deles. Com um sorriso ao mesmo tempo repleto de ternura e ironia, meu pai abraçou-me contra seu peito consolando-me com seu ceticismo. Ele tinha certeza de que eu estava lhe contando um sonho da noite anterior! Para ele também meu desejo era impossível; um negro não pode se tornar sacerdote na Igreja católica. Essa ideia ridícula, ele pensava, só podia ter sido germinada de minha ingenuidade infantil. Mas insisti afirmando que se tratava das próprias palavras do padre Bracquemond... Então, decidiram verificar com ele a autenticidade da história. O padre confirmou-lhes que eu não mentira e que efetivamente me dera a ideia: tornar-me sacerdote, e primeiro entrar no seminário menor para me formar! Meus pais caíam literalmente das nuvens. À noite, ao luar, propuseram-me partir por um ano, mostrando que não sabiam quantos anos de estudos o seminário podia exigir...

Tinha onze anos e acabava de receber o diploma do ensino primário. Na época, os seminaristas menores da Guiné se formavam na Costa do Marfim. Entusiasmado, feliz, orgulhoso, nada sabia da vida que me esperava no seminário Saint-Augustin de Bingerville.

Ao deixar meus pais, sentia que o curso do tempo mudava. Percebia que os laços com Ourous rompiam-se progressivamente, enquanto outros iriam nascer entre o Senhor e eu que nada possuía senão um pequeno coração já enamorado dEle. Era filho único e compreendia que o sacrifício era muito pesado para eles. Fizeram com suas mãos uma pequena mala que continha duas ou três calças, algumas camisas e nada mais. Meus pais me ajudaram a organizar a viagem e um deles me acompanhou a Labé, um vilarejo a 250 quilômetros de Ourous para pegar um caminhão que me conduziria até Conakry. Tive a chance de viajar com outro seminarista, Alphonse Sara Tylé, que entrara em Bingerville pouco tempo antes. Foi para mim um companheiro precioso e tranquilizador no início dessa aventura extraordinária.

Nunca havia deixado meu vilarejo. Não conhecia ninguém além dos habitantes de Ourous. Em Conakry, eu me senti perdido. Entretanto, estava sempre alegre por entrar no seminário e pelos encorajamentos de Alphonse, de mais idade, sobre o caminho que nos levava a Deus. Eu dizia a mim mesmo que se ele tivesse partido e depois voltado, sua experiência seria fortemente rica. Pegamos um grande navio, o *Foucault*, para uma viagem de quatro dias que nos conduziu a Abidjan, depois de ter contornado as ilhas de Loos e a costa da Serra Leoa e a da Libéria. Evidentemente, eu não sabia nadar. Por isso, muito me surpreendi vendo aquela máquina pesadamente carregada de mercadorias e de passageiros que "marchava" na água. Que descoberta! Havia muitos viajantes e muitas bagagens, e reinava uma grande efervescência. Embarquei com uma dezena de seminaristas da Guiné cujos nomes não posso esquecer: Adrien Tambassa, Pascal Lys, Maximin Bangoura, Richard Bangoura, Camille Camara, Alphonse Sara Tylé, Joseph Mamidou, Yves Da Costa e Jean-Marie Touré. Eu era o mais novo...

Viajamos no porão do navio, onde fazia um calor sufocante. Era impossível comer. O cheiro das máquinas e das cozinhas nos dava náusea; o pouco que conseguíamos engolir de uma comida muito gordurosa logo servia para alimentar os peixes! Nada parava em nosso estômago. Os únicos momentos agradáveis e maravilhosos, durante os quatro dias de viagem, foram a hora da missa, celebrada pelo capelão do navio, numa capela que ficava na primeira classe. Naquele ambiente de luxo e de bem-estar, tirando os balanços do navio, desejávamos que a missa durasse horas e horas. Infelizmente, acabada a missa, íamos passear alguns instantes no convés, depois voltávamos ao porão que se tornava um verdadeiro inferno.

Chegamos esgotados ao porto de Abidjan. Um veículo nos conduziu em seguida ao seminário menor Saint-Augustin. Depois dessa viagem difícil, a verdadeira aventura estava para começar.

A partida para o seminário menor não foi um pouco brutal, com o afastamento do universo familiar?

Por um deplorável concurso de circunstâncias, o primeiro ano foi muito mau. Até o Natal, passei bem em meus estudos. Depois, fiquei doente. Anêmico e debilitado, eu era cuidado sem que se soubesse de qual mal eu sofria. Os superiores me ameaçaram devolver-me para minha família porque eu não gozava de uma saúde suficientemente forte. Na época, exigia-se dos seminaristas os "3 S": a santidade, a sabedoria [la science] e a saúde para continuar a formação para o sacerdócio... Preciso dizer que eu não possuía nenhum desses três "S"!

Com medo de ser tirado do seminário por causa de minhas debilidades, pedi à irmã enfermeira que dissesse ao padre superior que eu estava melhor, mas isto não era senão uma piedosa e generosa mentira. Eu não queria voltar para casa fracassado. Realmente os médicos cuidavam de mim ao acaso. O padre superior acabou solicitando a especialistas alguns exames mais aprofundados. Descobriu-se então que eu estava infestado de ancilóstomos que me consumiam pouco a pouco. Um tratamento adequado me libertou desses parasitas e eu comecei a retomar as forças. Em junho, o Superior, de acordo com os professores, me autorizou a voltar depois das férias para o segundo ano escolar, com a condição expressa de que eu recuperasse o atraso de meu primeiro ano e que obtivesse bons resultados no segundo ano.

Assim, o tempo das férias maiores chegou e tomamos o navio de volta para a Guiné. Eu não contei a meus pais que tinha estado tão doente porque temia que eles me dissessem num tom firme: "Robert, você não precisa voltar para Bingerville!". Eu temia essa frase terrível... Ora, quando voltei para casa, minha mãe me encontrou frágil e muito magro. Mas encontrei palavras para justificar meu estado físico: "São as exigências do esporte e do trabalho manual diário, os rigores da vida no seminário que me reduziram a isto", ousei explicar; e descaradamente continuei: "Mas estou muito feliz lá e tenho muitos bons amigos entre meus colegas. E depois, mãe, é preciso que eu me habitue pouco a pouco a esta nova vida que é muito bela, embora exija esforços enormes!".

Tive muita sorte, porque meus pais nunca se opuseram à minha vocação. Entretanto, alguns amigos deles, preocupados com sua velhice, procuravam persuadi-los de que eram imprudentes deixando seu único filho se tornar sacerdote. Chegaram até a provocá-los despertando angústias com questões sensíveis: "Pensaram em seus dias de velhice? Quem cuidará de vocês quando chegar o tempo em que não puderem mais trabalhar para suprir suas necessidades? Além disso, não terão netos... Refletiram sobre isso?"

Com a ajuda de Deus, sustentados pela oração diária, meu pai e minha mãe jamais me mostraram suas reticências, porque não queriam se opor ao desejo que estava em meu coração. Meus pais compreendiam a profundidade de minha alegria e em nada contrariavam o projeto de Deus para mim. Como cristãos, consideraram que, se meu caminho me levava verdadeiramente para o seminário, o Senhor me conduziria até o fim.

Depois das férias, feliz, embarquei novamente para Bingerville, a caminho para o segundo ano de seminário. Era 27 de setembro de 1958, a bordo do *Mermoz*.

Nessa época, a Guiné lutava para conquistar sua autonomia. Gritava-se em toda parte no país: "Preferimos a liberdade na pobreza à opulência na escravidão". Minha pátria, após ter optado pela independência imediata, rompia todos os laços com a França. Muitos de meus compatriotas pensavam que as primeiras luzes do sol da liberdade brilhariam doravante no horizonte. A França do general De Gaulle, nervosa e descontente com essa decisão do governo da Guiné, preparava-se para partir com armas e bagagens. Havia um ambiente de alegria e tristeza, de euforia e realismo angustiante ao mesmo tempo.

Naquela atmosfera incerta, embarcamos de volta para Abidjan e Bingerville. O ano escolar 1958-1959 se desenrolou normalmente; meus resultados foram muito bons, sem ser excelentes. Consegui preencher amplamente minhas lacunas e fui aceito para continuar minha formação de futuro sacerdote.

Em seguida, novamente, aconteciam as férias maiores na Guiné, sempre precedidas por quatro dias de jejum e penitência. Porque, para a maior parte de nós, a viagem de barco era um verdadeiro calvário. O enjoo no mar era nosso fiel companheiro de viagem. Nós o detestávamos, e ele nos afetava e não nos abandonava!

O ano escolar de 1959-1960 foi para os seminaristas da Guiné o último ano em Saint-Augustin-de-Bingerville. O padre Thépaut tinha sido substituído pelo padre Messner na direção do seminário. Erámos felizes e nos orgulhávamos vendo modelos africanos entre nossos formadores! Esses jovens sacerdotes eram o orgulho e a consolação dos missionários brancos que saboreavam assim os frutos de seus sacrifícios. Aqueles que eles educaram participavam agora da formação do clero africano. Em Bingerville, lembro-me de que havia um excelente ambiente de trabalho e de comunhão eclesial. Mas nós, os da Guiné, devíamos encurtar um pouco o ano escolar... Os navios que partiam para Conakry se tornavam raros em razão da política revolucionária de Sékou Touré, que se radicalizava e fechava a Guiné sobre si mesma. Devíamos deixar a Costa do Marfim no início do mês de junho, a bordo do *Géneral Mangin,* proveniente de Libreville.

Que lembranças o senhor guarda desses anos na Costa do Marfim?

Minha permanência no seminário menor Saint-Augustin durou apenas três anos, de 1957 a 1960. O programa educativo era rigorosamente idêntico ao dos colégios e liceus franceses, uma vez que os seminaristas deviam fazer os mesmos exames oficiais que seus colegas estudantes. Os professores dedicavam uma parte igual à formação intelectual, humana e espiritual. As atividades esportivas e o trabalho manual diário tinham também sua importância.

Mas a missa diária constituía o cerne do dia. Era preparada cuidadosamente, celebrada com fervor e solenidade, principalmente no domingo. A formação litúrgica, para seguir os mistérios que celebrávamos, era objeto de uma atenção particular. A aprendizagem do silêncio, da disciplina e da vida comum contribuía para formar os seminaristas e para prepará-los para a construção de sua vida interior pessoal e para tornar-se verdadeiros intendentes dos mistérios de Deus. Aprendíamos a viver juntos como uma família, evitando o regionalismo ou o tribalismo. Devíamos mudar constantemente de companheiros durante as horas de passeio ou de recreação para nos habituar a viver fraternalmente com cada um, sem privilegiar nem preferir ninguém. Podíamos assim nos exercitar para ser os futuros sacerdotes de comunidades cristãs multiculturais, multiétnicas e multirraciais. Os padres queriam que a Eucaristia fizesse de nós consanguíneos, uma só família, um só povo, uma só raça, a dos filhos de Deus. O atual arcebispo de Abidjan, o cardeal Jean-Pierre Kutwa, foi meu companheiro de classe.

Com a independência da Guiné, em outubro de 1958, em razão das dificuldades de relação e da má cooperação entre Sékou Touré e Félix Houphouët-Boigny, tivemos de voltar para a Guiné para um seminário--colégio mantido pelos espiritanos.

A partir desse momento, sua formação no seminário foi tributária das dificuldades da vida política da Guiné?

Realmente, dependemos todos do contexto sociopolítico e histórico no qual vivemos. E Deus, mediante os acontecimentos mais ou menos felizes, e dos intermediários de sua escolha, nos forma num certo ambiente. Ele sabe como nos conduzir pelas vicissitudes da história.

Por causa das dificuldades políticas, mons. Gérard de Milleville, então arcebispo de Conakry, decidiu nos repatriar do seminário de Bingerville para o seminário-colégio Sainte-Marie-de-Dixinn. Esse último está situado num dos bairros de Conakry que leva o mesmo nome. Mas, para facilitar nossa vida de futuros sacerdotes, o discernimento de nossa vocação, a formação intelectual, humana e espiritual num ambiente de semissolidão, ele nos instalou no noviciado das Irmãs de Saint-Joseph--de-Cluny, que se encontrava próximo ao colégio de Dixinn. As Irmãs de Cluny não tinham mais noviças; o edifício estava, pois, vazio, pronto para receber o pequeno grupo de seminaristas. No colégio onde estavam presentes jovens cristãos, mulçumanos ou africanos de religião tradicional, importava propiciar aos seminaristas o hábito de "encontros" frequentes com Jesus. Assim, o noviciado das Irmãs transformou-se num seminário, cuja direção foi confiada ao padre Louis Barry.

Como primeiro responsável do seminário, tratava de ser um modelo para que nossa disciplina, nossa piedade, nosso desejo de conhecer sempre cada vez mais Deus crescessem cada dia um pouco mais. Queria inculcar-nos o amor da retidão e da humildade. Seguindo são Paulo, exortava tacitamente pelo seu exemplo em nos ligar a "tudo o que há de verdadeiro, tudo o que é nobre, justo, puro, digno de ser amado, de ser honrado, o que se chama virtude, o que merece elogio, ponde-o no vosso crédito", como diz a carta aos Filipenses; porque o apóstolo dos Gentios disse igualmente: "O que aprendestes, recebestes, ouvistes de mim, observastes em mim, tudo isso ponde-o em prática" (Fl 4,8-9).

Como eu descobriria mais tarde em minha própria experiência sacerdotal, ele queria fazer de nós, desde nossa juventude, com nossas fragilidades, não somente *alter Christus* [outro Cristo], mas antes, *ipse Christus* [o mesmo Cristo].

Seguíamos os cursos com os outros estudantes, como exigia o governo da Guiné. Infelizmente, no fim de um ano, o colégio foi confiscado e nacionalizado pelo Estado, assim como todas as escolas, as obras sociais e os imóveis da Igreja. Essa medida do governo revolucionário da Guiné suscitou imediatamente o protesto enérgico de mons. Gérard de Milleville. Ele foi expulso imediatamente do país por ter defendido os direitos da Igreja. Daí, durante muitos meses, os seminaristas foram constrangidos a permanecer em suas respectivas paróquias, onde os padres procuravam dar-lhes alguns cursos. Sob a pressão do regime e das dificuldades de todas as espécies ligadas às perseguições, muitos seminaristas abandonaram a vocação para incorporar-se às escolas do Estado.

Com alguns colegas desejosos de se consagrar ao Senhor, eu perseverei, porque acreditava verdadeiramente que meu caminho era o sacerdócio. Após múltiplas negociações, nosso novo bispo, mons. Tchidimbo, conseguiu inscrever-nos no colégio do Estado de Kindia para que retomássemos uma vida normal de estudos.

O ano já estava bem adiantado, e devíamos passar no exame para obter o diploma. Como poderíamos passar no exame, uma vez que tínhamos faltado durante mais de seis meses aos cursos? Porque foi somente no mês de março de 1962 que uma dezena de seminaristas, relíquia do grupo de Dixinn, pôde chegar a Kindia, a 150 quilômetros de Conakry. Nós nos dedicamos a converter os locais muito velhos do antigo lar dos jovens em uma casa habitável com sala de estudos, de jogos e um refeitório. O devotamento dos padres permitiu que transformássemos rapidamente em dormitórios as duas salas maiores. O seminário retomava a vida sob o patrono são José e a direção do padre Alphonse Gilbert.

Este, com o coração transbordando ternura por cada um de nós, conseguiu dar novamente sentido à nossa vida de futuros sacerdotes. Sua delicadeza e suas homilias nos moviam para Jesus e nos levavam a uma relação verdadeira, sempre mais íntima com Deus. Fui pessoalmente marcado pelo exemplo, pelas qualidades humanas e pela intensa vida interior deste missionário. Quando um de nós pegava a febre da cólera, do rancor ou de um comportamento pouco digno de um cristão, o padre Gilbert lhe pedia para ir rezar diante do Santíssimo Sacramento para que se confrontasse com Jesus e examinasse sua consciência, aceitando deixar-se pacificar por sua presença.

Após longos meses de paciência, o mons. Tchidimbo conseguiu igualmente obter uma autorização para reabrir o seminário e assegurar os custos dos seminaristas do décimo e décimo primeiro ano, para a preparação do bacharelado. Também, toda semana, com muito devotamento e desejo de construir de maneira sólida o clero africano do amanhã, o padre Gérard Vieira vinha de Conakry para ensinar matemática, assim como o padre Maurice de Chalendar para ensinar latim e grego. Ambos permaneciam conosco um dia inteiro. Eram também grandes modelos de vida sacerdotal e de retidão intelectual. A pedido do arcebispo, o padre Lein, pároco de Mamou, manifestara sua disponibilidade para ensinar filosofia aos maiores e latim aos mais novos. Em 1963, um reforço verdadeiro veio da diocese de Luçon, na França, com os padres Joseph Bregeon e Emmanuel Rabaud. Nós nos beneficiávamos, assim, de uma bela equipe de sacerdotes, competentes e devotados, para nos acompanhar não só na aprendizagem dos conhecimentos humanos, mas principalmente no trabalho de discernimento da vontade de Deus.

Encontramos ainda uma vez a importância dos espiritanos em sua vida. Como o senhor define a espiritualidade que eles lhe transmitiram?

Desde minha infância, antes mesmo dos anos de catecismo, creio que a coisa que mais profundamente me impressionou entre os espiritanos foi a regularidade da vida de oração. Nunca poderei esquecer o rigor espiritual de seu cotidiano.

Os dias dos espiritanos eram ordenados como os dos monges. De manhã, muito cedo, estavam na igreja para rezar em conjunto e individualmente. Depois cada um, em seu altar, celebrava a missa, assistido por um ajudante. Após o desjejum, dedicavam-se aos seus trabalhos. Ao meio-dia, encontravam-se na igreja para a oração do meio-dia e para o Angelus. Logo após a refeição, voltavam à igreja para a ação de graças e a visita ao Santíssimo Sacramento. Após um tempo de repouso, eu os via com curiosidade rezar individualmente, pelas 16 horas, lendo um livro pequeno. Você sabe certamente que se tratava da recitação do Breviário... No fim do dia, pelas 19 horas, acontecia a oração da tarde com todos e, em seguida, o jantar. Às 21 horas, ao redor da grande Cruz, um dos padres se encontrava de bom grado no meio de nós, respondendo às nossas questões e procurando nos introduzir na vida cristã, nos valores humanos, na história sagrada. Terminávamos sempre nossa vigília com um canto. Lembro-me ainda daquele que concluía diariamente nossos dias e que tinha por título "Avant d'aller dormir sous les étoiles" [Antes de ir dormir sob as estrelas]. Esse canto nos dispunha a ajoelhar humildemente diante de Deus para receber seu perdão e sua proteção durante a noite. A canção ainda hoje vive em meu coração.

Ourous conheceu missionários grandes e santos; estavam todos devorados pelo fogo do amor de Deus; suas qualidades humanas, intelectuais, espirituais eram excepcionais, mas todos morreram muito jovens.

Como já disse, o padre Firmin Montels, o fundador, faleceu em 2 de setembro de 1912, apenas seis meses após a fundação da paróquia. No momento em que expirou, cantava: "*O Salutaris Hostia, quae caeli pandis ostium. Bella praemunt hostilia, da robur, fer auxilium*" [Ó hóstia que nos salvou, abrindo a porta dos céus. O inimigo nos assalta, socorre-nos e dá-nos força]. Este padre foi um grande artista e, segundo numerosas testemunhas, um santo. Seus dias estavam bem preenchidos, com quatro horas de aula cada dia para o ensino do catecismo. Obrigou-se à *Via Crucis* diária e, cada semana, a muitas horas de adoração diante do Santíssimo Sacramento. Sem contar a aprendizagem de nossa língua local, que era um exercício diário.

Quando volto meu olhar para o passado e o início da missão, ou para a Guiné em geral, quando considero, um por um, os dons excepcionais da Providência, sei que Deus nos conduziu e adotou. Lembro-me de que eu ficava fascinado ao ver os espiritanos andar todas as tardes, lendo o seu Breviário... Não conseguia parar de olhá-los, maravilhado. Isto pode parecer ingênuo meio século mais tarde, mas não nego o que Deus me fez conhecer.

Todos os dias, os espiritanos viviam no ritmo dos ofícios, da missa, do trabalho, do rosário e eles não negavam jamais seus compromissos de homens de Deus. Criança eu me dizia que, se os padres iam com tal regularidade à igreja, é que eles estavam certos de aí encontrar alguém e de lhe falar com toda confiança. De uma maneira quase evidente, minha ambição era poder, eu também, encontrar Cristo. Quando entrei no seminário, minha aceitação veio da certeza de que me seria dado, um dia como aos missionários, encontrar Jesus na oração.

DEUS OU NADA

Quantas vezes fui tomado profundamente pelo silêncio que reinava na igreja durante a oração dos padres? No início, instalado no fundo do edifício, olhava esses homens perguntando-me o que faziam, de joelhos ou sentados na penumbra, uma vez que nada diziam... Mas pareciam escutar e conversar com alguém naquela meia obscuridade da igreja, iluminada por velas. Fiquei realmente fascinado pela prática da oração e pela atmosfera de paz que ela gera. Parece-me justo afirmar que existe uma forma autêntica de heroísmo, de grandeza e de nobreza nesta vida de oração regular. O homem não é grande a não ser quando está de joelhos diante de Deus.

Certamente, eles não eram perfeitos. Esses homens tinham seus humores, seus limites humanos, mas quero prestar homenagem ao dom generoso de suas vidas, à ascese, à humildade desses religiosos. Em todos os seminários dos missionários, como o de Sébikhotane, por exemplo, encontrei esse desejo de procurar profundamente Cristo nesse diálogo cotidiano. A maneira como entraram em contato com a população foi o modelo de delicadeza e de inteligência prática. Sem esta intimidade com o céu, a tarefa missionária não poderia ser fecunda.

Os sofrimentos que aceitaram não foram vãos. Minha paróquia, a mais recuada do país, foi a que deu o maior número de vocações à Guiné! Isso confirma as palavras proféticas escritas a seu bispo, o padre Orcel, em 15 de agosto de 1925, treze anos após a fundação de Sainte-Rose: "Eu não me surpreenderia completamente que vocações aparecessem entre as nossas crianças. Para mim, acredito que as vocações são a recompensa de uma formação séria na família e na missão".

O catolicismo da Guiné foi marcado profundamente pelos espiritanos. Como não nos lembrar da maneira como os padres se ocuparam de todos, mesmo dos leprosos mais prejudicados? Eles os tocavam e cuidavam deles mesmo quando os doentes emanavam um cheiro insuportável. Eles lhes davam os ensinamentos do catecismo, considerando que os doentes tinham o direito, eles também, de serem instruídos nos mistérios cristãos e de receberem os sacramentos de Cristo.

Apesar dos sofrimentos políticos que se seguiram com a ditadura marxista de Sékou Touré, a Igreja na Guiné se manteve, porque foi fundada sobre a rocha, sobre o sacrifício dos missionários e sobre a alegria do Evangelho. A doutrina comunista nunca pôde justificar a ação destes sacerdotes que percorriam a pé as menores vilas, acompanhados de alguns catequistas, levando sua valise capela sobre a cabeça! A humildade do cristianismo dos espiritanos foi a maior muralha diante dos desvarios igualitários da ideologia marxista revolucionária do Partido Estado da Guiné. Um pequeno grupo de sacerdotes guineanos zelosos e corajosos manteve a chama do Evangelho.

O senhor mantém contato com os espiritanos dessa época?

Certamente, o sacerdote mais marcante do qual Deus se serviu para me revelar a vocação foi o padre Marcel Bracquemond. Ele ainda vive na França. Em 2012, convidei-o a nos unir para festejar o centenário da paróquia de Ourous, e, em agosto de 2014, o visitei em sua casa de retiro na Bretanha.

Para o aniversário de Ourous, não pôde aceitar o meu convite por causa de sua idade e das longas estradas ainda muito difíceis de percorrer. Mas eis a bela carta que eu recebi dele: "Chegou-me, por meio de meus superiores religiosos, seu agradável convite para as celebrações do centenário da paróquia Sainte-Rose-d' Ourous, da qual tenho uma boa lembrança por ter visto sua coragem de ajudante de missa, procurando as galhetas sob a ameaça de uma serpente debaixo da credência. Foi talvez essa coragem que lhe valeu a atenção do papa Bento XVI. A expulsão de maio de 1967 nos separou... Recebi outras atribuições... Agora, com a idade de oitenta e seis anos, com muito boa saúde ainda para ajudar no ministério paroquial na Bretanha, região extremamente cativante, queira bem desculpar uma resposta negativa ao convite de minha parte, por causa das centenas de quilômetros de estrada separando Ourous de Conakry e por causa da atitude de alguns cristãos, hoje influentes nas infelizes circunstâncias que precederam a expulsão... Uma coisa, porém: diga a Samuel Coline, seu tio, cujo casamento com Marie Panaré abençoei, que ela me está presente no espírito muitas vezes, nas horas de orações, para que um lugar lhe seja reservado no reino de Cristo. Cardeal Sarah, eu lhe asseguro minha oração: que por muito tempo possa ser tão corajoso como o conheci e que a vontade de Deus seja feita na medida dos poderes que a Igreja lhe confere".

Como esquecer esse jovem sacerdote que primeiro me falou do seminário e de minha vocação? Como esquecer que ele ajudou meus pais a organizar a grande viagem para uma nova vida, um caminho que depois nunca mais parou...

Ao longo desses anos, parece que seus pais o acompanharam intensamente...

Sim, meus pais sustentaram sempre com suas orações, humildes e fortes, minha vocação e depois meu ministério sacerdotal. Embora já falecidos, meu pai e minha mãe continuam a me velar do céu. Eles são com verdade o sinal mais profundo da presença de Deus em minha vida.

Para manifestar o apoio indefectível de sua ternura, Deus quis que eles falecessem na véspera ou no dia seguinte ao aniversário de meu sacerdócio. Essa coincidência providencial me convenceu de que estariam constantemente a meu lado, no céu, cercando-me sempre com suas orações como fizeram na terra. Fui ordenado bispo de Conakry em 8 de dezembro de 1979, e meu pai faleceu em 7 de dezembro de 1991, no momento em que eu celebrava a Eucaristia por meus doze anos de episcopado. Fui ordenado sacerdote, em 20 de julho de 1969, e minha mãe faleceu em 21 de julho de 2007, no dia seguinte aos meus trinta e oito anos de ordenação sacerdotal.

Sim, senti muito sua partida. Nunca sofri tanto na minha vida. Eu me senti de súbito totalmente só. Estava na região de Abruzzo, na Itália, para meu retiro espiritual, quando minha mãe faleceu, em Conakry. Na manhã de sua morte, ela tentou me falar pelo telefone, mas eu não estava em Roma. Naquela tarde, nos braços de uma religiosa, Irmã Marie-Renée, ela alcançou serenamente a casa do Pai.

Algumas horas após sua morte, o arcebispo de Conakry, mons. Vincent Coulibaly, comunicou-me a notícia. Nessa tarde de 21 de julho de 2007, tive o sentimento de ser cortado das raízes de toda minha vida. Minha tristeza parecia insuperável. De volta a Roma, pude partir em 23 de julho para Conakry. A acolhida e a compaixão de toda a população, cristãos e muçulmanos, foram tão fraternais que tive a impressão de que Deus me inundava com uma chuva de consolação. Nunca esquecerei o apoio amigo de toda a população do meu país. A afeição e os testemunhos de simpatia eram profundamente fraternais, como se meu povo substituísse os irmãos e as irmãs que nunca tive. A ternura da Guiné inteira inundava meu coração.

Voltei a Roma pacificado, porque sentia que meus pais continuariam a estar no centro de minha vida. Viveram sempre como muito bons cristãos, dóceis à vontade de Deus.

Na ocasião de minha partida para Roma, em 2001, minha mãe tinha sido absolutamente admirável. Temia muito deixá-la só, já que começava a envelhecer. Confiei, então, a uma religiosa e a uma amiga a penosa tarefa de lhe revelar minha nova missão em Roma como secretário da Congregação para a evangelização dos povos. Estava tão triste que não tinha a força necessária para lhe anunciar pessoalmente. Ao anúncio de minha futura função a serviço da Igreja universal, minha mãe respondeu com uma fé límpida: "Agradeço a Deus que me deu um só filho, e o Senhor o leva sempre para mais longe de mim a fim de fazer seu trabalho. Agradeço o papa, porque tem muitos bispos no mundo e pensou em meu filho para estar junto a ele. Mas Robert estará à altura da tarefa que o Soberano Pontífice vai lhe atribuir? Será capaz de preencher corretamente a função que o papa quer confiar-lhe? E quem vai sucedê-lo na arquidiocese de Conakry? Peço a Deus que lhe encontre um bom sucessor". Este ato de fé de minha mãe me transtornou, dando-me asas no momento de voar longe dela para a glória de Deus. Enquanto eu lutava para permanecer na Guiné, minha mãe me encorajava à docilidade.

Uma semana depois que deixara Conakry, ela caiu e fraturou o colo do fêmur. Foi hospitalizada de urgência. Quando soube por uma mensagem telefônica, fiquei desamparado; apesar da dor da fratura, ela quis me tranquilizar. De fato, meus pais criaram ao redor de minha vocação um ambiente de paz, de tranquila serenidade e de respeito religioso, para permitir-me caminhar com Deus não escutando outra voz senão a que, como para Abraão, me murmura a cada momento: "Anda na minha presença e sê íntegro" (Gn 17,1).

Meu pai e minha mãe foram uma grande bênção e um precioso tesouro para mim; Deus os abençoou abundantemente, dando-lhes a imensa alegria de participar na cerimônia de minha consagração sacerdotal e depois na episcopal. A única tristeza foi que meu pai não tenha vivido conosco a extraordinária visita pastoral de João Paulo II à Guiné. Ele faleceu dois meses antes da chegada do papa, em fevereiro de 1992. Ao contrário, minha mãe teve a honra de vê-lo e de cumprimentá-lo.

Por todas essas liberalidades divinas, dou graças a Deus. Nada mereci, mas Deus atende muitas vezes o que nada tem. Ele se dignou lançar seus olhos sobre um pequeno garoto de uma vila pobre. Não podia imaginar que Deus realizasse tudo o que Ele fez por mim. Mas quem pode saber por onde Deus nos conduz? Veja são Paulo: em seu ódio contra os cristãos, sabia ele para onde caminhava ao tomar a estrada de Damasco?

E santo Agostinho, jovem ávido de honras e prazeres, fortemente ambicioso, dividido entre seus desejos e suas aspirações, entre sua carne e seu espírito, compreendia o que procurava deixando a África por Milão? Todos somos o objeto desta extraordinária manifestação da misericórdia de Deus. Sua benevolência para conosco é sempre sem limites!

Com o bacharelado no bolso, o senhor partiu rapidamente para a França?

Com efeito, mons. Tchidimbo decidira que eu devia prosseguir o discernimento de minha vocação na França. Em setembro de 1964, parti de Conakry depois do bacharelado para começar meus estudos de filosofia e de teologia no seminário maior de Nancy. O bispo da Lorena então, mons. Pirolet, recebia seminaristas de diferentes países; éramos três da Guiné, mas havia também um do Laos, Antoine Biengta, e outro da Coreia, Joseph Hu.

Éramos uma centena de seminaristas e reinava um ambiente muito bom. Embora estivesse amplamente iniciado na cultura francesa, precisava efetuar outra aclimatação física e cultural... A diferença com a África era grande. Fazia muito frio e pela primeira vez, maravilhado, com os olhos bem abertos, vi a neve cair.

Constatei que as relações humanas eram diferentemente vividas, longe do calor de meu país. Entretanto, esses anos de filosofia escolástica foram uma bela experiência num ambiente intercultural enriquecedor. Os professores trabalhavam muito por nossa formação.

Quando cheguei a Nancy, os primeiros sinais de contestação de maio de 1968 apareciam no horizonte... A constituição *Sacrosanctum Concilium* sobre a sagrada liturgia fora publicada no ano precedente, em 4 de dezembro de 1963. Pensava-se já em utilizar esse texto como um documento que continha as chaves que poderiam servir para uma readaptação moderna da liturgia. A veste eclesiástica não era mais necessariamente respeitada – o colarinho romano substituído por um pulôver com a gola rolê – e era finalmente a identidade sacerdotal que perdia sua visibilidade, desaparecendo no anonimato; a batina se transformava pouco a pouco em veste litúrgica da qual se desembaraçava tão logo terminassem as celebrações. Ao mesmo tempo, eu não me dava conta claramente desses primeiros sinais de transformação porque havia uma ótima generosidade em nossas relações, um profundo desejo de oração. Para nós, estrangeiros, a acolhida era verdadeiramente tocante. Sentíamo-nos integrados inteiramente à família de Deus.

Nas férias, éramos recebidos em fazendas ou nas famílias de nossos colegas de classe para aí trabalhar, ganhar um pouco de dinheiro a fim de cobrir nossas despesas pessoais durante o ano escolar, como desejava mons. Tchidimbo.

Durante todos esses anos, nunca senti o racismo. Apenas uma vez, em Compiègne, acolhido pelos pais de um bom colega de classe, Gilles Silvy-Leligois, uma pessoa, na rua, me chamou de negro sujo. Meu colega ficou furioso e queria que seu pai interviesse. Eu acalmei sua cólera, suplicando-lhe ignorar aquela agressão irracional e injusta. E, para tranquilizá-lo, acrescentei: "Sou incontestavelmente negro, mas não sou sujo!". Eu me dava conta de que certamente se tratava de um francês que fora obrigado a deixar a África com muita amargura e algumas feridas pessoais. Na verdade, essa foi minha única experiência pessoal de um ataque racista na França.

Durante esse período francês, houve algo que o marcou particularmente?

Nunca esquecerei meu diretor espiritual, o padre Louis Denis, um santo sacerdote, dotado de uma grande doçura. Seu coração e sua inteligência transbordavam de sabedoria! Ele foi muito precioso durante meu caminho sacerdotal, nesse período em que estava distante de meus pais, sem nenhuma notícia. Lembro-me também de que foi em Nancy que vi pela primeira vez um cardeal... Tratava-se de um grande servidor da Santa Sé, o cardeal Eugène Tisserant, que conservava sólidos laços com suas raízes na Lorena. Hospedava-se sempre em nosso seminário, quando passava por Nancy. O cardeal me impressionou muito pela amplidão de sua cultura; entretanto ele não era distante. Pelo contrário, suas homilias eram modelos. Não nos sentíamos amedrontados nem humilhados por sua estatura, porque sabia ser simples e acessível.

A maior alegria dessa época foi ter reencontrado a família de André e de Françoise Mallard, com suas três filhas, Claire, Agnès e Béatrice, que me consideravam como seu irmão mais velho. Sua ternura por mim era tal que, por onde meus estudos me conduziram de Nancy a Jerusalém, passando por Sébikhotane no Senegal e por Roma, meus pais adotivos vieram me visitar para me manifestar sua proximidade afetiva. Estiveram certamente presentes em Conakry por ocasião de minha consagração episcopal.

Fui afetivamente adotado e mimado como um dos seus. O vazio causado pelo afastamento de meus pais foi preenchido por sua delicadeza, seu apoio e o calor com que fui amado. Era verdadeiramente uma segunda família; o elo permanece até hoje e se consolida de ano em ano.

Como o senhor mantinha contato com seus pais que permaneciam em Ourous?

É preciso compreender que eu não voltava para casa de meus pais nos feriados escolares, aí compreendidas as férias maiores. A Guiné estava em plena revolução, e os transportes eram muito caros. Depois da independência de nosso país, os espiritanos não tinham praticamente o direito de exercer qualquer atividade no campo social, educativo, hospitalar ou outra. Foram todos expulsos da Guiné em maio de 1967.

DEUS OU NADA

A ruptura com minha família tornou-se mais trágica. Não podia escrever, com o risco de comprometer meus pais que se tornariam suspeitos de ter uma ligação com o estrangeiro. Podiam ser acusados, presos e talvez postos em prisão como conspiradores utilizados pelas potências estrangeiras inimigas que, segundo o governo, fomentavam regularmente planos para derrubar o regime revolucionário da Guiné...

As únicas possibilidades de ter notícias eram as visitas de mons. Tchidimbo a Nancy. Ele nos dava informações sobre a evolução da situação na Guiné. Nosso bispo trazia carta de nossos próximos; podíamos igualmente dar-lhe mensagens pessoais. Mas, durante esses três anos de seminário em Nancy, considerando que meus pais moravam a 500 quilômetros da capital da Guiné, nunca puderam me remeter uma só carta! Sem nenhuma comunicação com eles, parecia que o tempo não passava.

Nas férias, trabalhávamos nas fazendas ou oficinas para ganhar um pouco de dinheiro que nos permitisse cobrir os gastos ligados a nossas necessidades pessoais. Assim, trabalhei numa fazenda não longe de Nancy, mas igualmente em Longwy. O mons. Tchidimbo mostrava-se intransigente na gestão das somas que ganhávamos; não queria que guardássemos um centavo de nossos salários.

Um dia, o de mais idade entre nós três não respeitou a consigna do bispo e guardou o dinheiro para comprar uma moto! Quando mons. Tchidimbo soube que nosso colega tinha utilizado as economias do verão para aquela compra, irritou-se a tal ponto que dificilmente se dominava... Pior, nosso bispo irritou-se com todo o grupo, compreendidos aqueles que tinham se conformado com suas consignas, como eu... Hoje eu rio disso, mas na época fiquei completamente deprimido. Não tínhamos notícias de nossos pais e, em vez de nos encorajar, nosso pastor vinha nos repreender com veemência, sem distinguir os culpados dos inocentes.

Atravessei, então, um período de dúvidas. Numa profunda confusão, considerei vagamente deixar o seminário. Fui ver meu padre espiritual, o padre Denis, para lhe expor minha decepção. Ele me declarou: "Escute Robert. Conheci quatro bispos em Nancy, cada um com seus defeitos, às vezes difíceis, e suas qualidades, muito edificantes. Você não vai ser sacerdote para o bispo, mas para Cristo e para a Igreja. Deve continuar serenamente, com toda a confiança, com e pelo Cristo, apesar de ou com seu bispo. Certamente, é ele que o chamará ao sacerdócio, mas você será sacerdote para a Igreja. Hoje, deve compor com mons. Tchidimbo, e amanhã deverá aprender a domar o caráter de seu sucessor". A única surpresa foi que o sucessor do mons. Tchidimbo, por uma misteriosa vontade de Deus, veio a ser eu...

Em todo caso, continuei no seminário com alegria e entusiasmo. É verdade, o mons. Tchidimbo era de um grande rigor, de uma profunda retidão e de uma exigência sem limites. Vinha nos ver no seminário menor de Kindia. Lembro-me de que insistia sobre as qualidades espirituais e principalmente sobre os valores humanos, a integridade moral e a honestidade. Ainda o ouço a bradar na sala: "O primeiro caso de reenvio de um seminarista é a duplicidade, o segundo caso, a duplicidade e o terceiro a duplicidade". Sua linguagem dura nos assustava um pouco, mas queria que um homem chamado ao sacerdócio fosse direito e íntegro. São Gregório Magno escrevia em uma homilia: "Infeliz o pecador que caminha por duas trilhas". O pecador caminha por duas trilhas quando sua conduta contradiz sua palavra porque, então, inevitavelmente, o que procura pertence ao mundo e aos seus vícios.

O mons. Tchidimbo considerava a honestidade uma qualidade indispensável da qual não podia abrir mão. Ele se formou em Chevilly-Larue pelos espiritanos e pertencia à valente sociedade do padre Libermann. Apesar de sua severidade, significou muito para mim; possuía um coração generoso, capaz de ternura e de muita atenção.

Por que o senhor deixou Nancy antes de terminar o ciclo em teologia?

Efetivamente, eu deveria ter acabado meus estudos de teologia em Nancy. Por outro lado, lembro-me de que, no final de minha formação em filosofia, considerei seriamente fazer uma licença nesta matéria que muito amava. Entretanto, o mons. Tchidimbo me pediu que não prosseguisse com essa ideia.

A obediência me ajudou a amadurecer. Reorientou minha atenção e o ímpeto de meu coração para as Sagradas Escrituras. De qualquer maneira, meu desejo de ser sacerdote entrava mais em sintonia com minha nova aspiração de estudar a Palavra de Deus. Graças a um amigo alemão protestante, Horst Bültzingslöwen, descobri progressivamente o estudo da Bíblia. Horst estudava então exegese bíblica na universidade de Tübingen, e nós passávamos muitas vezes as férias juntos, com os Mallard, que possuíam uma segunda residência no mar, perto de Arromanches-les-Bains. Pouco a pouco o vírus dos estudos bíblicos me foi inoculado e o contágio progrediu em mim até o fim de meus estudos de teologia!

Entretanto, as relações entre a Guiné e a França tornavam-se tão complicadas, especialmente as relações entre Sékou Touré e o general De Gaulle, que fui obrigado a deixar Nancy. Uma vez mais, as dificuldades políticas de meu país me obrigavam a mudar brutalmente de lugar de estudo; parti para o Senegal, para o seminário maior de Sébikhotane, não longe de Dakar, para meus dois últimos anos de seminarista, de outubro de 1967 a junho de 1969. Ainda ali, sentia os ventos do movimento revolucionário de maio de 1968.

Durante minha permanência em Sébikhotane fui ordenado subdiácono. A cerimônia se desenrolou em janeiro de 1969, na catedral de Dakar, e foi presidida pelo cardeal Hyacinthe Thiandoum. A ordenação diaconal em seguida foi conferida em Brin, no Senegal, na diocese de Ziguinchor, em abril de 1969, pelo mons. Augustin Sagna. Éramos uma dezena de diáconos, felizes e decididos a amar a Deus. A maior parte dos jovens diáconos vinha das dioceses de Dakar, Thies e Ziguinchor.

Éramos dois da Guiné, o padre Augustin Tounkara e eu. O ambiente em Sébikhotane era muito caloroso e estudioso, numa atmosfera africana que beneficiava a proximidade espiritual e a qualidade litúrgica da abadia beneditina de Keur Moussa, que é parte da Congregação de Solesmes.

De fato, o ano do diaconato foi cheio de emoção, de temor e de estremecimento interior. Via chegar a hora da ordenação sacerdotal e o grande momento de minha primeira missa. Ser sacerdote, ser como Cristo, pronunciar as mesmas palavras que ele, como não tremer? Foi nessa mesma época que o mons. Tchidimbo me informou de que logo após minha ordenação sacerdotal me enviaria a Roma para estudar as Sagradas Escrituras.

Adivinhe minha alegria e minha felicidade com o anúncio dessa notícia. Jamais teria imaginado que estaria um dia em Roma, perto do túmulo de Pedro, e que eu poderia ver o papa com os meus próprios olhos! Estava tão longe o menininho de Ourous que olhava os sacerdotes se recolherem na igreja da vila... Entretanto, verdadeiramente nada mudara em mim.

2
A ESTRELA DOS REIS MAGOS

"Azar, diz-se. Mas o azar nos assemelha.
A verdadeira humildade é primeiro a decência."

Georges Bernanos, *Sous le soleil de Satan*

NICOLAS DIAT: Após a ordenação sacerdotal, o senhor imediatamente foi para Roma a fim de completar os estudos?

CARDEAL ROBERT SARAH: Na medida em que o mons. Tchidimbo tinha aceitado meu desejo de fazer estudos bíblicos, era necessário primeiro obter uma licença em teologia dogmática. Assim, cheguei a Roma em setembro de 1969 para entrar na universidade gregoriana.

O ensino era em latim. Ao mesmo tempo, seguia cursos de hebraico, de grego bíblico e de aramaico no *Pontificium Institutum Biblicum*. Esses cursos eram maravilhosos porque me davam a possibilidade de acesso mais direto à Palavra de Deus e aos Padres da Igreja que a comentaram.

Fiquei em Roma até 1974, com um intervalo de um ano em Jerusalém.

O mons. Tchidimbo enviara a Roma ao mesmo tempo dois seminaristas, André Mamadouba Camara e Jérôme Téa, assim como duas noviças da Guiné, Marie-Renée Boiro e Eugénie Kadouna. Ele pretendia que pudéssemos adquirir uma sólida formação humana, intelectual e espiritual. Eis a última carta que nos escreveu em 14 de dezembro de 1970, dez dias antes de sua detenção e seu aprisionamento: "O pouco tempo que disponho não permitirá, este ano, que vos dirija individualmente uma mensagem de Natal; sede bons para me desculpar. Mas estou seguro de que sabereis descobrir nestas linhas o mais profundo de meus sentimentos com respeito a cada um de vós, tendo em conta a vossa formação para um apostolado eficaz nesta querida Guiné. O cuidado da construção de cada uma de vossas pessoas é, para mim, um problema que me preocupa todos os dias; sei que vós me ajudais a resolver este problema pelos esforços generosos que empregais diariamente para adquirir tudo aquilo que sois capazes de assimilar tanto no plano espiritual como no plano intelectual; e por isso eu vos sou infinitamente agradecido. Quereria que o ano de 1971 fosse um ano de maior esforço ainda, no interesse da Igreja da Guiné; são estes os votos mais ardentes que formulo com respeito a cada um de vós. Possa o Menino da Manjedoura acolhê-los, estes votos, e lhes dar consistência num futuro próximo. Sei que posso contar com vossas orações; as minhas vos acompanham diariamente com tudo aquilo que eu tenho também de amizade por todos vós".

Essa carta-testamento me acompanhou durante todos os meus estudos em Roma.

Entretanto, quando eu me preparava para escrever minha tese de doutorado em exegese bíblica sobre o tema "Isaías cap. 9-11, à luz da linguística semítica norte-ocidental: ugarítica, fenícia e púnica", sob a direção de meu professor padre Mitchell Dahood, o padre Louis Barry, administrador apostólico da arquidiocese de Conakry, me pediu que voltasse à Guiné dada a falta de sacerdotes.

Meu objeto de pesquisa era propor um novo exame crítico de algumas dificuldades textuais do texto massorético do Livro de Isaías, a partir da literatura ugarítica e das inscrições fenícias e púnicas. Essa metodologia de exegese moderna insiste, para a elucidação dos textos difíceis, em considerações de ordem sintática, lexicográfica e estilística, oferecidas pelos estudos comparativos no nível da literatura semítica norte-ocidental. Eu quero enfatizar quanto o método do padre Dahood foi precioso. Ele conseguiu convencer uma ampla parte da comunidade científica de que os copistas do texto hebraico do Antigo Testamento foram escrupulosamente fiéis ao texto original, ao menos em sua forma consonântica.

Hoje, seria certamente importante que guardássemos o mesmo respeito e a mesma fidelidade à Palavra de Deus, para não manipulá-la a critério das circunstâncias históricas, políticas, ideológicas a fim de agradar aos homens e adquirir o nome de sábio ou de teólogo de vanguarda... "Nós não somos, diz são Paulo, como tantos outros que traficam com a Palavra de Deus" (2Cor 2,17;4,2). Este cuidado de um respeito escrupuloso da Palavra de Deus e de sua aplicação em nossas vidas lembra-me uma exortação de Johannes Albrecht Bengel (1687-1752), um teólogo protestante que sintetizou a atenção que devemos ter para com as Sagradas Escrituras: "*Te totum applica ad textum, rem totam applica ad te*" ["Aplica-te inteiro ao texto, e tudo o que diz, aplica-o a ti"].

O verdadeiro servidor em matéria bíblica, o verdadeiro teólogo, é aquele que cada dia demonstra por sua vida e por seus atos as palavras do salmista: "Quanto amo a tua Lei, todos os dias eu a medito... Sou sensato mais que todos os meus mestres, pois meditei as tuas exigências. Tenho mais discernimento que os anciãos, pois observei os teus preceitos, eu os guardo. A todo o caminho do mal, eu retiro meus passos, para observar tua Palavra. De teus julgamentos, eu não me afasto porque és Tu que me instruíste" (Sl 119,97,99-102).

O tempo de estudos das Escrituras pareceu-lhe difícil?

Os anos de estudos bíblicos podem parecer longos e exigentes. Pedem o conhecimento de várias línguas e um trabalho complexo para situar as Sagradas Escrituras na perspectiva das grandes culturas que influenciaram o povo de Israel, notadamente a sumeriana, egípcia, babilônica, cananeia, grega, romana, sem negligenciar o contexto geopolítico da história de Israel. Mas esses anos são necessários para deixar a Palavra de Deus penetrar-nos como uma espada de dois gumes. É preciso tempo para o nosso coração duro como pedra acolher a Palavra de Deus a fim de que ela se torne realmente Palavra da Aliança. Podemos então, como diz Baudouin de Fort em uma de suas homilias, experimentar que "a Palavra de Deus, que é também sabedoria de Deus, se torne verdadeiramente mais penetrante quando é recebida com fé e amor. O que há de impossível para aquele que crê? E o que há de rigoroso para aquele que ama? Quando se eleva a voz do Verbo, ela penetra no coração como flechas de combate que rasgam, como pregos fixados profundamente, e ela penetra tão fundo atingindo o lugar mais secreto. Sim, essa Palavra transpassa muito além que uma espada de dois gumes, porque não há poder nem força que possa aplicar golpes tão sensíveis, e o espírito humano não pode conceber ponta tão sutil e penetrante. Toda sabedoria humana, toda delicadeza do saber natural estão longe de atingir sua acuidade".

É preciso saber reconhecer com humildade que uma vida inteira é necessária para estudar a Palavra de Deus e adquirir a sabedoria que conduz ao amor.

O fato de o senhor morar em Roma constituiu-se uma experiência extraordinária?

Quando ainda estava na África, imaginava que Roma parecesse um pouco com o paraíso... A cidade do papa parecia-me longínqua e inacessível.
Minha chegada à *urbi aeternae* está gravada em minha memória. Cada passo era uma surpresa. Hospedava-me na Via delle Mura Aurelie, no colégio Saint-Pierre, não longe do Vaticano. Quando entrei pela primeira vez na majestosa basílica de São Pedro, não poderia imaginar que, como cardeal, um dia celebraria a missa nesse lugar sagrado. Lembro-me perfeitamente de minha primeira oração diante do túmulo do príncipe dos apóstolos. Tinha um sentimento muito vivo da fé profunda, do amor a Deus e da inspiração celeste que percebia em todas essas obras de arte. Durante esse período, descobri a Roma antiga, o Coliseu, o Fórum, as catacumbas e todas as lembranças dos primeiros mártires cristãos. Muitas vezes, eu dizia a mim mesmo que caminhava sobre a estrada dos santos do quais devia ser um modesto aluno.
Mas os estudos preenchiam o essencial de meus dias... Tínhamos grandes professores que eram os melhores especialistas em suas matérias. Nessa época, Carlo Maria Martini era reitor do *Biblicum*. Lembro-me particularmente dos cursos de Ignace de La Potterie, Stanislas Lyonnet, Etienne Vogt e Albert Vanhoye, que também tornou-se cardeal mais tarde. Esses universitários competentes estavam impregnados de uma vida interior radiante. Comunicavam-nos sua ciência e sua fé em Deus.

Chegando a Roma em 1969, o senhor foi testemunha dos inícios da reforma litúrgica na cidade do papa...

Sim, mas fui ordenado no antigo rito em julho de 1969, porque o novo não estava ainda em vigor. Desde que cheguei a Roma, contudo, celebrei com o novo missal de Paulo VI. Na época, no colégio Saint-Pierre, tínhamos ainda cada um o altar particular. A prática da concelebração era rara.

Pessoalmente, procurava ter o maior cuidado com minha missa diária. Não me escapava que, ao meu redor, alguns sacerdotes tinham dificuldade para encontrar um equilíbrio entre a gestão do tempo livre, a vida pessoal com o Senhor e a obrigação de cuidar da vida sacerdotal comunitária. Para outros, o essencial residia nos estudos, relaxando um pouco a vida espiritual. Lembro-me perfeitamente do que o sacerdote africano que me conduziu a meu apartamento me disse: "Eis o teu quarto: entras e sais como tu queres!". Era muito edificante para um jovem sacerdote ouvir tal exortação...

De manhã, escolhia levantar-me mais cedo a fim de poder celebrar sem precipitação. Estava consciente de que a missa era o momento mais importante do meu dia, porque sem a Eucaristia minha relação com Cristo não podia conhecer a grande intimidade que todo cristão deseja. Não estava mais no seminário; cabia-me, pois, estruturar livremente meus dias e organizar meus momentos de encontro com o Senhor para crescer em minha união com Deus. O sacerdote que negligencia sua missa não pode mais perceber quanto Deus nos ama até o ponto de doar sua vida.

Desde essa época, sabia que a liturgia era o momento sagrado mais precioso no qual a Igreja nos permitia reencontrar Deus de maneira única. Jamais devemos nos esquecer de unir a liturgia ao acontecimento trágico da morte de Jesus na Cruz.

De onde vem a sensibilidade litúrgica viva e precoce que parece ser a sua?

Agradeço seu elogio. Estou certo de que o exemplo dos espiritanos foi determinante. Quando era coroinha, observava com muita atenção a delicadeza e o fervor com os quais os sacerdotes de meu vilarejo celebravam suas missas diárias. Nesse sentido, não é falso dizer que eu compreendi muito jovem a necessidade de prestar um culto espiritual, santo e agradável a Deus. Na missa, estamos presentes primeiro a Deus. Se não voltarmos nosso olhar de maneira radical para Deus, nossa fé tornar-se-á tíbia, errante e incerta. Em Ourous, como coroinha, aprendi progressivamente a entrar no mistério eucarístico e a compreender que a missa era um momento único na vida dos sacerdotes e dos fiéis. Saíamos do cotidiano com o culto divino. Com meus olhos infantis, sentia que o sacerdote era literalmente aspirado por Cristo no momento em que, voltado para o Oriente, elevava a hóstia consagrada para o céu.

Compreendi também a importância dos momentos de silêncio durante a liturgia. Um sacerdote deveria dar em sua vida uma grande parte ao silêncio; porque é primordial que ele possa ficar na escuta de Deus e das almas que lhe são confiadas. Para um sacerdote, na escola dos monges, é muito importante aprender a não falar sem motivo. Porque a pregação implica o silêncio. No ruído, o sacerdote perde seu tempo, o burburinho é uma chuva ácida que deteriora nossa meditação. O silêncio de Deus deveria nos ensinar quando é preciso falar e quando é preciso calar. Este silêncio que nos introduz na verdadeira liturgia é um momento para louvar Deus, confessá-lo diante dos homens e proclamar sua glória. No domingo, lembro-me de que todos os moradores apegavam-se muito ao respeito dos longos tempos de oração pessoal. Estávamos na presença da Presença.

Finalmente, meu sentido da liturgia adquiriu maturidade e profundidade ao mesmo tempo em que eu crescia, especialmente durante os anos de seminário. Enquanto africano, herdei certamente nosso temor feliz a toda realidade sagrada. Nas celebrações religiosas pagãs, após as danças e o som das festas, acontecem os momentos sagrados das libações sacrificiais que impõem um silêncio absoluto.

Nos meus anos de seminarista, após minha ordenação, minha certeza se fortaleceu. Compreendi que a melhor maneira de estar com o Filho de Deus feito homem é a liturgia. Na missa, o sacerdote está face a face com Deus. A missa é o mais importante que temos de viver. O ofício do breviário nos prepara para isso.

Durante minha juventude, não tive a sorte de conhecer a riqueza litúrgica que pode existir nos mosteiros. Talvez muitos cristãos, na Europa, não avaliem quanto as abadias são um tesouro único. Entretanto, a liturgia lenta e o sentido do sagrado dos espiritanos de minha infância me anteciparam a incomparável beleza das celebrações beneditinas.

No Antigo Testamento, os hebreus se aproximavam sempre de Deus com temor e veneração. Finalmente, procurei imitá-los. A melhor via para aí chegar, é a liturgia.

Às vezes, aflora o sentimento de que há uma espécie de milagre em seu percurso.

Tive a sorte de contar com padres espirituais de grande qualidade. Em Nancy ou no Senegal, os sacerdotes que me acompanharam insistiam muito sobre a importância da vida interior. O mons. Tchidimbo, que foi torturado numa prisão durante tantos anos, estava sempre em meu coração. Um seminarista é antes de tudo o trabalho dos sacerdotes que o acompanharam. Deus me deu a possibilidade de me apoiar em pastores que eram realmente ligados a Cristo.

Em 20 de julho de 1969, dia da minha ordenação por mons. Tchidimbo, na catedral da Imaculada Conceição de Conakry, só eu fui ordenado. Durante esses anos, todos os meus colegas seminaristas da Guiné, que estiveram comigo em Bingerville, em Nancy e em Sébikhotane, progressivamente abandonaram o seminário.

Nesse dia do verão de 1969, após tantas tribulações e acidentes, tempestades políticas no meu país, viagens, fadigas e alegrias, eu era o único "sobrevivente" da aventura. Por que Deus me deu tão grande atenção? Por que Deus me mimou dando-me força sobrenatural para manter o bom caminho? Por que Deus quis que eu fosse o último sacerdote ordenado antes da prisão de mons. Tchidimbo, em dezembro de 1970? Tenho grande dificuldade para responder a essas questões. Um após o outro, meus colegas partiram e eu me encontrei só diante do altar da catedral.

De fato, nunca duvidei de minha vocação. Se acontecimentos me entristeceram, constituíam apenas pequenas feridas que não enfraqueciam meu amor por Deus. Permaneci fiel porque amava verdadeiramente a Deus tanto quanto um pobre pecador pode amá-lo com seus próprios limites. Sempre guardei no coração a certeza de que Deus me amava. Em nossa vida tudo é dom de seu amor. Como, então, ficar indiferente a um tão grande mistério? Como não responder ao amor do Pai celeste, senão com uma vida toda dada a Ele?

Em 21 de julho de 1969, celebrei minha primeira missa na catedral de Conakry. E foi somente no domingo seguinte, 27 de julho, que pude celebrar minha primeira Eucaristia na paróquia Saint-Rose-d' Ourous. Você pode facilmente imaginar minha emoção, a de meus pais e de todos os habitantes de nosso vilarejo. A alegria era extraordinária. Eu tinha o sentimento de ser uma justa recompensa para todos os espiritanos que tanto padeceram por nós. Entretanto, a Providência quis que eles não pudessem participar desse dia por causa das perseguições de Sékou Touré.

Os espiritanos que faleceram na Guiné, tão difíceis eram então as condições, não morreram por nada. Naquele 21 de julho, começamos o dia com uma procissão entre o cemitério e a igreja, após um longo tempo de oração diante dos túmulos dos primeiros missionários.

No decorrer das semanas seguintes, de acordo com um programa estabelecido por mons. Tchidimbo, tive a alegria de celebrar muitas missas em diferentes paróquias da arquidiocese de Conakry, depois parti para Roma.

Em 1971, durante o ciclo romano, o senhor foi a Jerusalém para aprofundar seus estudos bíblicos...

Sim, permaneci um ano completo na Cidade Santa. No Instituto Bíblico de Jerusalém, tive o sentimento de que meu apego a Cristo tornava-se ainda mais vivo. Não havia somente uma emoção. Minha oração tornava-se palpável, tantos eram os lugares que falavam da presença do Filho de Deus. Na Terra Santa, a lembrança de Jesus é indelével.

O privilégio de pisar a Terra Santa, a terra de Deus, a terra onde Jesus nasceu, suscitava em mim uma emoção indescritível e o sentimento de viver na presença de Deus aqui. Como Jacó, aquele que pisa a Terra Santa pode dizer: "Verdadeiramente, é o Senhor que está aqui e eu não o sabia!... É a própria casa de Deus, a porta do céu!" (Gn 28,16-17). Jerusalém realmente é o lugar de seu repouso, mas também o lugar do Gólgota e das lágrimas.

Por que a existência nesta cidade é tão complexa? Em Jerusalém, não há um só instante em que um homem não ore, porque há neste lugar todas as religiões monoteístas. Entretanto, a violência continua.

Na manhã de 25 de dezembro de 1971, participei na missa na basílica de Belém. As cerimônias das diferentes tradições cristãs sobrepunham-se e algumas celebravam ao mesmo tempo, segundo o próprio rito, língua e cantos. Podia parecer uma imensa desordem, pouco propícia para a oração. Os cristãos não são capazes de rezar conjuntamente; pelo contrário, eles se incomodam. As liturgias tornam-se fronteiras que parecem intransponíveis. Como os homens não são capazes de compreender que estes obstáculos aos olhos de Deus sangram dolorosamente seu coração de Pai?

Durante esse ano, fui hóspede dos jesuítas numa grande casa onde se encontravam, também, os padres Ludovicus Semkowski, R.M. Mackwoski, James Kelly e excelentes professores de exegese. Essa experiência humana e intelectual foi muito rica, viva, particularmente estimulante.

Nessa época eu me perguntava se minha vocação não devia unir-se a uma ordem contemplativa. Pensei longamente em entrar num mosteiro beneditino, mas não quis abandonar meu país onde tão cruelmente faltavam sacerdotes.

Depois de ter vivido em Jerusalém e em Roma, o senhor voltou à Guiné para tornar-se pároco...

Após obter minhas licenciaturas em teologia e em exegese, fui nomeado pároco de Boké, que se situa na costa da Guiné. Esse ministério foi a experiência mais bela de minha vida. A paróquia era imensa, os fiéis mais distantes moravam na fronteira com o Senegal. Meu vigário, Jean-David Soumah, e eu, não possuíamos carro...

Lembrava-me dos missionários de minha infância que partiam quase todo dia a pé para evangelizar as populações mais isoladas. Doravante, podia imitá-los plenamente... Caminhava longas horas, sempre acompanhado de dois ou três catequistas, com uma valise capela sobre a cabeça, sob um sol abrasador; às vezes, cruzava um caminhão de mercadorias que aceitava facilitar minha viagem. Quando partia para as zonas pantanosas, no meio das lagunas, tomava uma piroga. Acontecia-nos regularmente atravessar torrentes muito perigosas, como a de Kakoulkoul. Retínhamos nosso fôlego com medo de ser tragados pelo turbilhão...

Muitas vezes, escolhia viajar para as cidades mais distantes porque sabia que seus habitantes não tinham recebido a visita de um sacerdote desde a expulsão dos missionários em 1967. Após alguns anos sem sacerdote, os moradores continuavam sozinhos a ensinar o catecismo às crianças, a recitar as orações do dia, a rezar o rosário, com uma imensa devoção filial à Virgem Maria, e a escutar a Palavra de Deus, no domingo. Tive a graça de fortalecer estes homens que guardavam a fé sem nenhum apoio sacramental, dada a falta de sacerdotes. Nunca poderei esquecer a alegria inimaginável quando celebrava a missa da qual eles não participavam havia tanto tempo. Como não sentir uma grande gratidão ao observar os catequistas, que guardavam esta pequena chama iluminada caminhando longas horas de vila em vila? A abnegação deles estará sempre em meu coração.

Muito rápido, percebi que o essencial de meu trabalho missionário era reforçar a formação dos catequistas. Eles eram os verdadeiros construtores de nossas paróquias.

Rapidamente, compreendi também que estava submetido a uma vigilância próxima dos homens do regime de Sékou Touré. Por exemplo, minhas homilias e as de outros sacerdotes eram sistematicamente ouvidas por espiões que relatavam todas as nossas propostas públicas aos quadros regionais do partido revolucionário. Devia estar atento para não pôr em questão abertamente a doutrina do Partido Estado. Nessa época, mons. Tchidimbo estava preso havia quatro anos, e a ditadura não cessava de endurecer.

Milhares de guineanos tentavam todo dia deixar o país. Todos os bens religiosos foram confiscados e nacionalizados; vivíamos numa grande pobreza. Em nome da independência nacional e seguindo as disposições drásticas de Sékou Touré, a Igreja da Guiné estava totalmente apartada do mundo católico, impedindo assim que a Santa Sé lhe enviasse a menor ajuda. Tal situação tornava nosso cotidiano difícil, mas eu considerava que esses sofrimentos nos permitiam, como sacerdotes, viver na mesma penúria como os fiéis. Minha alimentação era muito frugal, porque quase que exclusivamente contava com a ajuda dos paroquianos, que também careciam de tudo.

Um dia, quando saía para Zéroun, um dos povoados "bassaris" mais distantes da paróquia de Ourous, não longe da fronteira com o Senegal, para ali celebrar a missa, encontrei um homem que parecia conhecer o lugar. Eu lhe perguntei se podia nos indicar o caminho. Ele se ofereceu para nos acompanhar... Tratava-se, de fato, de um militar disfarçado de simples camponês que pensava que eu procurava abandonar a Guiné. Fazendo-me crer que me ajudaria a encontrar meu destino, ele me fez caminhar durante uma tarde inteira para me conduzir ao acampamento militar de Négaré... Passei um longo tempo para me explicar, porque o comandante do acampamento pensava também que eu queria atravessar a fronteira na clandestinidade! Pouco a pouco, consegui acalmar seus temores. Mas a noite caía e eu não sabia mais exatamente onde me encontrava. O comandante finalmente ordenou a dois soldados que me conduzissem ao povoado que eu procurava. Perto da meia-noite, cheguei ao destino com os meus catequistas.

A alegria dos habitantes foi indescritível. Segundo a tradição, mata-se o cordeiro, a cabra, ou qualquer outro animal que será servido na refeição somente após ser apresentado, vivo, ao estrangeiro. É somente depois da acolhida e do rito da apresentação que as mulheres se põem a cozinhar. Terminado o jantar e as danças, fui dormir na cabana que me estava reservada, mas os dois militares que me acompanhavam permaneceram meio adormecidos diante da porta porque continuavam a duvidar... No dia seguinte, abençoei a pequena capela que a comunidade cristã construíra, assim como a cabana na qual passara a noite e que eles denominaram "o presbitério". Essa cabana foi reservada ao sacerdote em visita à vila. Após o café da manhã, os dois soldados retornaram ao acampamento militar. Com os catequistas, caminhamos no campo durante três dias para reencontrar as pessoas mais isoladas. Na volta, tive de passar de novo no acampamento militar para provar que não procurava abandonar o país. Os militares se desculparam e me ofereceram um frango como sinal de reconciliação!

Como esquecer esses homens e essas mulheres que não possuíam quase nada e que se conformavam aos usos locais para o vestuário, a alimentação e demais necessidades, mas que manifestavam, no meio de seus concidadãos animistas, o testemunho radical de sua fé em Jesus? Eles estão sempre em meu coração porque são modelos da fidelidade e da perseverança que Cristo exige de nós nesta terra.

Durante esses dois anos, constatei quanto a Guiné pôde sofrer com um regime ditatorial que não lhe oferecia nenhuma perspectiva. A mentira e a violência eram as armas privilegiadas de um sistema que repousava sobre uma ideologia marxista destruidora. A economia do país se desmoronara e os habitantes das vilas conheciam uma extrema pobreza. Nos campos, a ajuda mútua entre os habitantes permitia prover às primeiras necessidades. Sékou Touré estava obcecado pela realização de seu plano messiânico, caindo sempre mais na paranoia que via os inimigos da revolução tramar sua derrota. A Guiné estava mortificada, ressequida e destruída. Sua alma se reduzia pouco a pouco como o couro de cabra.

Em 1976, o senhor foi nomeado professor e depois diretor do seminário menor João XXIII de Conakry.

Sim, e os seminaristas eram muitos, quase uma centena; mas os formadores e os educadores que me precederam não foram certamente rigorosos. Reinava uma espécie de desintegração moral. De outro lado, tratava-se de um estabelecimento no qual podíamos acolher apenas os seminaristas menores fora dos cursos, porque Sékou Touré exigira que os jovens seguissem seus estudos em estabelecimentos públicos.

Muito depressa, eu quis restabelecer uma disciplina verdadeira. Infelizmente, entregues a si mesmos desde muitos meses, os alunos não aceitaram o rigor que eu queria introduzir. Inicialmente enfrentei uma pequena revolta. Mas a ausência de formação espiritual era muito mais profunda do que eu podia imaginar.

Uma noite, um aluno, ou um grupo de alunos, pôs fogo na capela... Pedi, portanto, aos culpados que se denunciassem publicamente. Ninguém quis reconhecer sua responsabilidade. Num segundo momento, chamei aqueles que podiam denunciar os outros por essa falta grave. Cheguei mesmo a dizer que se o ato abominável tivesse por alvo meu próprio quarto, poderia lhes perdoar. Mas a capela era a casa do Senhor. Apesar de minha insistência para que o culpado assumisse corajosamente sua responsabilidade, nenhum aluno quis falar qualquer coisa... Então, declarei que se o silêncio sobre as origens do incêndio permanecesse, tomaria a decisão de fechar o seminário. Pensava na formação que recebera de mons. Tchidimbo, e sabia que ele teria tomado a mesma decisão.

A prefeitura de Kindia me convocou, intimando-me com a ordem de voltar atrás, porque só um ato contrarrevolucionário me teria autorizado a fechar o seminário. Mas não cedi, porque considerava que uma profanação cometida por um seminarista não podia ficar impune. Os órgãos do governo insistiram para que eu reabrisse as portas do seminário dentro de pouco tempo... Novamente, expliquei que não voltaria atrás de minha decisão. Como aceitar que futuros sacerdotes, e, portanto, homens de Deus, se entregassem a atos sacrílegos? Diante de minha determinação e de minhas explicações o prefeito de Kindia compreendeu melhor que as razões de minha decisão eram indiscutíveis. Acabou por aderir à minha decisão. Durante esse ano que acabava de começar, o seminário menor ficou fechado.

Na abertura seguinte, pedi aos sacerdotes que me enviassem um certificado de boa conduta para cada uma das crianças que vinham para dentro de nossos muros. O efetivo diminuiu pela metade, mas estava certo de que se tratava de jovens aptos a começar um caminho para o serviço de Deus.

Apesar desses episódios, tenho boas lembranças de minha vida de diretor do seminário João XXIII. Sentia transmitir os conhecimentos que tantos professores souberam me dar com rigor, coragem e abnegação.

O ano de 1978 se constituiu numa virada radical em sua vida?

Na tarde de 18 de abril de 1978, mons. Louis Barry, que era então administrador apostólico desde a prisão de mons. Tchidimbo, chegou inesperadamente ao seminário de Kindia. Durante a refeição, contou-nos a surpreendente aventura que acabara de viver na manhã do mesmo dia.

Por um enorme acaso, ele encontrou emissários da Santa Sé. De fato, Louis Barry devia ir até Kissidougou, ao passar diante do aeroporto de Conakry, viu um pequeno avião particular de onde desciam "faixas roxas". Admirado, parou e voltou para seguir o carro no qual os dois bispos estavam. O mons. Barry viu então o carro entrar na presidência da República... Cada vez mais estupefato, decidiu parar na casa das Irmãs de Saint-Joseph-de-Cluny cujo edifício se encontrava a algumas dezenas de metros da presidência. Um pouco mais tarde, os emissários saíram da residência do presidente Sékou Touré para ir à casa das Irmãs. O mons. Barry acolheu os dois bispos, dizendo-lhes de sua alegria e sua surpresa de vê-los em Conakry. Tratava-se de mons. Simon D. Lourdusamy, secretário da Congregação para a evangelização dos povos, e mons. Luigi Barbarito, núncio apostólico em Dakar. Vinham para levar com eles mons. Tchidimbo. Mas jornalistas, muito bem informados, anteciparam a notícia da libertação. Assim, o presidente Sékou Touré, furioso em razão dessa indiscrição, decidira retardar a libertação *sine die*. Tratava-se de um novo fracasso nas negociações entre a Santa Sé e o governo da Guiné.

Mais grave ainda, o presidente se opusera firmemente à escolha pela Santa Sé do nome do novo arcebispo de Conakry. Não obstante a posição do governo da Guiné, mons. Lourdusamy encarregou secretamente mons. Barry de uma missão: perguntar ao padre Robert Sarah se ele aceitaria tornar-se o próximo arcebispo de Conakry.

Quando nos entregou seu relato, à mesa, Louis Barry nada dissera da missão que lhe fora confiada por causa da presença de meus dois secretários adjuntos no seminário, Désiré Roland Bangoura e Apollinaire Cècé Kolié. Após a refeição, ele me pediu que falasse com ele em particular; fomos ao meu quarto. Louis Barry me anunciou, então, que o papa Paulo VI me nomeara arcebispo de Conakry e que era preciso que eu desse minha resposta rapidamente. Eu estava totalmente assustado com essa notícia. Inicialmente protestei, recusando a nomeação, consciente de minha evidente incapacidade para assumir tal cargo. As dificuldades diocesanas eram imensas e as tensões entre a Igreja da Guiné e o Estado, quase constantes. Minha experiência pastoral era realmente insuficiente e, sobretudo, eu não alcançara ainda os meus trinta e três anos... Imediatamente, mons. Barry me retorquiu: "Virei tomar tua resposta escrita em três dias. De toda maneira, se recusas, mons. Raymond-Marie Tchidimbo permanecerá na prisão, porque Sékou Touré impôs como condição para sua liberdade a substituição imediata da sede episcopal de Conakry pela nomeação de um novo arcebispo". O mons. Tchidimbo tinha já remetido sua carta de renúncia ao cargo de arcebispo de Conakry. A sede arquiepiscopal de Conakry estava, portanto, desde então, vacante.

O segundo argumento de mons. Barry foi o seguinte: "Não podes recusar obedecer ao papa, que confia em ti. É em nome de Deus que ele fala; tu deves absolutamente obedecer-lhe como um filho obedece a seu pai". Depois, encerrou nossa conversa dizendo-me: "O serviço e a missão que Deus te confia por meio desse cargo exigem a Cruz. Mas Deus estará contigo para te sustentar". Inútil dizer que fiquei completamente abatido.

Não podia compreender por que Paulo VI escolheria um simples e jovem desconhecido como eu. Por que a Santa Sé não nomeava mons. Barry, que possuía toda maturidade requerida? Sentia estar tomado por uma incrível tormenta e nada compreendia a respeito dessa decisão. Queria certamente sofrer por minha Igreja, mas estava petrificado por esta escolha que me parecia particularmente grave.

Se podia compreender que mons. Barry quisesse transmitir uma resposta rápida à nunciatura, eu estava literalmente abatido pelo pouco tempo que me deixava para refletir. Permaneci prostrado durante três longos dias. Enfim, escrevi uma carta ao papa, declarando-lhe que era indigno e incapaz, mas que aceitava sua decisão. No mesmo dia, escolhi meu lema episcopal: "*Sufficit tibi gratia mea*" ["A minha graça te basta"], tirada da segunda Carta aos Coríntios. O administrador apostólico veio receber minha carta e, durante um ano inteiro, as negociações prosseguiram entre a Santa Sé e Sékou Touré.

A partir de setembro de 1978, mons. Barry me pediu que deixasse o seminário para me tornar seu secretário particular. Queria, assim, me ajudar a preparar-me para meu pesado cargo e permitir-me compreender o ambiente da cidade de Conakry que pouco conhecia.

O ano de 1978-1979 no arcebispado foi para mim como um retiro longo no deserto, um tempo de oração, de lágrimas silenciosas e de aprendizagem. Queria entregar tudo nas mãos de Deus. Ao mesmo tempo, com minha função de secretário particular de mons. Barry, eu assumia a de pároco da paróquia Saint-Joseph-Ouvrier e a capelania do Juvenato Sainte-Thérèse-de-l'Enfant-Jésus da Congregação das pequenas irmãs de Notre-Dame-de-Guiné.

Durante um ano e quatro meses, estava só, com mons. Barry, a levar o peso do segredo pontifício e a terrível angústia que suscitava em mim. Não podia falar disso com ninguém, nem mesmo com meus pais.

Depois, como por um milagre, mons. Tchidimbo foi libertado e expulso, em 7 de agosto de 1979...

Em 18 e 19 de agosto de 1979, uma delegação pontifícia chegou para encontrar novamente o presidente. Sékou Touré finalmente aceitou minha nomeação e o tempo se acelerou... Os prelados romanos me pediram que organizasse em alguns dias uma missa de ação de graças na catedral para quinta-feira, 23 de agosto, sem nenhuma outra explicação que a alegria de uma cerimônia por ocasião da presença entre nós de um enviado especial da Santa Sé...

Eu vivia como em um sonho estranho! Deus queria, portanto, que eu me tornasse arcebispo aos trinta e quatro anos, quando o país atravessava uma crise sem precedente e que todos os bens da Igreja estavam confiscados. A missa foi celebrada às dez horas na catedral, e a nomeação de mons. Philippe Kourouma, bispo de N'Zérékoré, foi tornada pública ao mesmo tempo em que a minha. No mesmo momento, eu era nomeado igualmente administrador apostólico da diocese de Kankan.

Nesse dia de agosto, os poucos fiéis reunidos apressadamente choravam de alegria e de emoção. Desde aquele dia terrível de dezembro de 1970, não tínhamos bispo em nenhuma diocese da Guiné. Eu sabia que as provas e o sofrimento de mons. Tchidimbo eram imensos. Durante longos anos, no campo em que se encontrava, uma de suas primas, Mère Louis Curtis, vinha lhe trazer no mais completo segredo, hóstias que lhe permitiam consagrar e consumir clandestinamente o corpo de Cristo, antes que seus companheiros de cela fossem acordados. No seu livro-testamento, *o Noviciat d'un évêque*, escreveu com o pudor tão característico de seu caráter que "estas missas breves, celebradas no maior silêncio, às cinco horas da manhã, foram entre as mais comovedoras de minha vida sacerdotal".

Em 7 de agosto de 1979, mons. Tchidimbo foi libertado e imediatamente conduzido ao aeroporto com destino a Roma. Soube a notícia pelo rádio e ninguém obteve autorização de saudá-lo antes que ele deixasse o território. Foi uma emoção indescritível.

Quando minha nomeação foi tornada pública em 23 de agosto de 1979, dois sacerdotes espiritanos, os padres Robert Haffmans e

Michel Legrain, encontravam-se em Ourous. Ouviram a notícia pelo rádio por acaso e correram para anunciar minha nomeação aos meus pais. No lugar da alegria e do entusiasmo encontraram meus pais angustiados: "Deveriam estar felizes que seu filho seja chamado a uma tão alta responsabilidade na Igreja! Por que estão tristes?", perguntaram os dois missionários... E meu pai e minha mãe responderam: "Sabeis onde está o seu predecessor?". Temiam que eu tivesse a mesma sorte de mons. Tchidimbo...

Após a missa de ação de graças, solicitamos uma audiência ao presidente que aceitou receber-nos. Na época, era importante passar o sentimento de que respeitávamos a obra da revolução. Sékou Touré permitiu que convidássemos bispos da África e da Europa por ocasião de nossa consagração episcopal, o que constituía uma novidade maior para o regime. Em 8 de dezembro de 1979, dia da minha ordenação, bispos, sacerdotes e religiosos retornaram pela primeira vez a Guiné: o cardeal Giovanni Benelli, assistido por mons. Luc Sangaré, arcebispo de Bamako, mons. Jean Orchampt, bispo de Angers, e acompanhado de vinte e sete outros bispos, me ordenou nos jardins do arcebispado na presença de sete ministros guineanos conduzidos pelo primeiro-ministro, Lansana Béavogui, e Andrée Touré, a esposa do presidente.

Sékou Touré tentara tudo para se opor à minha nomeação, mas agora parecia aceitar meu episcopado; a mobilização do Vaticano, da Libéria e de muitas organizações internacionais a favor da libertação de mons. Tchidimbo distenderam muito o regime. Também o guia da revolução não queria abrir uma nova brecha, se continuasse a recusar as escolhas de Roma. Para mim, era um mar calmo antes da tempestade.

Muito rapidamente, compreendi que o grande problema de meu ministério seria a relação com meus sacerdotes. O sacerdócio, as famílias, os jovens e a difusão evangélica da Igreja constituíram as quatro prioridades do início de meu ministério episcopal.

Desde os primeiros dias, propus poder dividir minha refeição com todos os sacerdotes da diocese que trabalhavam nos escritórios da arquidiocese. Queria criar um ambiente de família. Mas leigos vieram me ver para me alertar: a integralidade de meus propósitos era referida ao gabinete de Sékou Touré. Com tristeza eu me resignei a tomar sozinho todas as minhas refeições.

Sua vida de bispo não mostra certo paralelo com a de Karol Wojtyla, em Cracóvia, que lutava contra o comunismo?

Não ousaria comparar-me com são João Paulo II, mas foi efetivamente uma época ao mesmo tempo enriquecedora e penosa. Até a sua morte, em 26 de março de 1984, Sékou Touré não cessou de vigiar o menor de meus atos e gestos. Alguns meses antes de seu falecimento, organizara minuciosamente minha prisão e minha execução, segundo informações secretas que me foram reveladas após seu enterro.

Após a consagração, mons. Barry me aconselhou sair imediatamente pelas estradas da diocese para ir ao encontro dos fiéis. Durante dois anos, atravessei meu território eclesiástico para não me afastar da realidade. Compreendi que a revolução do Partido-Estado destruía literalmente todos os pilares do país. A escola, especialmente, estava numa situação de caos; só valia a difusão da propaganda oficial, inspirada no marxismo leninismo soviético. Os dispensários e os hospitais desapareceram praticamente ou se encontravam num estado de higiene lamentável. Os mais fracos, as crianças e os velhos, estavam entregues a si mesmos com sofrimentos terríveis.

Os opositores políticos não tinham o direito à cidadania. O simples fato de criticar a miséria do povo podia conduzir a uma prisão no campo Boiro, em que os militares praticavam torturas indescritíveis das quais prefiro não falar.

DEUS OU NADA

De fato, o país afundava-se numa espiral infernal e nada parecia poder impedir o delírio ideológico de Sékou Touré. Apesar dos riscos, tomei a decisão de falar. Não podia me calar diante de uma situação tão dramática. Muitas vezes, expressei meu ponto de vista sobre a miséria do povo, o medo ou a mentira dos dirigentes, a gestão política e econômica desastrosa de nosso país. Em alocução pública, lancei esta frase pela qual Sékou Touré nunca me perdoou: "O poder usa aqueles que não têm a sabedoria de compartilhá-lo!".

Eu me fazia este raciocínio: "Tenho trinta e cinco anos. Na África, trata-se de mais da metade de uma vida. Há muitas crianças que morrem no nascimento e uma multidão de homens que terminaram suas vidas aos cinquenta anos ou mesmo antes dos vinte anos. Devo me julgar abençoado pelo Senhor por ter chegado à minha idade. Agora, é importante que me consagre totalmente a Deus e ao seu povo. Que posso esperar de melhor do que uma morte por Deus e pela defesa da verdade, pela dignidade da pessoa humana e pela liberdade de consciência! É preciso aceitar deixar esta terra pelo Evangelho. Jesus morreu por ter testemunhado a verdade: 'Eu nasci e vim ao mundo para dar testemunho da verdade. Todo o que é da verdade escuta a minha voz' (Jo 18,37)".

Após muitas centenas de horas de oração, cheguei à conclusão de que o pior que podia me acontecer era a morte; minha vida nada era diante das injustiças gritantes, da miséria assustadora e dos horrores sem nome que via cada dia. O terror reinava até nas famílias em que um pai podia temer que seus filhos se unissem por oportunismo à ditadura. Eu devia falar, embora minha vida estivesse em jogo.

Portanto, decidi aproveitar minhas homilias na catedral e as cerimônias de 1º de janeiro, em que o arcebispo apresentava tradicionalmente seus votos ao presidente, para transmitir observações sobre a degradação do país. Sem provocação, e com um grande respeito, formulei algumas proposições para que o povo pudesse se beneficiar de condições de vida menos penosas. Igualmente, chamava o regime a conceder uma maior liberdade aos guineanos. Os católicos e muitos mulçumanos não sabiam mais como fazer para que eu assumisse menos riscos. Não tinha medo, se eu devia ser preso, o motivo seria digno.

Seguramente, ninguém pode querer ser torturado num campo de concentração. Não ignorava que Sékou Touré era capaz do pior contra um opositor. Entretanto, continuava considerando que meu combate era mais importante do que minha própria sobrevivência. Se Deus me preferia no céu, sentia-me pronto para encontrá-lo após ter defendido o meu povo contra a opressão.

Além disso, procurei realizar obras a favor da juventude. Sékou Touré recusava, com efeito, que alguém pudesse se ocupar dos jovens. Somente o Partido-Estado tinha a competência sobre a educação. Desde o ano de 1959, Sékou Touré criara a "Juventude da revolução democrática africana", que devia promover todas as atividades artísticas, culturais e esportivas dos jovens. Qualquer outro movimento de juventude estava proibido.

Queria que os jovens pudessem dispor de um ponto de vista diferente daquele das forças da revolução. Para isso lancei uma pesquisa pedindo aos sacerdotes que se aproximassem dos jovens para que eles me escrevessem e me dessem a conhecer suas queixas. Na imensa maioria das cartas que recebia, havia uma sede de formação espiritual e humana. Desde então, todo ano, no fim do mês de agosto, decidi reunir os jovens que o desejassem durante duas semanas para sessões de formação bíblica e humana. Eu me encarregava das questões religiosas e especialistas traziam respostas para as interrogações muito concretas sobre trabalho, gestão, casamento, família. O investimento humano e financeiro era muito pesado, porque minha diocese não era rica. Rapidamente, vi quanto os desejos desses jovens eram profundos. Inútil dizer que Sékou Touré não via com bons olhos minha iniciativa...

Tentei também ajudar as famílias; constatei quanto o comunismo lhes podia ser nefasto. Muitas vezes, no interior do mesmo lar, existia um medo do que um dos cônjuges podia fazer. As crianças escapavam literalmente da educação dos pais.

Em geral, as maiores medidas dos governos revolucionários atingem sempre a família. Também, durante os cinco primeiros anos de meu episcopado, minhas cartas pastorais eram todas consagradas à defesa da família cristã.

O senhor sabia o que Sékou Touré pensava a seu respeito?

Num primeiro momento, ele estava muito surpreso com minha liberdade de palavra. Sabia, também, que eu respeitava as formas protocolares do regime. Por exemplo, nunca faltei às longas cerimônias da festa nacional ou a outras manifestações públicas ordenadas pelo Partido-Estado, e se Sékou Touré me convidava ao palácio presidencial, eu não faltava.

Em muitas ocasiões, aconteceu assentar-me ao seu lado entre os seus ministros, apresentando-me como um exemplo da fidelidade à política do Partido-Estado. Proclamava que punha em mim toda sua confiança... Muitas pessoas vieram até mim para me alertar sobre a armadilha que o presidente não deixaria de me armar.

Em nossas conversas face a face, ouvia com atenção minhas observações e o tom era cordial. Entretanto, conhecia minha opinião porque eu sabia que os serviços secretos escutavam um grande número de minhas conversações.

De fato, eu estava muito preocupado com a depressão que gangrenava todo o país. A consciência moral dos guineanos estava particularmente alterada. O terror reinava em todo lugar e uma pequena minoria de guineanos se inebriava com os slogans e compromissos revolucionários mentirosos. Sékou Touré gerava no coração dos homens um medo tão profundo que foram necessários longos anos para que o povo encontrasse a coragem de se levantar. Infelizmente, é mais fácil destruir um país do que reconstruí-lo.

Em janeiro de 1984, quando Omar Bongo, presidente da República do Gabão, se encontrava em visita ao nosso país, Sékou Touré quis me honrar, apresentando-me ao seu hóspede. Felicitou-me calorosamente pela minha adesão aos princípios da revolução... A estratégia do ditador tornava-se evidente. Encorajando-me e manifestando publicamente sua estima, Sékou Touré poderia melhor me acusar em seguida de trair sua confiança, assim como os ideais do regime.

Algumas semanas mais tarde, muitos embaixadores europeus, assim como meu vigário geral, padre André Mamadouba Camara, vieram me alertar sobre confidências de ministros próximos do presidente. Esses dignitários do regime pensavam que a Igreja não tinha mais a mesma ideologia que o Partido Estado. De fato, Sékou Touré queria preparar os espíritos para minha prisão. Mas Deus pôs sua mão sobre mim para me proteger e me guardar.

Em dezembro de 1983, um tremor de terra atingiu a Guiné; os danos foram muito importantes.

Os responsáveis pela ajuda internacional para enfrentar essa catástrofe natural foram acolhidos pelo comandante Siaka Touré, responsável do campo Boiro. Quando estava no aeroporto de Conakry onde esperava a chegada de um avião, escorregou e, ao cair, quebrou a perna... Foi imediatamente levado para o Marrocos. Segundo os planos de Sékou Touré, esse homem devia me prender algumas semanas mais tarde...

Depois, em março de 1984, por ocasião da primeira JMJ, organizada em Roma, solicitei ao governo autorização para ir à Itália, respondendo ao convite do papa. Habitualmente, apenas uma notificação do ministro do Interior e da Segurança Nacional era exigida. Esse visto era quase uma simples formalidade. Para essa viagem, o ministro solicitou também o consenso do presidente. Telefonou a Sékou Touré que se informou da data da minha volta e, sabendo que retornaria em abril, deu sua autorização para a viagem. Joseph Hyzazi, encarregado do economato da diocese e de minhas viagens, me referiu a discussão do presidente com o ministro. Essas disposições pareciam estranhas e de mau agouro!

Mas alguns dias mais tarde, Sékou Touré sofreu um ataque cerebral. A Arábia Saudita despachou logo um avião-hospital. Quando o aparelho chegou a Conakry, a torre de controle, segundo o procedimento, contatou o presidente para obter sua autorização. Não podendo encontrar Sékou Touré, cujo estado crítico era mantido em segredo, a torre recusou o direito de aterrisagem ao aparelho, que partiu para Dakar. Somente no dia seguinte, quando o primeiro-ministro – médico de profissão – se informou da chegada do avião-hospital, foi que o aparelho voltou enfim a Conakry. Sékou Touré foi levado para o Marrocos, depois aos Estados Unidos.

Assim o presidente, que planejara prender-me, e Siaka Touré, que devia executar este plano, ambos foram impedidos de me prejudicar!

Mesmo com os cuidados intensivos que recebeu, o ditador morreu em 26 de março de 1984, em Cleveland, nos Estados Unidos, depois de uma cirurgia cardíaca.

O primeiro-ministro, Lansana Beavogui, tornou-se presidente interino, esperando eleições que deviam acontecer dentro de quarenta e cinco dias. Mas eis que, em 3 de abril, as Forças Armadas tomaram o poder, denunciando os últimos anos do regime como uma oligarquia "sanguinária e impiedosa". A constituição foi suspensa, a Assembleia Nacional dissolvida, assim como o partido único. O líder do golpe de estado, o coronel Lansana Conté, assumiu a presidência em 5 de abril, chefiando o Comitê Militar de Reconstrução Nacional, o CMNR. Como penhor de boa vontade, mais de dois mil prisioneiros políticos foram libertados do sinistro campo Boiro. A população aplaudia.

Alguns dias após a ascensão ao poder de Lansana Conté, o embaixador da Alemanha Federal, Bernard Zimmermann, me informou que documentos contendo uma lista de personalidades que deviam ser executadas foram encontrados no escritório de Sékou Touré. Eu encabeçava a lista... Esse último projetara minha prisão secreta e meu assassinato para o mês de abril. Deus foi mais rápido que Sékou Touré! O Senhor queria que eu permanecesse um pouco mais nesta terra.

Como o país reagiu após a morte de Sékou Touré?

De fato, penso que os militares não estavam preparados para exercer as mais altas responsabilidades do Estado, o que ademais não é função deles. Não souberam reformar o país para reativar a economia e combater a pobreza. As liberdades públicas melhoraram, mas a oposição política era injustamente intimidada. Passamos de um regime marxista para uma junta militar. Certamente, o país estava menos isolado do mundo do que sob Sékou Touré. De fato, os quadros do país não mudaram. A mesma máquina enferrujada continuava a funcionar. Como podia pôr o vinho novo da verdade e das liberdades nos velhos odres da revolução?

Quanto a mim, embora as relações com o novo presidente fossem inicialmente cordiais, elas rapidamente ficaram tensas porque eu tinha uma grande liberdade de palavra. Um dia, eu me insurgi contra o fato de que a Guiné, sendo a caixa-d'água da África, sua capital, Conakry, não tinha praticamente acesso à eletricidade e a água potável era rara...

O senhor se envolveu com a vida política guineana?

Não, mas sentia que era importante que eu levantasse a voz para defender a dignidade da pessoa humana e o respeito pela vida dos homens desse país. Eu era o único capaz de se insurgir contra os desvios de um regime militar que podia se tornar culpado de verdadeiros assassinatos. Incontestavelmente, nunca temi defender os direitos e as posições políticas do opositor principal da época, o atual presidente da República, o Dr. Alpha Condé. Quando se encontrava no exílio em Paris, visitei-o em seu apartamento da Place d'talie, o que não agradava nada ao CMRN.

A Igreja era minoritária, mas constituía a única instituição verdadeiramente livre. Sabia que os cristãos, como os mulçumanos, esperavam com impaciência que me expressasse sobre os temas diários da vida do povo. Após o malsucedido golpe de Estado do coronel Diarra Traoré, a violência, as prisões e os assassinatos se desencadearam novamente.

O embaixador da Itália, M. Roberto Rosellini, informado por um de seus compatriotas que o coronel Diarra Traoré e três outras pessoas se escondiam na casa de um asilado italiano, se viu obrigado a intervir para evitar implicações com a Itália. Ele foi encontrar Diarra Traoré no seu esconderijo. Esse último lhe pediu gasolina e um 4x4 para fugir para o Mali. O embaixador recusou o seu pedido porque tal ato podia implicar a Itália na tentativa de um golpe de Estado. O embaixador decidiu, então, confiar Diarra Traoré e as três outras pessoas procuradas ao ministro das Relações Exteriores da época, M. Facinet Touré. Ele queria que o direito internacional se aplicasse a fim de evitar um derramamento de sangue.

M. Rosellini veio em seguida me ver, não na qualidade de embaixador, mas enquanto católico, para que pudéssemos conjugar nossos esforços e salvar vidas humanas. Diarra Traoré escreveu-me uma carta, em 7 de julho de 1985: "Monsenhor, é com o coração ferido que vos dirijo neste dia esta carta para vos pedir que queirais intervir em nome da Igreja católica ao Chefe de Estado para solicitar-lhe uma clemência excepcional. Cometi a falta mais pesada de minha vida, mas sei que ela devia se inscrever aí porque enquanto crente, todo destino é inevitável. Eu vos peço que faça isso por mim e tendes toda possibilidade; porque conheço vosso humanismo legendário. Não me deixar (*sic*) desaparecer porque em tempo (*sic*) humano, creio ser ainda recuperável. Não vos direi nada que não sabeis, mas fazei que meu irmão evite tomar a decisão última. Sou pai de uma muito numerosa família composta de 14 filhos ainda com pouca idade (*sic*). Confio inteiramente em vós e conto com a bondade de vosso coração. Que Deus vos dê vigorosa saúde e longa vida. Amém. Diarra".

Ele confiou sua carta ao lugar-tenente Bangoura Panival Sama, que ma transmitiu, em 11 de julho de 1985, às 22h30. Antes de nos separar, o lugar-tenente Bangoura Panival me disse: "Sabeis, monsenhor, que sou católico e que um católico não mente e que a ninguém engana. Prometi a Diarra Traoré que vos entregaria esta carta. Como vou provar-lhe que mantive a minha promessa?". Eu lhe dera a imagem, lembrança de minha ordenação episcopal; no verso da imagem escrevi, acima de minha assinatura: "Recebi a vossa carta. Rezo por vós e vos abençoo. Coragem, eu vos confio a Deus".

Em 28 de julho de 1985 me chegou outra carta com a assinatura de vinte e uma pessoas, sendo as primeiras as dos comandantes Kabassan Abraham Keita e Abdourahamane Kaba, assim como as dos capitães Karifa Traoré, Fodé Sangare e Ahmadou Kouyaté. A carta dizia: "Signatários da presente, vimos respeitosamente exprimir-vos nossos sentimentos de profunda gratidão e de reconhecimento infinito por vossa nobre tarefa de reconciliação nacional da qual sois um dos heróis incontestes. Na qualidade de Homem de Deus, assegurai-vos que do fundo de nossa célula fomos muito afetados pelo fruto de vossos passos de peregrino da paz e do humanismo para evitar a este país a reedição do drama de recente memória".

Para tentar salvar todos os militares que foram presos, por ocasião daquele malsucedido complô, solicitei um encontro com o general presidente Lansana Conté, assim como com Mme. Henriette Conté, sua esposa, a fim de lembrar-lhes o mandamento de Deus: "Não matarás!".

Não pude obter os encontros solicitados e decidi, então, escrever-lhes uma carta a fim de que a Guiné não reencontrasse o inferno do regime de Sékou Touré que frequentemente derramava sangue. Mais tarde, dignitários do regime me responderam que a lei militar quer que os traidores sejam fuzilados. Também os responsáveis ou os presumidos culpados do golpe de Estado de julho de 1985 e também os membros do antigo governo de Sékou Touré, todos encontraram a morte. Fiquei consternado e desamparado.

Sem fazer política, a Igreja da Guiné fortemente sempre se envolveu na proclamação dos direitos de Deus e do homem na defesa dos valores humanos e morais. Sem a verdade, um país marcha nas trevas e gera as piores infelicidades para seu povo. A Igreja deve se envolver na vida concreta dos homens. Nenhum cristão pode se isolar da condição humana e histórica de seus contemporâneos.

Além desse golpe de Estado, parece que sua vida não era todo dia um feriado...

Claro, houve alguns momentos muito difíceis. Eu também suportei o que santo Agostinho chama de *"sarcina episcopalis"* [bagagem episcopal]. Este termo popular da língua militar designa a bagagem do soldado, a *"barda"* [em francês], o equipamento incômodo e pesado que ele leva sobre si. Muitas vezes, é um *"barda"* particularmente pesado que o bispo deve carregar todo dia sobre seus ombros e que se torna cada vez mais pesado à medida que seu ministério encontra obstáculos – sobretudo se provêm do interior da Igreja e de seus colaboradores mais próximos.

Tive momentos de desânimo e até de desmoronamento. Foi assim que em fevereiro de 1990, no limite das forças, redigi para o papa uma carta de renúncia ao meu cargo de arcebispo de Conakry. Queria me retirar a uma pequena paróquia para servir como um simples pároco. Antes de enviá-la ao Santo Padre, quis informar ao padre Barry para que me desse sua opinião e me ajudasse a pensar com discernimento. Escrevera também estas poucas palavras de acompanhamento que exalavam um pouco o odor da amargura: "Por que vos escrevi para comunicar minha decisão? Não foi para ostentar minhas dores ou para me queixar. Não! Foi simplesmente porque há onze anos, em abril de 1978, vos remeti minha resposta afirmativa ao papa João Paulo II, que me pedia assumir o serviço pastoral na arquidiocese de Conakry. Foi também porque eu vos considerei sempre como um pai, um guia e um conselheiro. Poderia dizer como são Paulo: 'Diante de Deus, estamos totalmente a descoberto. Eu espero estar também totalmente a descoberto em vossas consciências [...] Nós nos dirigimos livremente a vós..., nosso coração se abriu de par em par (2Cor 5,11;6,11)'".

Ele reagiu negativamente e me replicou que a Cruz não era questão de um dia ou de uma semana, mas de uma vida inteira. E me desaconselhou fortemente de enviar minha carta ao papa... E ele a guardou. Foi somente em 2010, após minha missa de ação de graças do cardinalato, que ele me devolveu, em Ourous!

Incontestavelmente, a luta subterrânea quase permanente com o poder político, da ditadura de Sékou Touré até o regime militar de Lansana Conté, foi árdua. Mas não eram essas dificuldades exteriores que corroíam minha coragem e minha determinação de servir ao Senhor. Eram, antes, os combates interiores que enfrentaria que me arruinavam, revelando-me de maneira sempre mais evidente minha incapacidade objetiva para conduzir a Igreja de Conakry.

Para encarar essa situação, eu estabelecera um programa de retiro espiritual regular. Por dois meses, eu partia, sozinho, para um lugar completamente isolado. Eu me restringia a um jejum absoluto, sem água nem alimento, durante três dias. Queria estar com Deus para lhe falar face a face. Partindo de Conakry, levava apenas uma Bíblia, uma pequena valise capela e um livro de leitura espiritual. A Eucaristia era meu único alimento e meu único companheiro. Essa vida de solidão e de oração permitia restabelecer-me e retomar o combate.

Penso que um bispo, para assumir sua função, necessita penitenciar-se, jejuar, estar à escuta do Senhor, rezar longamente no silêncio e na solidão. Cristo se retirou durante quarenta dias ao deserto; os sucessores dos apóstolos têm a obrigação de imitá-lo tão fielmente quanto possível.

Minha experiência e minha convicção de cristão nasceram do contato com os padres espiritanos de meu vilarejo. Quando encontravam dificuldades, os missionários se refugiavam na oração. O homem demora a nascer, e seu nascimento não é um ato pontual. Ele acontece a cada momento. Houve etapas que deram à minha vida uma orientação decisiva. Mas essas mutações foram as horas, os momentos do dia nos quais, face a face com o Senhor, me conscientizei de sua vontade para comigo. Grandes momentos de uma vida são as horas de oração e de adoração. Eles geram o ser, formam nossa verdadeira identidade, enraízam uma existência no mistério. O encontro diário com o Senhor, na prece e na oração, eis o embasamento de minha vida. Comecei a estar atento a esses momentos desde a minha infância, em família e no contato com os espiritanos de Ourous. Quando devemos viver a Paixão, é necessário que nos retiremos ao Jardim do Getsêmani na solidão da noite.

Assim, rezei uma vez mais e aceitei reter a carta de renúncia.

Dois anos mais tarde, o papa João Paulo II foi à Guiné. Para o seu país, tratou-se certamente de uma visita histórica.

A princípio, João Paulo II devia visitar a Serra Leoa, a Libéria e a Guiné. A guerra na Serra Leoa alterou esse programa. A Santa Sé optou por organizar uma viagem apostólica escolhendo, dessa vez, o Senegal, a Gâmbia e a Guiné. Nessa época, o arcebispo não possuía uma residência própria; por isso, os organizadores da viagem papal não sabiam como hospedar o Santo Padre, visto que ele queria absolutamente visitar a Guiné. Ele sabia que o país atravessara grandes dificuldades sob o regime revolucionário comunista.

De fato, a residência fora confiscada por Sékou Touré após a prisão de mons. Tchidimbo. Ela se tornou a casa do governador de Conakry, depois a residência do primeiro-ministro, coronel Diarra Traoré. Foi a partir dessa residência que Diarra organizou seu golpe de Estado malsucedido... Portanto, a casa foi saqueada, destruída e incendiada pelos militares fiéis ao presidente Conté.

Diante de tal situação, os colaboradores do papa não viam senão uma única solução: João Paulo viria a Dakar, no Senegal, passaria o dia em Conakry e retornaria para dormir em Dakar.

Frustrado e decepcionado, solicitei uma audiência ao presidente Conté para lhe explicar quanto a Guiné seria humilhada não podendo oferecer uma casa ao papa por causa da má vontade do Estado, que jamais quis devolver este bem à Igreja. O chefe de Estado decidiu, então, devolver a casa, após uma completa restauração. Depois soubemos que o papa queria permanecer três dias na Guiné para nos consolar de todas as penas sob a ditadura de Sékou Touré.

João Paulo II chegou em 24 de fevereiro de 1992. Eu temia que o povo não fosse numeroso, porque a Guiné é um país majoritariamente mulçumano. Ao contrário de minhas apreensões, os católicos e numerosos mulçumanos vieram expressar sua alegria de receber o sucessor de Pedro. Os fiéis mulçumanos me diziam seriamente: "No tempo da revolução, éramos forçados a vir acolher os dirigentes da URSS; não havia razão alguma para que não saíssemos nas ruas por um grande crente e um homem de Deus!".

Do aeroporto até o centro de Conakry, as ruas estavam sempre cheias. Por ocasião da primeira missa na catedral, a alegria dos fiéis era imensa. À tarde , no colégio Sainte-Marie-de-Dixinn, houve um encontro com os catequistas e os conselhos paroquiais que mantiveram vivas as comunidades cristãs privadas por muito tempo da presença sacerdotal. O dia acabou com a inauguração do hospital que leva hoje o nome do Soberano Pontífice. No dia seguinte, por ocasião de uma segunda missa no grande estádio "28 de setembro", João Paulo II ordenou três sacerdotes. Após o café, encontrou jovens guineanos no palácio do povo. Algumas horas mais tarde, eu quis que ele falasse também com os representantes dos mulçumanos. Enfim, à noite, previmos um tempo de oração na gruta de Notre-Damme de Lourdes, que se encontra nos jardins do arcebispado. O recolhimento dos fiéis foi muito impressionante.

Após ter coroado a santa Virgem, o papa se ajoelhou e se recolheu um longo tempo. A profundidade e a duração de sua oração, interminável, impressionaram bastante o povo que lá se encontrava. Em seguida, após se ter levantado, aproximou-se lentamente de mim e pôs a bela estola que levava sobre os meus próprios ombros. Fiquei completamente transtornado porque não compreendia a razão de seu gesto, que não estava previsto. Ao voltar para a residência, abraçou-me e disse-me claramente: "Foi uma bela conclusão". No dia seguinte, último dia de sua visita, celebrou uma missa particular na capela da residência *Stella Maris*.

Alguns dias mais tarde, soube que se impressionara muito verdadeiramente pela simplicidade da acolhida da população. Para nos agradecer, pediu ao cardeal Francis Arinze, então presidente do Conselho pontifício para o diálogo inter-religioso, que viesse aos países visitados para agradecer às populações cristãs e mulçumanas, assim como aos governos.

A mobilização dos leigos fora excepcional. Sem eles, nunca teria podido preparar, com tanta eficiência, a viagem do papa.

Em novembro de 2001, seu discurso de adeus à Guiné, no momento de partir para Roma, marcou um momento da história do país. Trata-se de uma alocução particularmente abrupta contra o regime do general Lansana Conté... Como o senhor decidiu fazer tais declarações?

A situação foi paradoxal. O presidente orgulhava-se de minha nomeação para Roma e pretendia absolutamente organizar um grande banquete em minha honra com todas as autoridades do Estado. Não queria cair na armadilha dessa atmosfera mundana. Em 17 de novembro de 2001, decidi aproveitar essa tribuna para dizer parte de minha inquietude.

Minha alocução não foi difundida pela televisão nacional, tendo sido apreendido o registro pelo ministro da Informação. O presidente Conté estava representado na cerimônia pelo seu primeiro-ministro, Lamine Sidimé, acompanhado de um grande número de membros de seu governo. Mas no decorrer de meu discurso, muitos dentre eles deixaram precipitadamente a sala do banquete...

Na medida em que o primeiro-ministro acabava de me confiar a mais alta condecoração do Estado da Guiné, podia fazer um longo discurso. Assim, pude declarar: "Estou inquieto pela sociedade guineana, que se constrói sobre o esmagamento dos pequenos pelos poderosos, sobre o desprezo do pobre e do fraco, sobre a habilidade dos maus intendentes da coisa pública, sobre a venalidade e a corrupção da administração e das instituições republicanas. [...] Eu me dirijo a vós, senhor presidente da República, embora não estejais aqui. Cumulada pelo Senhor com todos os recursos naturais e culturais, a Guiné, paradoxalmente, vegeta na pobreza. [...] Estou inquieto pela juventude, sem futuro porque paralisada por um desemprego crônico. Estou também preocupado com a unidade, a coesão e a concórdia nacionais, gravemente comprometidas pela falta de diálogo político e a recusa da aceitação da diferença. Na Guiné, a lei, a justiça, a ética e os valores humanos não constituem mais referência e garantia para a regulação da vida social, econômica e política. As liberdades democráticas são reféns de desvios ideológicos que podem conduzir à intolerância e à ditadura. Outrora, a palavra dada era uma palavra sagrada. É verdade que o valor do homem se mede por sua capacidade de ser fiel à sua palavra. Hoje, as mídias, a demagogia, os métodos de condicionamento mental e todos os processos são utilizados para enganar a opinião pública, manipular os espíritos, dando assim a impressão de uma violação coletiva das consciências e de um grave confisco das liberdades e do pensamento".

O ministro da Informação tinha ficado furioso. Decretou um embargo sobre todo o meu discurso. No dia seguinte, por ocasião da missa de despedida nos jardins do arcebispado, um só membro do governo estava presente, o ministro da Energia, M. Niankoye Fassou Sagno, atualmente chefe de gabinete do primeiro-ministro. A mulher do presidente, Henriette Conté, e Élisabeth Sidimé, esposa do primeiro-ministro, também tiveram de se retirar. Mas muito me decepcionei porque nenhum ministro cristão estava presente nessa missa de despedida.

Decidi falar novamente alto e forte. Ao acabar minha homilia, não podia esconder a realidade: "Sei que o povo da Guiné me estima muito e me respeita. Mas eu deixo a Guiné com a impressão de que sou detestado pelo meu governo porque digo a verdade". No fim da missa, o primeiro-ministro chegou apressadamente... Ele me assegurou que o governo prestava uma grande atenção a meu ponto de vista. De fato, eu sabia perfeitamente que o ministro da Segurança Nacional fazia todo o possível para desencorajar o povo de vir me saudar no dia seguinte por ocasião de minha partida do aeroporto.

Entretanto, as estradas foram invadidas por uma multidão indescritível que se esforçava absolutamente para me encontrar antes da grande partida. A polícia tentava dispersá-la, mas era causa perdida... No grande hall do aeroporto, fiz um último e breve discurso improvisado chamando à calma, quando muitos tinham lágrimas nos olhos. Com o coração apertado, subi no avião e, da janela, continuei por muito tempo a olhar aquela multidão gigantesca que me fazia grandes sinais com a mão. Eu me lembrava de mons. Tchidimbo e daquela noite de abril de 1978, em que mons. Barry veio me dizer que o papa pensara no sacerdote mais desconhecido da Guiné para se tornar arcebispo...

Quais lembranças o senhor guarda dos primeiros passos em Roma como secretário da Congregação para a evangelização dos povos?

Cheguei a Roma em 19 de novembro de 2001. Quando Bernardin Gantin, nomeado como eu secretário da Congregação, pisou o solo romano, ficou chocado com o fato de ninguém vir ao aeroporto para acolhê-lo. Assim, determinou que eu não sofresse a mesma sorte... Com a delicadeza que sempre manifestou por mim, o cardeal levou a Fiumicino as religiosas que se ocupavam de seu apartamento, com seu próprio carro, para assegurar o transporte até o meu novo domicílio. E o cardeal Sepe, que dirigia então o dicastério ao qual eu tinha sido chamado, enviou também seu representante na pessoa do subsecretário. Portanto, fui particularmente acolhido.

É preciso compreender quão vastas são as competências da Congregação para a evangelização dos povos. Esse dicastério tem a responsabilidade da nomeação de todos os bispos da África, da Ásia, da Oceania, de um número importante de vicariatos apostólicos da América Latina e de algumas dioceses do Canadá. Foi uma experiência extraordinária, porque me possibilitava ter contato com todos os povos, todos os países de missão, todas as culturas e experiências pastorais tão edificantes. Todo dia podia contatar as congregações e os institutos missionários do mundo inteiro. O trabalho para preparar as nomeações episcopais é absolutamente gigantesco. Durante esses anos, compreendi as qualidades e as fraquezas da maior parte das dioceses do mundo.

Na Europa, temos sempre a impressão de que o catolicismo começou sua agonia. Basta permanecer uma semana na Congregação para compreender que a Igreja possui, pelo contrário, uma vitalidade extraordinária. Vivemos uma "nova primavera do cristianismo" como amava dizer João Paulo II. Em 1900, havia 2 milhões de católicos africanos; hoje, são 185 milhões. Na Ásia, o catolicismo provocado e estimulado pela tradição de diferentes místicas, encarna a modernidade. Acrescentaria que a beleza da Igreja não reside no número de seus fiéis, mas em sua santidade.

Eu segui o trabalho de mais de mil dioceses e de inumeráveis missionários que se entregam aos outros nas regiões mais áridas e longínquas desta terra; com meios irrisórios eles trazem para a humanidade toda a bondade de Deus. Muitas vezes, as instituições missionárias são as únicas a se ocupar dos pobres e dos doentes que ninguém quer olhar. Quando governos irresponsáveis, exércitos cruéis ou lobbies sedentos de lucro semeiam o terror e o desespero, restam apenas as mãos abertas de Deus que, mediante a coragem dos mensageiros do Evangelho, vêm consolar os mais pobres dos pobres. Entre esses missionários, há santos. Muitos permanecerão desconhecidos, mas sua santidade é impressionante.

Enfim, sempre tive um cuidado particular no acompanhamento da ajuda que podíamos dar para a formação dos seminaristas em países menos favorecidos. Nesse grande dicastério, sentia compreender as intuições fundamentais de João Paulo II. No Ocidente onde tudo parece morrer e o cristianismo se evapora inelutavelmente, há, entretanto, flores escondidas extraordinárias. Porque os santos são a verdadeira primavera da Igreja! Como esquecer João Paulo II, Madre Teresa e todos os santos da época moderna?

Certamente, a função de secretário da Congregação não é fácil, mas trata-se de um belo aprendizado. Gostei muito de trabalhar com o cardeal Crescenzio Sepe, dotado de um sentido de organização particularmente impressionante, e depois com o cardeal Ivan Dias, de tão belas qualidades espirituais, que se sucederam na chefia da Congregação durante minha passagem. Eram muito diferentes, e muito aprendi nesses anos.

A partir de 2008, substituí progressivamente o cardeal Dias em alguns encontros, porque ele sofria de uma doença que cada vez mais o fragilizava. Nesse contexto, tive a sorte de participar de muitas sessões de trabalho com o papa Bento XVI, especialmente para a nomeação dos bispos. Sua humildade, seu ouvir, sua inteligência me tocaram.

Em 2010, após nove anos de Propaganda fide, *o senhor foi nomeado presidente do Conselho pontifício* Cor unum. *Isso marca uma nova etapa em sua vida?*

Efetivamente, na manhã de 7 de outubro de 2010, o cardeal Tarcisio Bertone me telefonou para anunciar-me que o papa Bento XVI pensava em mim para assumir a presidência do Conselho pontifício *Cor unum*. Fiquei surpreso porque nada pedira absolutamente. O cardeal Dias ficou feliz por minha nomeação e ao mesmo tempo sentia que ele estava triste por me ver partir. No dia seguinte, deixei Roma para uma viagem à Índia, prevista há muito tempo.

Em 20 de outubro, quando acabei minha estadia na Índia com uma visita a Goa, o cardeal Bertone procurou encontrar-me. Finalmente chegamos a nos falar. Foi assim que o secretário de Estado me disse que o Santo Padre previa um consistório para a nomeação de novos cardeais. Tarcisio Bertone me revelou então que eu seria elevado à dignidade cardinalícia nessa ocasião.

Não posso dizer que estava orgulhoso. A confiança de Bento XVI me tocava, mas sentia que aquela promoção não era meritória. Logo em seguida pensei em meus pais que teriam ficado tão felizes! Rezei para que Deus me ajudasse a viver essa função não como uma honra, mas como uma pesada e difícil prova para defender Cristo. Meus pais jamais teriam sonhado com tal nomeação tão rara. Pensei também em mons. Tchidimbo, que teria merecido essa dignidade mais do que eu.

Não sei por que Deus sempre me estendeu a mão para me acompanhar nos caminhos mais importantes. Em minha vida, Deus tudo fez; do meu lado, eu não quis senão rezar. Estou certo de que o vermelho de meu cardinalato é verdadeiramente o reflexo do sangue do sofrimento dos missionários que vieram até os confins da África para evangelizar meu vilarejo.

Quando voltei a Roma, Bento XVI me concedeu uma audiência privada. Durante esse encontro, o papa disse esta frase que nunca esquecerei: "Excelência, eu vos nomeei para *Cor unum* porque sei que entre todos tendes a experiência do sofrimento e do rosto da pobreza. Sereis o melhor para expressar com delicadeza a compaixão e a proximidade da Igreja junto aos mais pobres".

Podemos facilmente imaginar quanto a cerimônia na qual Bento XVI o tornou cardeal foi um grande momento...

Em 20 de novembro de 2010, Deus compensou muitas provas e sacrifícios. De fato, uma coisa me vinha verdadeiramente ao coração: eu queria que os espiritanos de minha infância estivessem presentes na basílica de São Pedro de Roma no dia de minha elevação à dignidade cardinalícia. Na minha vida, Deus amadureceu muitos belos frutos, mas foram os espiritanos as testemunhas do primeiro sopro de Deus em meu coração. Embora nada merecesse, Deus sempre confiou em mim. Estou longe de ter conseguido tudo aquilo que a Igreja podia esperar de mim; os diferentes papas, desde Paulo VI, sempre me confiaram cargos importantes. Se somos o fruto de uma herança humana, mais profundamente somos primeiro a obra de Deus.

As honras que a Igreja pode conceder a alguns de seus filhos são primeiro uma graça de Deus para que a fé, a esperança e a caridade sejam mais radiantes. A tentação mundana é uma peste. Não há promoção humana na Igreja, mas simplesmente uma imitação do Filho de Deus. As alegrias dos salões eclesiásticos são pequenos trapos enganadores. Francisco lembra muitas vezes justamente a mundanidade de Satanás.

Ainda hoje, quando sou o objeto de privilégios devidos à minha função, esforço-me em ficar em união com Deus numa profunda oração mental. Se referimos tudo a Deus, a humildade vem como lucro. A honra dada a um cardeal não pode ser senão para a glória de Deus. Nada jamais será demasiado belo para Ele.

Qual era seu trabalho diário no Conselho Cor unum?

Minha missão consistia em saber expressar melhor a compaixão, a proximidade espiritual e material da Igreja aos homens que sofrem todas as provas mais difíceis deste mundo. Rapidamente viajando pelos países mais martirizados de nossa época, compreendi que a maior miséria não era forçosamente a pobreza material. A miséria mais profunda é carecer de Deus. Ele pode estar ausente porque os homens estão demasiado aprisionados no materialismo e profundamente desesperados; eles o abandonaram ou o rejeitaram. Muitas vezes há uma fome de pão, mas também uma fome de Deus.

Cor unum, enquanto representante da caridade do sucessor de Pedro, estava sistematicamente presente em todos os lugares em que há guerras, catástrofes naturais, fomes e epidemias. Muitas vezes, atrás dos dramas incomensuráveis, há um abandono de Deus pelos homens. Também *Cor unum* procurava sempre trazer a ajuda material de urgência, sem esquecer a consolação de Deus. A caridade é o serviço do homem, mas não é possível servir à humanidade sem lhe falar de Deus. Nisso, a Igreja nunca poderá ter um trabalho comparável às organizações humanitárias, frequentemente guiadas e dominadas por ideologias.

DEUS OU NADA

Na encíclica *Deus caritas est*, Bento XVI lembra justamente que "a atividade caritativa cristã deve ser independente de partidos e ideologias. Não é um meio para mudar o mundo de maneira ideológica, nem está ao serviço de estratégias mundanas, mas é atualização aqui e agora daquele amor de que o homem sempre tem necessidade [...] E a fonte deste amor é o próprio Deus". Devemos levar uma reflexão teológica sobre a caridade para evitar que as estruturas caritativas católicas caiam no secularismo.

A natureza da Igreja está no amor de Deus e a caridade da Igreja é, primeiro, a caridade de Deus.

A verdadeira caridade não é nem uma esmola, nem uma solidariedade humanista, nem uma filantropia: a caridade é a expressão de Deus e um prolongamento da presença de Cristo em nosso mundo. A caridade não é uma função pontual, mas a natureza íntima da Igreja, *Intima Ecclesiae Natura*.

Ela nos pressiona a evangelizar; simplesmente, a Igreja revela o amor de Deus. Muitas vezes, é a ausência de Deus a raiz mais profunda do sofrimento humano. A Igreja dá também o amor de Deus a todos. Por isso, um cristão não pode fazer a caridade a seus únicos irmãos em Cristo, mas a todos os homens, sem nenhuma distinção.

Quais são suas lembranças mais marcantes desses quatro anos?

A viagem ao Japão foi um momento extraordinário. Em 11 de março de 2011, um grave abalo sísmico de grau 9, seguido de um tsunami, destruiu o leste de Tōhoku, ao redor de Sendai, provocando a morte de muitos milhares de pessoas, os graves danos em toda a parte nordeste de Honsu e o acidente nuclear de Fukushima.

Cheguei ao país em 13 de maio de 2011. Dois meses após o cataclismo, tudo devia ser reconstruído. Tocou-me a acolhida da população, na maioria budista, desamparada e ao mesmo tempo forte. Durante esses dias, compreendi como as pessoas que visitava não esperavam de mim unicamente uma contribuição material; apesar da diferença de nossas crenças religiosas, queriam que eu lhes desse a esperança que vem de Deus. Após ser distribuída a ajuda logística e financeira do papa, o melhor que eu devia fazer era rezar longamente no meio de toda essa população tão duramente provada. Tornava-se primordial que eu me voltasse para Deus por essas crianças órfãs, cujos olhares eram tão tristes, por esses homens e mulheres que tentavam reconstruir suas casas, por esses anciãos esgotados pela fadiga. Retornei abalado porque sabia que verdadeiramente só Deus podia ajudar todos os japoneses, entrando no mais profundo de seus corações. O dinheiro é uma necessidade, mas há uma ternura que apenas pode vir de Deus.

A carta de uma jovem budista, que me escreveu dois meses após meu retorno do Japão, me tocou profundamente. Ela me dizia: "Em seguida ao terrível tsunami em que perdemos muitos membros de nossa família, e quase todos nossos bens, eu queria me suicidar. Mas após vos ter ouvido na televisão, a paz e a serenidade que eu reencontrei vendo-vos rezar pelos sobreviventes e pelos mortos, e a repercussão em mim de vossa contemplação e de vossa oração silenciosa na beira do mar e, enfim, após o gesto comovente que realizastes jogando flores no mar em memória de todos aqueles que foram tragados pelas ondas, eu desisti de me suicidar. Graças a vós, compreendi e agora sei que, apesar deste desastre, alguém nos ama, vive ao meu lado e partilha nossos sofrimentos, porque devemos certamente ter um grande valor aos seus olhos. Este alguém é Deus. Senti a sua presença e sua compaixão mediante o Santo Padre, o papa, e vós. Não sou católica, mas vos escrevo estas linhas para vos agradecer e agradecer ao Santo Padre, o papa Bento XVI, por este imenso conforto que me trouxestes. Sei que outras pessoas receberam, como eu, esta ajuda espiritual preciosa da qual todos temos necessidade, sobretudo no momento de grandes e terríveis provas".

Nunca vi a pessoa que me escreveu essa carta. Ela não recebeu de minha parte nenhuma ajuda material concreta. Entretanto, essa jovem budista me permitiu compreender melhor que a caridade tem um valor em si, enquanto testemunho de Deus, além de sua eficácia técnica, econômica, política ou sociológica. Ela é parte da missão da Igreja, que consiste em revelar o amor e a ternura de Deus, em redescobrir a presença, a compaixão e o amor misericordioso do Pai no meio de nossos sofrimentos. Essa jovem japonesa me ajudou profundamente a entender minha missão como presidente do Conselho pontifício *Cor unum*.

O verdadeiro alívio que devemos levar aos pobres e às pessoas provadas não é somente material, mas também espiritual. É preciso revelar-lhes o amor, a compaixão e a proximidade de Deus. Ele está conosco na prova. Caminha conosco na estrada de Emaús, a estrada da decepção, do sofrimento e do desencorajamento.

Alguns organismos católicos se envergonham e recusam manifestar sua fé. Não querem mais falar de Deus em suas atividades caritativas, sob o pretexto de proselitismo. Entretanto, o papa Francisco escreve de maneira ainda mais firme na *Evangelii gaudium*: "Dado que esta Exortação se dirige aos membros da Igreja católica, desejo afirmar, com mágoa, que a pior discriminação que sofrem os pobres é a falta de cuidado espiritual. A imensa maioria dos pobres possui uma especial abertura à fé; tem necessidade de Deus e não podemos deixar de lhe oferecer a sua amizade, a sua bênção, a sua Palavra, a celebração dos Sacramentos e a proposta dum caminho de crescimento e amadurecimento na fé. A opção preferencial pelos pobres deve traduzir-se, principalmente, numa solicitude religiosa privilegiada e prioritária".

Há alguns meses, na Jordânia, nos campos de refugiados sírios, uma criança muçulmana de sete anos gritou diante de mim: "Existe

Alá? Existe Alá? Por que ele permitiu que meu pai fosse morto?". Seu pai fora degolado pelos rebeldes islamitas, na sua presença, e ele estava profundamente chocado. Tentamos falar-lhe do Deus bom, Pai e Criador de todas as coisas maravilhosas, que detesta o mal, para tentar tirá-lo de seu traumatismo. Como esquecer tal sofrimento que é o único fato da barbárie de homens que se desviaram da religião? Essa criança tinha toda a ajuda material necessária, nada lhe faltava, nem roupas, nem alimentos, nem cuidados sanitários, nem uma habitação. Isto não bastava para consolá-la. Só a proximidade de Deus e a experiência de que Ele nos ama e sofre conosco, em nós, revelam o mistério do sofrimento e trazem a consolação, o conforto e a paz interior.

No Haiti, em 2010, após o tremor de terra, a população enfrentou furacões muito violentos. Em minha vida, fui testemunha de numerosas situações de grande pobreza. Na África, guardo a memória de tantas tragédias que sucederam com uma regularidade assustadora. Mas posso afirmar que nunca vi tais sofrimentos como no Haiti. Senti que um povo inteiro tinha sido atingido pelas catástrofes naturais que se abatiam sobre ele. A tristeza parecia invadir a alma de toda uma nação. Trabalhei muito para que a nossa ajuda fosse a mais eficaz possível. Descobri também uma população com uma imensa fé e uma absoluta confiança em Deus no meio de seus muitos sofrimentos.

Se soubermos praticar a caridade, saberemos venerar Deus e poderemos nos encaminhar para a eternidade. Pela caridade, deixamos Deus realizar sua obra em nós. Pela caridade, nós nos abandonamos totalmente a Deus. E é Ele que age em nós, e nós agimos nEle e por Ele e com Ele.

Não há nenhuma relação mais autêntica com Deus do que o encontro com os pobres. Porque está aqui a fonte da vida em Deus: a pobreza.

Nosso Pai é pobre. Eis, talvez, um rosto de Deus que nos escapa e nos repugna, porque não encontramos realmente "o Filho do Homem, ele [que] não tem onde repousar a cabeça" (Mt 8,20).

3
DE PIO XII A FRANCISCO, OS PAPAS DE UMA VIDA

"Tu és Pedro, e sobre esta pedra, construirei minha Igreja, e as portas do inferno não prevalecerão contra ela. E eu dar-te-ei as chaves do Reino dos céus."

Mateus 16,18-19

NICOLAS DIAT: Em 1945, o senhor veio ao mundo sob o pontificado do papa Pio XII...

CARDEAL ROBERT SARAH: Quando era criança, eu sabia que existia um papa que é o cabeça da Igreja, porque ouvia seu nome na missa. Estava persuadido de que esse cimo inatingível, não o veria nunca. Imaginava o sucessor de Pedro como um homem que vivia em alguma espécie de paraíso, assim como todos aqueles que trabalhavam ao seu redor. Considerava-os como santos e verdadeiros modelos de vida cristã. Roma, tão longínqua, representava um pouco o céu...

No seminário menor de Bingerville, comecei a compreender melhor o significado da função pontifícia. Então, eu soube da morte do papa, em 9 de outubro de 1958, quando tínhamos apenas retomado o ano escolar. Tive medo, porque compreendia que o momento era importante para a Igreja. Além disso, Pio XII era muito popular na África.

Esse pontífice era um homem de grande dignidade. O processo aberto sobre o seu papel durante a guerra me parece de uma injustiça terrível. Longe das polêmicas ideológicas, os historiadores começam suas pesquisas. Recentemente, apreciei muito o trabalho do inglês Gordon Thomas e do francês Pierre Milza. Os testemunhos dos milhares de judeus dos quais ordenara pessoalmente a proteção nos mosteiros de Roma, e até nos apartamentos pontifícios do Vaticano e na residência de verão de Castel Gandolfo, são excepcionais. Pio XII quis salvar homens que estavam condenados à morte. Seu silêncio diplomático era motivado pelo desejo de não agravar o drama ignóbil que se apresentava então. Diante dos ditadores loucos e perigosos, a palavra pode, às vezes, se revelar um instrumento contraproducente.

Em outro patamar, experimentei a perseguição na Guiné de Sékou Touré. Portanto, sei por experiência que os regimes repressivos e sanguinários são problemas complexos e que não basta expressar-se publicamente para lutar contra uma ditadura.

De fato, o papa temia que a política de Hitler contra os judeus se tornasse ainda mais bárbara, e que os cristãos poloneses e alemães sofressem as repercussões desta ignóbil violência.

Certamente, não sou um especialista nessa questão, e não pretendo, aliás, resumir um assunto tão difícil. O horror da Shoah permanece como mistério de iniquidade.

No plano eclesial, desde sua eleição, em sua primeira encíclica, *Summi pontificatus* de 20 de outubro de 1939, Pio XII quis lembrar que seu primeiro dever era o de testemunhar a verdade: "A época atual, veneráveis irmãos, acrescentando novos erros aos desvios doutrinais do passado, levou-os a extremos dos quais não se podia originar senão desorientação e ruína. E, antes de tudo, é certo que a raiz profunda e última dos males, que deploramos na sociedade moderna, é a negação e a repulsa de uma norma de moralidade universal, quer na vida individual, quer na vida social e nas relações internacionais, isto é, o desconhecimento, tão difundido nos nossos tempos, e o esquecimento da própria lei natural, que tem o seu fundamento em Deus, Criador onipotente e Pai de todos, legislador supremo e absoluto, onisciente e justo vingador das ações humanas. Quando se renega Deus, abala-se toda a base de moralidade". Pio XII já enfrentava os primeiros sinais dos problemas que conhecemos: a negação de Deus e o relativismo moral.

Posso igualmente afirmar que Pio XII foi mais inovador que os críticos do conservadorismo, sempre fáceis, querem que se pense a este respeito. A encíclica *Fidei donum,* de abril de 1957, sobre a renovação da missão, em parte inspirada pelo exemplo de mons. Marcel Lefebvre, então arcebispo de Dakar e delegado apostólico para a África francesa, foi muito importante para o desenvolvimento da evangelização. O soberano pontífice quis despertar a Esposa de Cristo convidando as Igrejas mais antigas do Ocidente a se comprometer num esforço missionário e a estimular os sacerdotes europeus a ir servir por um tempo numa diocese de missão. A encíclica foi especialmente escrita tendo em vista a África. Nessa época, esse continente carecia cruelmente de apóstolos e de evangelizadores. Graças a Pio XII, sacerdotes deixaram suas dioceses de origem para ajudar regiões do mundo que careciam deles. Na Guiné, após o trabalho fundador dos espiritanos, os sacerdotes que chamamos desde então *"fidei donum"* possibilitaram um desenvolvimento considerável da fé católica.

Para o meu continente, a figura desse pontífice é tanto mais histórica quanto foi ele o primeiro a ordenar bispos africanos, em particular Bernardin Gantin. Seu cuidado com uma hierarquia episcopal autóctone era real.

Em 1958, o senhor estava no seminário quando João XXIII foi eleito papa?

Eu era muito jovem no dia em que Angelo Roncalli ascendeu ao trono de Pedro. Entretanto, percebi bastante rápido a diferença de estilo que havia com seu predecessor. Amara a figura nobre e delicada de Pio XII, e agora apreciava a simplicidade quase ingênua de João XXIII. Os comentaristas diziam em todos os lugares que ele era bom, próximo do povo, como um pai de família.

Por outro lado, faltava-me ainda maturidade para compreender a amplidão do concílio que o papa queria. Sabia, entretanto, que mons. Tchidimbo representava meu país e que regularmente ia a Roma para discutir com os bispos de outros países. Se não nos falava realmente do conteúdo dos debates, devo, contudo, relatar um episódio que marcou os fiéis católicos de Conakry.

A catedral de Conakry tinha um coro elegante e trabalhado, com uma bela réplica do dossel de Bernini, cercado por belíssimos anjos. No momento das primeiras discussões sobre a reforma litúrgica, mons. Tchidimbo voltou a Conakry e ordenou a destruição do dossel e do altar maior. Ficamos cóléricos, incrédulos diante dessa decisão precipitada. Com alguma violência, passamos sem qualquer preparação de uma liturgia para outra. Posso testemunhar que a preparação improvisada da reforma litúrgica causou desolação na população, em particular entre os mais modestos, que não compreendiam a rapidez de tais mudanças, nem sequer a sua razão de ser.

Incontestavelmente, foi bastante lamentável que sacerdotes se deixassem levar por tais rompantes ideológicos pessoais. Pretendiam democratizar a liturgia, e o povo foi a primeira vítima de suas ações. A liturgia não constitui um objeto político que podemos tornar mais igualitário com base em reivindicações sociais. Como um movimento tão estranho podia produzir na vida da Igreja outras consequências senão uma grande confusão entre os fiéis?

Entretanto, a ideia de João XXIII era extraordinária. A convocação do concílio respondia verdadeiramente às necessidades novas de uma época. No seminário maior, ao estudar as diferentes constituições, admirávamos o trabalho dos Padres. Nossa paixão era compreensível porque numerosos textos do concílio são particularmente edificantes. Estou persuadido que o papa João desejou que os fiéis da Igreja pudessem conhecer uma grande intimidade com Deus. Queria que os crentes adquirissem uma espiritualidade mais profunda. De fato, a visão sobrenatural do homem é a fonte de seu programa de reforma. O cuidado de adaptação aos tempos modernos não lhe fazia esquecer a necessidade transcendental da ação evangelizadora.

Também a denúncia dos "profetas do mal" é justa. Algum pessimismo podia prevalecer na Igreja. A luta contra o comunismo soviético e sua expansão no mundo inteiro era tão difícil que ela dava lugar a formas de derrotismo. Alguns meios talvez não acreditassem mais suficientemente no poder de Cristo que nunca abandonou seus discípulos. João XXIII chamava ao realismo e, dois decênios mais tarde, Deus enviou João Paulo II que viu a queda do muro de Berlim...

O concílio queria destacar a parte bela e digna deste mundo. Não devemos lamentar essa maneira de trabalhar dos Padres. O reconhecimento das grandes obras, quando elas existem, nunca implica renunciar à verdade. Como poderia a Igreja não louvar os progressos tecnológicos e científicos dessa época? Por tudo isso, dependia igualmente do dever petrino de prosseguir o ensino do magistério. João XXIII e Paulo VI permaneceram fiéis a estes dois aspectos. A visão positiva do mundo não impedia João XXIII de constatar com inquietação os sinais da eliminação de Deus.

Como o senhor compreende a palavra aggiornamento *utilizada pelo papa desde a abertura do concílio?*

O *aggiornamento* é um instrumento de reflexão para situar a Igreja num mundo mutável, no qual setores econômicos, midiáticos ou políticos abandonavam Deus ao afundar-se num materialismo onírico, liberal e relativista. Como a Igreja poderia levar melhor o Evangelho a países que manifestavam os sinais de uma crise da fé? A intuição de João XXIII foi, portanto, profética. Ele nunca quis abandonar a tradição; alguns fantasiaram uma revolução e procuraram, com a ajuda das mídias, impor a imagem de um pontífice revolucionário. Trata-se de um equívoco político inconsequente.

Bento XVI jamais desistiu de lembrar quanto o trabalho dos Padres pôde ser diminuído pelas interpretações midiáticas do Vaticano II. Assim, a vontade de João XXIII não foi conhecida, mas antes ideologicamente comentada e interpretada. Apesar disso, os textos dos Padres são o reflexo fiel da intuição original do papa João. Possuímos um tesouro precioso ao qual é importante se referir com fidelidade.

Suas lembranças tornam-se tanto mais precisas com Paulo VI, que foi o papa de sua juventude?

Efetivamente, cheguei a Roma em setembro de 1969. Pude ver Paulo VI quando inaugurou um dos edifícios do colégio Saint-Pierre onde eu residia. Pela primeira vez toquei num papa! A criança da Guiné vivia uma espécie de milagre...

Paulo VI afrontou perturbações de uma dificuldade fora do normal. O mundo mudava muito rapidamente e o concílio não trazia o aprofundamento tão esperado. A hermenêutica progressista levava até mesmo os fiéis a impasses. Muitos sacerdotes abandonaram o sacerdócio. Conventos se esvaziavam e muitos religiosos começavam a renunciar aos seus hábitos de consagração. Pouco a pouco, o espírito do tempo apagava os sinais que indicam que a mão de Deus se colocava sobre eles que dedicaram suas vidas ao Senhor. Havia uma impressão difusa que, mesmo entre as pessoas consagradas, a presença de Deus estava proscrita! Para o papa foi um sofrimento terrível.

A dor não o impediu de permanecer firme. Sabia melhor que ninguém que o concílio fora suscitado pelo Espírito Santo. Ao conduzir os trabalhos dos Padres, Paulo VI mostrou uma autoridade e uma segurança teológica especialmente enraizadas na fé. O papa quis preservar o depósito da Revelação dos desvarios reformistas ou revolucionários de ideólogos de escritório. Fez tudo o que podia para repelir os ataques de uma grande violência.

Assim, em junho de 1967, sua encíclica *Sacerdotalis caelibatus* sobre o celibato dos sacerdotes enfrentou com rigor o equívoco sobre a castidade dos ministros do culto. Escrevia: "O celibato sacerdotal, que a Igreja guarda desde há séculos como brilhante pedra preciosa, conserva todo o seu valor mesmo nos nossos tempos, caracterizados por transformação profunda na mentalidade e nas estruturas. Mas no clima atual de novos fermentos, manifestou-se também a tendência, e até a vontade expressa, de pedir à Igreja que torne a examinar esta sua instituição característica, cuja observância, segundo alguns, se tornou problemática e quase impossível no nosso tempo e no nosso mundo. Este estado de coisas, que agita a consciência e provoca perplexidades nalguns sacerdotes e jovens aspirantes ao sacerdócio, e atemoriza muitos fiéis, obriga-nos a não dilatar o cumprimento da promessa, feita aos Veneráveis Padres do concílio, a quem declaramos o nosso propósito de imprimir novo lustre e novo vigor ao celibato sacerdotal nas circunstâncias atuais".

De fato, Paulo VI decretava com firmeza uma confirmação do concílio de Cartago de 390, assim como a antiga tradição da Igreja católica sobre o celibato consagrado. A lei do celibato promulgada pela Assembleia dos bispos africanos permaneceu sempre em vigor e será oficialmente inserida na grande coleção legislativa da Igreja da África, o *Codex Canonum Ecclesiae Africanae*, compilado e promulgado em 410, no tempo de santo Agostinho.

Muitos são aqueles que pensam que o celibato sacerdotal depende de uma questão puramente disciplinar. Qual a sua posição?

O padre jesuíta Christian Cochini, autor de um livro notável, *Les Origines apostoliques du célibat sacerdotal*[1], escreve com exatidão: "Quando, após longas hesitações, Pio IV decidiu manifestar sua resposta aos príncipes alemães que solicitavam a Roma autorizar o casamento dos sacerdotes, sua primeira palavra sobre a questão será citar o decreto de Cartago. Eis, portanto, este documento que ia ser chamado a desempenhar tal papel na história do celibato eclesiástico: 'Epigone, bispo de Bulle la Royale, diz: num concílio anterior, discutiu-se a regra da continência e da castidade. Que se instrua, portanto, agora com mais força os três graus que, em virtude de sua consagração, são obrigados pela mesma obrigação de castidade, quero dizer o bispo, o sacerdote e o diácono, e que se lhes ensine a guardar a pureza. O bispo Geneclius diz: como foi dito precedentemente, convém que os santos bispos e os sacerdotes de Deus, assim como os levitas, isto é, aqueles que estão ao serviço dos sacramentos divinos, observem uma continência perfeita a fim de poder obter com toda simplicidade o que eles pedem a Deus; o que ensinaram os apóstolos e o que a Antiguidade observou, asseguramos, nós também, guardá-la. Unanimemente, os bispos declararam: apraz-nos a todos que o bispo, o sacerdote e o diácono, guardiões da pureza, se abstenham do comércio conjugal com sua esposa, a fim de que guardem uma castidade perfeita aqueles que estão a serviço do Altar'. Este texto é precioso e de uma grande importância. Representa o documento mais antigo da Igreja sobre o celibato. Menciona as esposas dos clérigos e, claramente, esposas daqueles que ocupam os lugares superiores da hierarquia sacerdotal: bispos, sacerdotes e diáconos. A maior parte destes se encontravam, pois, comprometidos com os laços do matrimônio. A tais homens, o concílio africano de Cartago pede nada menos do que se abstenham de toda relação conjugal e observem uma continência perfeita. Além disso, o documento nos assegura que essa disciplina não é nova. Os Padres do concílio de Cartago entendem urgir a obrigação de alguma coisa que somente foi "ensinada pelos apóstolos e observada na Antiguidade". Esta lei foi unanimemente aceita e confirmada por toda Igreja em fidelidade ao ensinamento de Jesus que recompensa àqueles que deixam tudo para segui-lo: "Em verdade, eu vos digo, ninguém terá deixado casa, mulher, irmãos, pais ou filhos, por causa do Reino de Deus, sem que receba muito mais no tempo atual e no mundo futuro, a vida eterna" (Lc 18,29-30). E João Paulo II insiste: "A Igreja Latina quis e continua a querer, baseando-se no exemplo do próprio Cristo Senhor, no ensinamento apostólico e em toda a tradição, que todos aqueles que recebem o sacramento da Ordem abracem também esta renúncia 'por amor do Reino dos céus'. Esta tradição, no entanto, anda unida ao respeito pelas tradições diferentes de outras Igrejas. E de fato, característica, peculiaridade e herança da Igreja católica latina. Esta lhe deve muito. Por isso está decidida a perseverar nessa linha, não obstante as dificuldades a que tal fidelidade possa estar exposta, e malgrado os vários sintomas de fraqueza e de crise de sacerdotes isolados. Todos estão conscientes de que 'trazemos este tesouro em vasos de argila, mas sabemos também perfeitamente que é um tesouro' (João Paulo II, *Carta aos sacerdotes*, para a quinta-feira santa de 1979)".

Não, o celibato dos sacerdotes não é responsável pela penúria de vocações em alguns países do mundo.

Nesses casos precisos, e em outros, a ordenação de homens casados seria um triste chamariz, uma ilusão, uma facilidade confusa.

Ademais, Paulo VI devia tratar um assunto que Pio XII evocara no famoso discurso às parteiras. E esse foi a Humanae vitae...

Sim, em 1968, a publicação da encíclica *Humanae vitae* provocou uma ofensiva de críticas acerbas contra o ensinamento de Paulo VI sobre o matrimônio e a regulação dos nascimentos. Com grande inteligência e perfeita fidelidade ao ensinamento da Igreja, o papa queria, sobretudo, sublinhar dois aspectos indissociáveis no ato conjugal, a união e a procriação: "Esta doutrina, muitas vezes exposta pelo Magistério, está fundada sobre a conexão inseparável que Deus quis e que o homem não pode alterar por sua iniciativa, entre os dois significados do ato conjugal: o significado unitivo e o significado procriador. Na verdade, pela sua estrutura íntima, o ato conjugal, ao mesmo tempo que une profundamente os esposos, torna-os aptos para a geração de novas vidas, segundo leis inscritas no próprio ser do homem e da mulher. Salvaguardando estes dois aspectos essenciais, unitivo e procriador, o ato conjugal conserva integralmente o sentido de amor mútuo e verdadeiro e a sua ordenação para a altíssima vocação do homem para a paternidade. Nós pensamos que os homens do nosso tempo estão particularmente em condições de apreender o caráter profundamente razoável e humano deste princípio fundamental" (Humanae vitae n.12).

Apesar das contestações, o papa nunca quis entrar na lógica de um falso debate sobre o pensamento libertário. Paulo VI publicou seu texto, depois permaneceu em silêncio suportando todas as dificuldades em oração. Até o seu falecimento, em 6 de agosto de 1978, ele não mais escreveu encíclicas.

O sucessor de Pedro sabia que era fiel à verdade. Penso que Giovanni Battista Montini confiava infinitamente na sabedoria do ensinamento da Igreja; para ele, apesar dos sofrimentos temporários, os modismos passariam. O combate desse pontífice é ainda mais pungente porquanto dedicava um grande respeito à liberdade de consciência. No final de seu texto, escolheu dirigir-se especificamente aos sacerdotes, escrevendo: "Diletos filhos sacerdotes, que por vocação sois os conselheiros e guias espirituais das pessoas e das famílias, dirigimo-nos agora a vós, com confiança. A vossa primeira tarefa - especialmente para os que ensinam a teologia moral - é expor, sem ambiguidades, os ensinamentos da Igreja acerca do matrimônio. Sede, pois, os primeiros a dar exemplo, no exercício do vosso ministério, de leal acatamento, interno e externo, do Magistério da Igreja. Tal atitude obsequiosa, bem o sabeis, é obrigatória não só em virtude das razões aduzidas, mas, sobretudo, por motivo da luz do Espírito Santo, da qual estão particularmente dotados os Pastores da Igreja, para ilustrarem a verdade. Sabeis também que é da máxima importância, para a paz das consciências e para a unidade do povo cristão, que, tanto no campo da moral como no do dogma, todos se atenham ao Magistério da Igreja e falem a mesma linguagem. Por isso, com toda a nossa alma, vos repetimos o apelo do grande Apóstolo São Paulo: "Rogo-vos, irmãos, pelo nome de Nosso Senhor Jesus Cristo, que digais todos o mesmo e que entre vós não haja divisões, mas que estejais todos unidos, no mesmo espírito e no mesmo parecer. Não minimizar em nada a doutrina salutar de Cristo é forma de caridade eminente para com as almas. Mas isso deve andar sempre acompanhado também de paciência e de bondade, de que o mesmo Senhor deu o exemplo, ao tratar com os homens. Tendo vindo para salvar e não para julgar, Ele foi intransigente com o mal, mas misericordioso para com os homens. No meio das suas dificuldades, que os cônjuges encontrem sempre na palavra e no coração do sacerdote o eco fiel da voz e do amor do Redentor. Falai, pois, com confiança, diletos Filhos, bem convencidos de que o Espírito de Deus, ao mesmo tempo que assiste o Magistério no propor a doutrina, ilumina também internamente os corações dos fiéis, convidando-os a prestar-lhe o seu assentimento. Ensinai aos esposos o necessário caminho da oração, preparai-os para recorrerem com frequência e com fé aos sacramentos da Eucaristia e da Penitência, sem se deixarem jamais desencorajar pela sua fraqueza".

Em 18 de abril de 1978, alguns meses antes de seu falecimento, Paulo VI o nomeou o mais jovem bispo do mundo. O senhor tinha menos de trinta e três anos...

De fato, e João Paulo II confirmou minha nomeação em agosto de 1979. Senti uma alegria dolorosa, mas estava tranquilo. No entanto, não esquecia Paulo VI; eu estava um pouco triste por ele não ter podido me ver arcebispo.

Quando o governo comunicou à Santa Sé que eu era demasiado jovem para ocupar uma função episcopal, a Secretaria de Estado respondeu, em substância, para contornar o argumento: "Certamente ele é jovem, mas formou-se pela revolução, e compreenderá melhor as orientações e a política de vosso governo!".

Como sacerdote de paróquia, e depois responsável pelo seminário, eu era muito pouco conhecido na arquidiocese de Conakry. Não fazia barulho e nada procurava de particular. Para Sékou Touré, eu era um enigma...

Em 1969, Paulo VI foi o primeiro papa que efetuou uma grande viagem à África.

Para nós, foi inesquecível. Em Uganda, pronunciou esta frase determinante: "A nova pátria de Cristo é a África". Depois, acrescentou: "Vós, africanos, sois de agora em diante vossos próprios missionários!".

Paulo VI considerava que éramos de agora em diante os primeiros responsáveis pela evangelização do nosso continente, e nos encorajava a mais audácias. Penso que ele consagrou nossa vocação. De fato, a África conheceu uma evangelização tardiamente. Mas se lemos atentamente os textos sobre a Revelação, constatamos que o continente esteve sempre associado à salvação do mundo. Como esquecer a África que acolheu e salvou o menino Jesus das mãos de Herodes que queria eliminá-lo? Como esquecer que o homem que ajudou Cristo a carregar a Cruz até o Gólgota foi um africano, Simão de Cirene?

"*Nova Patria Christi Africa*"... Por esta palavra histórica, Paulo VI quis significar com brilho quanto a África era indissociável da história da salvação. Depois dele, na exortação apostólica post-sinodal *Ecclesia in Africa* de 1995, João Paulo II pronunciou uma frase que nos compromete a permanecer crucificados com Cristo para a salvação do mundo: "'Eis que nas palmas das minhas mãos, eu te gravei' (Is 49,16). Sim, nas palmas das mãos de Cristo, perfuradas pelos pregos da crucifixão. O nome de cada um de vós (africanos) está gravado nestas mãos".

Os dois papas apelaram à África para que ela contribuísse para a vida espiritual do mundo inteiro. Deus não abandona os africanos, como não abandona a humanidade. Penso que a África pode, no tempo de crise que atravessamos, dar com modéstia o sentido do religioso que ela vive. A África pode lembrar à Igreja o que o Senhor espera de nós; Deus sempre conta com os pobres para lidar com os poderosos. O povo africano, que mantém sua inocência, pode ajudar as sociedades em crise a ser mais humildes, mais razoáveis, mais respeitosas da vida e do sentido da natureza. Porque Deus quer que reencontremos sabedoria e humildade. A África sabe que Deus perdoa sempre, o homem algumas vezes, mas a natureza jamais.

Para o antigo presidente do Conselho pontifício Cor unum, *Paulo VI é ele o papa da encíclica* Populorum progresssio?

Paulo VI esperava que o mundo pudesse se tornar melhor. Em 1967, escrevia: "Alguns julgarão utópicas tais esperanças. Pode ser que, no seu realismo, se enganem e não se tenham apercebido do dinamismo de um mundo que quer viver mais fraternalmente e que, apesar das suas ignorâncias e dos seus erros, e até dos seus pecados, das suas recaídas na barbárie e das longas divagações fora do caminho da salvação, se vai aproximando lentamente, mesmo sem dar conta disso, do seu Criador".

O papa Montini acreditava na importância do desenvolvimento dos povos para saírem da miséria. Em país rico, esse tipo de reflexão podia parecer supérfluo. Como africano, posso assegurar-lhe que vejo o problema de maneira totalmente diferente...

Na dor de Paulo VI, havia uma grande decepção diante da indiferença dos países ocidentais. Sua beatificação parece-me uma resposta brilhante ao sofrimento que suportou nesta terra.

Paulo VI foi um profeta.

Quais lembranças específicas o senhor guarda de João Paulo I?

No dia de seu falecimento, estava triste e não conseguia compreender. Por que Deus escolhera esse homem que Ele chamava tão rapidamente para Si? De fato, eu tinha a maior dificuldade em encontrar elementos de resposta para essa interrogação. Mas eu me deixei envolver na misteriosa sabedoria do Eterno.

Como Deus pode fecundar um ministério petrino tão breve para a difusão da Igreja? Apenas a duração de uma vida não lhe confere seu verdadeiro valor. Igualmente, um pontificado muito breve pode constituir um momento determinante na vida da Igreja. Deus deu àquelas poucas semanas do verão de 1978 um brilho maravilhoso, porque João Paulo I possuía o sorriso, a simplicidade e a irradiação das crianças. Sua gentileza era tão profunda que se tornava uma pureza maravilhosa. Frente à impureza de alguns, até na Igreja, penso que não morreu em vão.

Como compreender a eleição de João Paulo II?

Ele representa a glória do sofrimento. Seu pontificado foi prodigioso e crucificado ao mesmo tempo. João Paulo II conheceu grandes triunfos para a Igreja no cenário internacional, político ou midiático. No plano pastoral, sua contribuição é primordial, em particular seu diálogo com a juventude que ele repôs no caminho de Jesus. De outro modo, permaneceu um pontífice associado à Paixão e ao sofrimento de Cristo. Porque, em união com o Filho de Deus, os sucessos trazem consigo sempre provações. Ele viveu plenamente a glória misteriosa de Cristo, que é a da Cruz em que a vitória triunfa no sofrimento.

João Paulo II combateu as forças do mal com um ardor inigualável. Uma vez que defendia a vida, os poderes ocultos não podiam senão desencadear contra ele torrentes de ódio. A tentativa de assassinato em 13 de maio de 1981, e as penosas sequelas devidas às suas feridas, tão pouco tempo após a eleição, foram as respostas das forças do mal à eleição extraordinária desse homem.

Mas Deus tinha um projeto que os inimigos da Igreja não puderam interromper. João Paulo II pensava que a Virgem desviara a bala que deveria matá-lo. Com a força rara que possuía, foi um combatente que o céu quis para defender a vida, a dignidade de toda pessoa humana e a família.

Na ocasião de um ângelus, quando João Paulo II estava muito enfraquecido por causa de uma hospitalização rigorosa no hospital Gemelli, em 24 de maio de 1994, teve estas palavras extraordinárias: "Precisamente porque a família está ameaçada, porque a família está sendo agredida, o papa deve ser agredido, o papa deve sofrer, para que todas as famílias e o mundo inteiro vejam que existe um Evangelho do sofrimento, mediante o qual devemos preparar o futuro, o terceiro milênio das famílias, de cada família e de todas as famílias".

João Paulo II tinha uma consciência aguda do ministério de Cristo que ele devia manter. Deus configurou esse papa no sofrimento de seu Filho. A lança que perfurou Cristo e os pregos da crucifixão chegaram até o coração de João Paulo II. O papa polonês mostrou que não existe sucesso algum pastoral sem participação no sofrimento de Cristo.

O que mais sensibiliza o senhor em João Paulo II?

Admirei sua extrema coragem diante de todas as tempestades que nunca faltaram em sua vida. A última luta contra o mal que o atormentava foi heroica. Ao recusar se esconder e negar a destruição progressiva de seu corpo, João Paulo II quis ajudar todos os doentes que podiam ter nele um modelo. Para o papa, as pessoas que sofrem são dignas de ser honradas.

Penso que seus últimos momentos na terra foram uma espécie de encíclica não escrita. O papa levava o Evangelho em seu corpo alquebrado e mais iluminado que nunca. Quando a enfermidade o conduzia às portas da eternidade, fez o seu último caminho da Cruz, na sexta-feira santa de 2005, em sua capela privada. Não podíamos vê-lo senão de costas. Privado de todas as forças físicas, ele estava literalmente preso à Cruz, como para nos convidar a não permanecermos centrados nele, mas no "sinal" que revela Deus e seu amor. Aquela sexta-feira santa resumia toda a vida de João Paulo II, que queria estar totalmente conformado a Cristo e viver em profunda comunhão com seus sofrimentos, tornar-se conforme a ele em sua morte, a fim de alcançar, se possível, ressuscitar com ele dos mortos. Realizava o que são Paulo escreve aos Coríntios: "E nós todos que, de rosto descoberto, refletimos a glória do Senhor, somos transfigurados nesta mesma imagem, com uma glória sempre maior, pelo

Senhor, que é Espírito" (2Cor,18). No domingo, 27 de março de 2005, entrara já no silêncio da "passagem" que prepara o surgimento da vida. Nesse dia, quis dizer-nos uma última palavra de sua janela, mas nenhuma palavra saiu de sua boca. Entrara no silêncio de Deus. Nesse momento doloroso, tínhamos a impressão de ouvir João Paulo II murmurar: "Estou feliz por estar preso na Cruz com Cristo, meu lado contra o seu lado, minhas mãos contra suas mãos, meus pés contra seus pés, os mesmos pregos o penetram e me penetram, nossos sangues se misturam em um só sangue". E apesar de tantos sofrimentos, uma longa e penosa agonia, o mistério da tenacidade apostólica de João Paulo II e de sua morte serena nos recorda esta palavra de são Bernardo: "O soldado fiel não sente suas feridas quando contempla amorosamente as feridas de seu Rei".

No instante das últimas horas de sua vida, no ângelus do domingo de Páscoa, as palavras que ele não chegava a expressar não nos devem entristecer. Deus queria que sua própria Palavra se lesse daqui em diante no corpo supliciado do papa.

Tornamo-nos, às vezes, uma Igreja tão livresca e acadêmica que não nos é fácil compreender a verdade desse testemunho do sofrimento do corpo. A Cruz de Cristo não é uma teoria, é uma dor terrível e um sinal de amor. A palavra não se dá somente graças à Palavra de Deus, mas igualmente mediante a encarnação. O corpo de João Paulo II levava a mensagem de Cristo para a humanidade.

O papa que escrevera tanto sobre o corpo do homem estava agora preso ao corpo supliciado de Cristo.

Que lembrança o senhor guarda da primeira audiência com João Paulo II?

Minha nomeação aconteceu em agosto de 1979. Nas semanas seguintes, vim a Roma para saudar João Paulo II e expressar-lhe minha gratidão por sua confiança. Com o bispo da terceira diocese da Guiné, solicitamos uma audiência. Uma vez que Sékou Touré não via favoravelmente minha nomeação, este encontro com o papa era muito importante. Quando chegamos ao Vaticano, em setembro de 1979, os servidores da Secretaria de Estado nos disseram que o papa não poderia receber-nos em audiência privada em razão de uma agenda sobrecarregada... Para nós, tendo em vista o governo da Guiné, isso era impensável. Devíamos obrigatoriamente voltar para lá com uma foto de nossa entrevista com o papa! Sem um encontro com João Paulo II, Sékou Touré desprezaria nossa autoridade episcopal, uma vez que o papa não teria tido o trabalho de nos encontrar... Supliquei aos próximos do papa, mas nada parecia possível. Por sorte, o núncio em Dakar, mons. Giovanni Mariani, encontrava-se em Roma. Consegui estar com ele para expor meu problema. Conhecedor do regime autoritário de Sékou Touré, rapidamente entendeu a extensão do mal-entendido. A situação era grave, porque Sékou Touré era perfeitamente capaz de nos prender se o papa não nos oferecesse um reconhecimento.

    O núncio me aconselhou escrever com urgência ao papa, apresentando a especificidade e a periculosidade de minha situação. Ele pessoalmente se empenhou para que minha carta chegasse às mãos do Santo Padre. Um dia mais tarde, quando eu me encontrava na casa das irmãs marianistas, em Monteverde Nuovo, o secretário do papa me telefonou, informando que João Paulo II nos esperava, mons. Philippe Kourouma e eu, para celebrar, no dia seguinte, a missa com ele. Pode imaginar minha surpresa e minha exultação... Às sete horas da manhã, nós o encontramos em sua capela particular. Fui tomado por uma emoção inimaginável. Rezei muito pelos homens e mulheres que fizeram de mim o cristão, o sacerdote e o bispo que se encontrava, contra toda esperança, na capela do papa, e em particular por minha família de Ourous, pelos espiritanos e por mons. Tchidimbo que fora muito sacrificado em nove anos de prisão.

Depois, após a celebração da missa, o papa nos convidou para tomar o desjejum com ele. No momento de nos deixar, ele nos permitiu tirar todas as fotos necessárias. Nessa manhã de setembro, passei mais de uma hora com João Paulo II. Durante o desjejum, perguntou-me a idade. Eu lhe disse que tinha trinta e quatro anos. Ele então deu um grande sorriso e exclamou: "Então, vós sois um menino bispo! Um vescovo Bambino!". Incontestavelmente, eu era então o bispo mais jovem do mundo...

Qual seria a melhor maneira de resumir o longo pontificado de João Paulo II?

Todos esses anos tão fecundos podem se reportar aos três pilares de sua vida interior que foram a Cruz, a Eucaristia e a santa Virgem, "*Crux, Hostia et Virgo*". Sua fé extraordinária não procurava alhures os fundamentos da sua força, mas nos instrumentos mais comuns da vida cristã.

Antes de ser eleito papa, quando vinha a Roma, Karol Wojtyla hospedava-se na casa de seu grande amigo o cardeal Deskur. À noite, o cardeal encontrava muitas vezes seu amigo no chão de mármore frio de sua capela particular. Permanecia em adoração até a madrugada, sem dormir. Inquieto por seu amigo, Andrzej Deskur retirou o mármore para pôr tábuas de madeira, menos desconfortáveis...

No dia a dia, a simplicidade do papa desarmava. Não imaginemos que as virtudes dos homens de Deus sejam inatingíveis. João Paulo II vivia na intimidade de Deus, sem deixar os homens que frequentava. A relação de confiança que teve com o cardeal Joseph Ratzinger foi imensa, ao mesmo tempo em que estes dois gigantes se mantinham com uma humildade que desarmava.

Sem ter uma verdadeira consciência, caminhamos com um santo que é, de agora em diante, um protetor da Igreja no céu.

Como o senhor caracteriza a relação entre João Paulo II e Joseph Ratzinger, seu prefeito da Congregação para a doutrina da fé?

Penso que existia tal sintonia entre os dois homens que se tornou impossível separar um do outro.

João Paulo II sempre admirou a profundidade intelectual e a evidência do gênio teológico de Joseph Ratzinger. De seu lado, o cardeal era fascinado pela imersão em Deus de João Paulo II.

Esses dois sucessores de Pedro tiveram a mesma visão dos desafios que se colocavam à Igreja: a necessidade de uma nova evangelização, o diálogo entre a fé e a razão, a luta contra a "cultura da morte", segundo as palavras de João Paulo II, e a resistência contra as formas de opressão ideológica, do comunismo ao relativismo liberal. Eles queriam, sobretudo, levar cada um de nós a construir uma verdadeira vida interior.

A cultura do filósofo polonês e a do teólogo alemão, do asceta esportivo e do professor beneditino, eram diferentes. Mas os papas se encontravam no âmago de sua espiritualidade. De fato, possuíam uma mesma mística: Deus quis, sem dúvida, aproximar seus dois filhos.

O grande elo que unia os papas Paulo VI, João Paulo I, João Paulo II e Bento XVI era o sofrimento. João XXIII também sofreu muito. Ele dizia, abrindo os braços: "Eu sofro com dor, mas com amor". Quando amigos o interrogaram, no momento da abertura do concílio, respondeu: "Pessoalmente para mim, será o sofrimento".

Não existe ministério petrino sem partilhar da Cruz de Cristo.

Como o senhor interpreta todas as dificuldades que Bento XVI enfrentou?

Durante os longos anos em que permaneceu na Congregação para a doutrina da fé, Joseph Ratzinger sempre quis defender a verdade revelada por Deus, guardada e difundida pela tradição e pelo magistério. Desde então, algumas mídias procuraram sem descanso colocá-lo na categoria dos conservadores inflexíveis passadistas e intolerantes.

Recordo que no dia de sua eleição, fizeram-se ouvir vozes que expressavam desaprovação à escolha do cardeal Ratzinger. Esqueciam como o colégio dos cardeais eleitores se portara tão rapidamente sobre o braço direito de João Paulo II... A eleição de um papa é sempre um ato de fé.

Muitas vezes, pensando em Bento XVI, ouço esta frase de são Paulo a Timóteo: "Combati o bom combate, terminei a minha carreira, guardei a fé" (2Tm 4,7). Creio que esse sucessor de Pedro foi, depois de muitas batalhas, tudo o que ele podia dar à Igreja e aos fiéis na ordem espiritual, humana, intelectual ou teológica. Realmente, esse pontificado assemelha-se a um magnífico livro aberto para o céu, uma maravilhosa inteligência voltada somente para Deus. Joseph Ratzinger teve sempre a humildade dos filhos de são Bento, resumida na divisa: "*Ora et labora*" [Reza e trabalha]. "*Quaerere deum*", procurar Deus, é a verdadeira síntese do pontificado de Bento XVI.

Talvez alguns – no interior e no exterior da Igreja – nunca aceitem as intuições fundamentais de Bento XVI, a luta contra o espírito relativista, a denúncia dos possíveis desvios ditatoriais do secularismo, o combate contra as mudanças antropológicas, o aprofundamento do lugar da liturgia. Bento XVI sofreu quando os lobos se enfureciam, em Ratisbona durante o caso Williamson, no curso da crise chamada "Vatileaks". Entretanto, desde 2005, estava lúcido. Na sua missa de entronização, não pedia: "Rezai por mim a fim de que eu não me oculte, por medo, diante dos lobos?". Particularmente, magoava-se muito quando seu pensamento era travestido, deformado pelos jornais, a ponto de se tornar exatamente o contrário do seu raciocínio próprio. Talvez esse homem doce e humilde nunca quisesse se defender. Mas Cristo se defendeu uma só vez contra os seus difamadores e os lobos que os cercaram no Jardim das Oliveiras?

Como imaginar que o texto que pronunciou no caminho da Cruz no Coliseu, em março de 2005, possa ser irrelevante? Bento XVI jamais temeu a verdade. Em compensação, os ataques mundanos foram de uma violência sem limites.

Se buscarmos a verdade, Bento XVI é um guia excepcional. Se preferirmos a mentira, o silêncio e a omissão, Bento XVI torna-se um problema inaceitável...

Quem era o homem Bento XVI?

Joseph Ratzinger não mudou após sua eleição. Manteve-se um homem de grande sensibilidade, pudico e reservado. Se tivesse a impressão de que tinha ofendido seu interlocutor, Bento XVI sempre procurava explicar-lhe as razões de sua posição. Ele era incapaz de um ato autoritário ou categórico. Encarnava a ternura, a doçura, a humildade e a bondade respeitosa de Deus.

A autoridade de um papa é espiritual, teológica, pastoral e igualmente política. O Vaticano é um Estado, que mantém relações diplomáticas com vários países no mundo, e o papa deve necessariamente mostrar um grande rigor administrativo e uma verdadeira firmeza na gestão das pessoas.

Entretanto, não creio que o respeito ao outro e sua riqueza espiritual impediram esse papa de dar a medida política de sua função.

De fato, sua visão de Deus e do homem foi tão profunda que estou certo – e o espero – que ele será um dia, pela graça de Deus, canonizado, venerado como um grande santo e proclamado doutor da Igreja.

Bento XVI teve razão para renunciar à sede de Pedro?

Quando eu soube da escolha de Bento XVI, encontrava-me no Congo-Kinshasa, onde pregava um retiro para os bispos. Para mim, a decisão do papa representou um grande sofrimento, um terrível tremor de terra. Não posso esconder a extensão da decepção que tive. Depois de alguns dias, aceitei com confiança e serenidade essa renúncia porque sabia, na luz da fé, que o papa amadurecera tal decisão de joelhos diante da Cruz. Bento XVI entregou o seu cargo com a convicção de estar de acordo com a vontade de Deus. Em toda sua vida, buscou a Deus; Ele lhe mostrou ainda uma vez o caminho.

O papa emérito se instalou em uma casa que João Paulo II devolvera a religiosas contemplativas que rezam pelo Santo Padre.

Hoje, é Bento XVI quem reza pela Igreja.

O senhor pensa que existe uma grande diferença entre Bento XVI e Francisco?

Belos espíritos orgulhosos se agradam em reescrever o conclave de 2005, pondo o cardeal Bergoglio como o concorrente de Joseph Ratzinger. Certamente houve cardeais que esperavam ver o arcebispo de Buenos Aires suceder ao papa polonês. Mas o cardeal Bergoglio não queria absolutamente encontrar-se em confrontação com o antigo braço direito de João Paulo II. Ele realmente admirava a inteligência e a retidão de Ratzinger. Entre esses dois homens, há incontestavelmente uma grande diferença de estilo, um homem reservado, com a sensibilidade de um beneditino, de um lado, e um pastor do campo, um jesuíta, do outro lado, mas suas visões fundamentais da Igreja podem convergir.

Hoje, o papa Francisco está consciente da complexidade de sua tarefa e não cessa de implorar orações.

O que lhe inspira o nome de Francisco como papa?

O papa Francisco pensa que o fundador dos franciscanos pode nos ajudar a começar uma reforma profunda de nossa vida espiritual.

São Francisco amava tanto Jesus que teve o privilégio de se identificar completamente com Ele, até levar os estigmas de sua Paixão. Ao atrair nosso olhar para são Francisco, o papa nos convida a imitar o *Poverello* de Assis, levando nós também, em todo lugar e sempre, os sofrimentos da morte de Jesus (2Cor 4,10; Gl 6,17). É assim que Paulo, procurando se identificar com Cristo, podia dizer: "Agora encontro a minha alegria nos sofrimentos que suporto por vós; e o que falta às atribulações de Cristo, eu o completo em minha carne em favor do seu corpo que é a Igreja"(Cl 1,24). Para o Santo Padre, os cristãos não podem esperar senão a via exigente e árida, semeada de ciladas, de Jesus.

São Francisco viveu, ele também, numa época de crise moral, espiritual e política. A Igreja parecia desabar. Jesus pediu a Francisco que reparasse sua Igreja; não se tratava da pequena igreja de San Damiano, mas de toda a Igreja de Cristo, em ruína, simbolizada e representada pela basílica de São João do Latrão, que o papa Inocente III viu em sonho, inclinada quase a desabar, e que um pequeno monge sustinha com suas costas para impedi-la de cair.

Hoje, como negar que existe uma degradação moral em alguns homens da Igreja? O carreirismo e a tentação de mundanidades, das quais fala tão frequentemente o sucessor de Pedro, são males reais. Alguns pensam que eles nasceram do imaginário do papa. Oxalá, o narcisismo clerical não seja senão um tema literário. A doença pode ser profunda.

Para provocar um sobressalto, devemos inicialmente reorientar nossa vida interior. A Igreja depende da pureza de nossas almas.

Enfim, são Francisco foi um grande evangelizador. Foi até o Marrocos e o Egito para tentar converter os mulçumanos. A missão mantinha-se inscrita em letras de ouro no fundo de sua memória. Quis que o Evangelho fosse sua única luz. A Palavra de Deus está no coração de sua regra.

Francisco se situa nessa grande esteira. Encontro nele o verdadeiro ímpeto missionário de santo Inácio de Loyola. O fundador da Companhia de Jesus jamais relutou em discernir o bem do mal, e o papa Francisco não hesita em fazê-lo.

4
EM BUSCA DA IGREJA

"Quando eu te procuro, a ti, meu Deus, é uma vida de felicidade que eu procuro. Oh! Pudesse eu te procurar para que viva minha alma, pois a vida de meu corpo, é minha alma, e que a vida de minha alma, és tu."

Santo Agostinho, *Confissões (X, 20.29)*

NICOLAS DIAT: No fim de seu pontificado, em 2012, Bento XVI celebrou o quinquagésimo aniversário de abertura do Vaticano II. Ainda hoje, por que tantas divisões sobre o último concílio?

CARDEAL ROBERT SARAH: De fato, a propósito do concílio Vaticano II, não podemos agradecer o bastante ao papa Bento XVI por seu trabalho de interpretação e sua leitura autêntica da vontade dos Padres conciliares. Se me refiro à sua análise, vemos como o desejo do concílio não foi totalmente compreendido.

Joseph Ratzinger entendeu perfeitamente que João XXIII queria inicialmente responder a um desafio de uma importância maior para o mundo moderno: a acolhida de Deus, tal como se manifestou em Jesus Cristo. Eis as palavras do papa João, na abertura do concílio Vaticano II: "O grande problema, proposto ao mundo, depois de quase dois milênios, continua o mesmo. Cristo sempre a brilhar no centro da história e da vida; os homens ou estão com ele e com a sua Igreja, e então gozam da luz, da bondade, da ordem e da paz; ou estão sem ele, ou contra ele, e deliberadamente contra a sua Igreja: tornam-se motivo de confusão, causando aspereza nas relações humanas, e perigos contínuos de guerras fratricidas".

Desde a abertura do Vaticano II, embora solícito do *aggiornamento*, da renovação da Igreja e da união dos cristãos, o papa sublinhara fortemente que a principal tarefa do concílio consistia em revelar Deus ao mundo, em defender e em promover a doutrina. Eis por que a Igreja, alegrando-se com as admiráveis invenções do gênio humano e com os progressos da ciência e da tecnologia, devia lembrar aos homens que, além do aspecto visível das coisas, era primordial voltar-se para Deus. Para João XXIII, o concílio era inicialmente um encontro com Deus na oração, com Maria, como os apóstolos no Cenáculo na vigília de Pentecostes.

Como ele dizia nesse mesmo discurso de abertura, o Santo Padre queria verificar igualmente qual era ainda o lugar reservado a Deus no coração dos homens e "indagar ampla e profundamente as condições modernas da fé e da prática religiosa, e de modo especial da vitalidade cristã e católica".

No fim do concílio, em 7 de dezembro de 1965, Paulo VI declarou: "Por isso, todo este concílio se resume no seu significado religioso, não sendo outra coisa senão um veemente e amistoso convite em que a humanidade é chamada a encontrar, pelo caminho do amor fraterno, aquele Deus de quem afastar-se é cair, a quem dirigir-se é levantar-se, em quem permanecer é estar firme, a quem voltar é renascer, em quem habitar é viver'".

Deus era, portanto, o primeiro em toda reflexão conciliar. Essa visão do concílio permaneceu no centro das preocupações de Bento XVI até o último dia de seu pontificado. Em 14 de fevereiro de 2013, ele pronunciou diante do clero de Roma uma "*lectio divina*" que ficará entre os textos fundamentais de sua herança teológica e pastoral. Distinguia ali o verdadeiro concílio dos Padres daquele dos jornalistas e das mídias. Ora, o que significa implementar o concílio senão mostrar que a primeira preocupação da Igreja era devolver a Deus o primado no coração dos homens e das sociedades? A primeira encíclica de Bento, *Deus caritas est*, não se explica de outro modo.

Diante da crise econômica e financeira mundial, Bento XVI escrevia ademais em *Caritas in veritate* , sua segunda epístola: "Sem Deus, o homem não sabe para onde ir e não chega até a compreender quem ele é". É o homem, e não somente a economia, que está em crise. A questão social tornou-se uma questão radicalmente antropológica; ela diz respeito também à grave questão do "eclipse de Deus".

Para ajudar a perceber que no coração dos textos conciliares tudo estava centrado e orientava-se para Deus, Bento XVI nos convidava a prender nossa atenção à sua ordenação. Segundo ele, a arquitetura desses textos possui uma orientação essencialmente teocêntrica. Comecemos pela constituição sobre a sagrada liturgia *Sacrosanctum Concilium*. O fato de que ela foi o primeiro texto a ser publicado indica que havia motivos dogmáticos e pastorais de suma importância. Antes de tudo, na Igreja existe a adoração; e, portanto, Deus. Este início responde, diz Bento XVI, à primeira e principal preocupação da regra de são Bento: "*Nihil operi Dei praeponatur*" *[Nada se preferirá à obra de Deus]*. Ora, se existe uma realidade frequentemente deixada de lado, é a relação consubstancial entre a liturgia e Deus. O fundamento da liturgia deve permanecer a busca de Deus. Não podemos senão nos consternar diante do fato de que essa vontade dos papas João XXIII e Paulo VI, assim como a dos Padres do concílio, seja ocultada e, pior ainda, traída...

O mesmo acontece com os textos seguintes?

Sim, porque a constituição dogmática sobre a Igreja, o segundo texto do concílio, começa por estas palavras: "*Lumen gentium cum sit Christus*" [Cristo é a luz das nações]. A primeira frase da constituição evidencia uma visão teológica da Igreja. Bento XVI quis sempre demonstrar que o coração eclesiológico do concílio Vaticano II é uma eclesiologia fundamentalmente teológica.

Em uma intervenção sobre a eclesiologia da constituição *Lumen gentium*, no Congresso internacional sobre a implantação do concílio Vaticano II organizado pelo comitê do Grande Jubileu do Ano 2000, citando uma conferência pronunciada em 1933 pelo padre Johann Baptist Metz, e ele dizia: "A crise que atinge o cristianismo europeu não é em primeiro lugar, ou pelo menos exclusivamente, uma crise eclesial... A crise é mais profunda; ela não tem, com efeito, as suas raízes somente na situação da mesma Igreja. A crise se tornou uma crise de Deus". Joseph Ratzinger lembrava que o concílio Vaticano II não foi somente um concílio eclesiológico, mas muito mais um discurso sobre Deus, e isso não somente no interior do mundo cristão, mas diante do mundo inteiro. O concílio falou aos homens deste Deus que é o Deus de todos, que salva a todos e que é acessível a todos. O Vaticano II quis subordinar o discurso sobre a Igreja ao discurso sobre Deus, e propor uma eclesiologia no sentido teológico. O concílio não considera a Igreja como uma realidade fechada sobre si mesma, mas ele a vê a partir de Cristo.

A Igreja é como a lua. Ela não brilha com luz própria, mas reflete a luz de Cristo. Com efeito, assim como, sem o sol, a lua é escura, opaca e invisível, assim acontece com a Igreja se ela se afasta de Cristo, verdadeiro Deus e verdadeiro homem. A eclesiologia mostra que ela depende da cristologia, e que ela lhe é unida.

É igualmente fácil de ver o elo íntimo entre as duas constituições que se seguem e se apoiam mutuamente. A Igreja se deixa conduzir por uma intensa vida de oração, de louvor, de adoração e por sua missão de glorificar Deus no meio dos povos. A eclesiologia é assim inseparável da liturgia. A Igreja é feita para louvar e adorar a Deus; ela nada é sem Deus.

Compreende-se que venha imediatamente a terceira constituição dogmática, *Dei Verbum*, sobre a Palavra de Deus, que convoca a Igreja para alimentá-la, renová-la e iluminar seu caminho. Porque a Palavra de Deus está no coração da mensagem que a Igreja deve revelar e transmitir ao mundo.

O quarto texto, a constituição pastoral *Gaudium et spes*, sobre a Igreja no mundo deste tempo, mostra como a glorificação de Deus se apresenta na vida ativa da Igreja. A Palavra de Deus é como uma luz recebida que a Igreja leva ao mundo para que ele saia das trevas e se torne glorificação de Deus.

Infelizmente, logo após o concílio, a constituição sobre a liturgia não foi compreendida a partir do primado fundamental da adoração, do ajoelhar-se humilde da Igreja diante da grandeza de Deus, mas antes como um livro de receitas... Vimos todas as espécies de criadores ou animadores que procuravam antes encontrar artifícios para apresentar a liturgia de maneira atraente, mais comunicativa, sempre envolvendo mais pessoas, mas esquecendo-se de que a liturgia é feita para Deus. Se Deus se torna o grande ausente, todos os desvios são possíveis, dos mais banais aos mais abjetos.

Bento XVI lembrou muitas vezes que a liturgia não poderia ser uma obra de criatividade pessoal. Se fazemos a liturgia para nós, ela se afasta do divino; ela se torna uma peça teatral ridícula, vulgar e lamentável.

Resulta em liturgias que parecem operetas, uma festa dominical para se divertir ou se alegrar juntamente após uma semana de trabalho e de preocupações de toda espécie. Desde então, os fiéis voltam às suas casas, após a celebração eucarística, sem terem encontrado pessoalmente Deus, nem tê-lo escutado no mais íntimo de seus corações. Falta o face a face contemplativo e silencioso com Deus que nos transforma e nos devolve energias que permitem revelá-lo ao mundo cada vez mais indiferente em questões espirituais. O coração do mistério eucarístico é a celebração da Paixão, da morte trágica de Cristo e de sua ressurreição; se este mistério é abafado por longas cerimônias brilhantes e extravagantes, deve-se temer o pior. Algumas missas são de tal modo agitadas que não se diferenciam de uma quermesse popular. Devemos redescobrir que a essência da liturgia está eternamente marcada pelo cuidado da busca filial de Deus.

Finalmente, o senhor considera, como Bento XVI, que a ausência de Deus na sociedade constituía o coração da reforma querida pelos padres conciliares?

Sim! Se, na abertura do concílio, a crise religiosa do Ocidente era menos visível que hoje, muitos Padres sentiram a urgente necessidade de aproximar seus fiéis de Deus, que se tornava para eles uma realidade cada vez mais distante. Em suas diferentes missões como núncio apostólico, João XXIII tinha entendido especialmente o distanciamento das sociedades de Deus. Na França, onde representara a Santa Sé, pôde constatar quanto "a Filha primogênita" da Igreja, e tantos outros países ocidentais, se afastavam pouco a pouco dos ideais cristãos. O papa Roncalli quis voltar ao essencial para combater essa crise, estabelecendo a relação entre Deus e os homens no centro dos trabalhos do concílio. Em particular, alimentava um grande apego à beleza da liturgia. O sucessor de Pio XII sabia que, quando o homem está diante de Deus, entra no mistério do sagrado; e então se vincula uma relação que lhe restaura uma estrutura profundamente divina. Finalmente João XXIII quis dar ao homem sua dignidade, para alcançar a grandeza insondável de Deus. Desejava oferecer ao mundo contemporâneo a possibilidade de reencontrar sua capacidade de louvor, de adoração e de admiração diante de Deus. A grande mensagem do concílio afirma de maneira nova que Deus habita em nós.

Com uma profunda amargura, o papa João deplorava o afastamento e a indiferença de uma boa parte da população mundial com relação à Igreja. Em seu discurso de abertura do concílio dizia: "É motivo de tristeza considerar como a maior parte do gênero humano, apesar de todos os homens terem sido remidos pelo sangue de Cristo, ainda não partilha daquelas fontes da graça divina que existem na Igreja católica". Cinquenta anos mais tarde, como Bento XVI e Francisco têm razão de insistir sobre o drama das sociedades que querem se desembaraçar de Deus para viver sem Ele! A liquidação de Deus no horizonte das culturas ocidentais é um drama de consequências insuspeitáveis. João Paulo II foi o primeiro papa que experimentou o desastre das sociedades arbitrariamente privadas de Deus, mediante o cinismo do comunismo ateu na Europa do Leste, e depois sua substituição selvagem por um materialismo desenfreado. A ausência do elo com Deus ainda é a grande preocupação de todos os papas depois de João XXIII, um abismo que não cessou de se ampliar mais profundamente.

A "crise de Deus" por assim dizer, pode gerar uma crise da noção mesma de Igreja? Na Entrevista sobre a fé[2], *Joseph Ratzinger via na raiz da crise da fé uma concepção deficiente da ideia de Igreja.*

Se o elo entre Deus e os cristãos desvanece, a Igreja torna-se uma simples estrutura humana, uma sociedade entre as outras. Então, a Igreja se banaliza; ela se mundaniza e se corrompe até perder sua natureza original. De fato, sem Deus, criamos uma Igreja à nossa imagem, para nossas pequenas necessidades, nossos desejos ou nossos desgostos. O modismo se apodera da Igreja, e a ilusão do sagrado torna-se perecível, uma forma de medicação vencida. Voltando para nossa discussão anterior, acontece o mesmo com a liturgia. Se o homem pretende adaptar a liturgia à sua época, transformá-la a critério das circunstâncias, o culto divino morre. A evolução de alguns símbolos litúrgicos é, às vezes, necessária; entretanto, se o homem confunde o temporal e o eterno, dá as costas à justificação essencial da liturgia. A Igreja é o povo de Deus que se torna o corpo de Cristo. Ela nasceu do lado aberto de Cristo, para nossa salvação. Cristo é o *alfa* e o *ômega* da Igreja. Sem Deus, a Igreja não é senão um barco perdido que vaga em furacões e tempestades. A história mostra que a crise da Igreja não pode jamais ser separada de uma crise de Deus. Sem Deus, ela se eclipsa, como um corpo desligado da luz que o ilumina. Há hoje um grave problema, porque não temos mais consciência do elo sobrenatural que existe entre Cristo e sua Igreja. Por exemplo, os que se permitem criticar os bispos, e opô-los uns aos outros, porque eles não convêm às suas pequenas aspirações, mais ou menos oportunistas, esquecem que eles são os sucessores dos apóstolos escolhidos por Cristo. Devemos continuar a edificar a Igreja querida pelo Filho de Deus, e não a Igreja modelada por nossos desejos e circunstâncias...

Por conseguinte, é uma crise da Igreja ou uma "crise de Deus"?

Contrariamente ao que podemos considerar, a maior dificuldade dos homens não é crer no que a Igreja ensina no plano moral; o mais difícil para o mundo pós-moderno é crer em Deus e em seu Filho único.

É por isso que Bento XVI defende a tese da "crise de Deus". A ausência de Deus em nossas vidas é cada vez mais trágica. A vontade do concílio, e não o espírito de seus maus intérpretes, era devolver a Deus todo o seu primado. Eis por que os Padres conciliares desejavam um aprofundamento da fé que perdia seu sal na sociedade tão mutável do pós-guerra. Nesse sentido, o problema do concílio permanece em algumas regiões do mundo onde a ausência de Deus não cessou de se expandir.

Até nós os clérigos, eu me pergunto algumas vezes se vivemos verdadeiramente na presença de Deus... Podemos falar de "traição dos clérigos"? Minha reflexão pode parecer severa, mas teria tantos exemplos de sacerdotes que parecem esquecer que o coração de suas vidas está unicamente em Deus. Eles não lhe consagram senão um pequeno tempo durante o dia porque estão afogados no que eu chamaria a "heresia do ativismo". Então, como não ser profundamente tocado pela última mensagem de Bento XVI? Eis um pontífice que, como Jesus no Jardim das Oliveiras, após uma longa oração para buscar discernir a vontade de Deus, decide renunciar ao seu "cargo e ao poder de Pedro"; ele se retirou na solidão, na adoração silenciosa para passar o resto de sua vida terrestre como um monge, num face a face permanente e em união íntima com Deus. Ele permanece junto à Cruz, assim como declarou então em uma de suas últimas catequeses.

Sua escolha me recorda aquela de um bispo africano de oitenta anos, mons. Silas Sylvius Njiru, bispo emérito de Meru, no Quênia, que desejava entrar na Trapa de Trois-Fontaines, em Roma. Em razão de seu estado episcopal, não pôde ser acolhido senão como um hóspede permanente, com o privilégio de partilhar a mesma vida e os rigores da regra dos frades trapistas. Ele me dizia: "Passei toda a minha existência a falar de Deus. Eu vou agora passar o resto de minha vida a falar com Deus, a fazer penitência pela glória de Deus e a salvação das almas". O serviço de oração que Bento XVI realiza de agora em diante é um exemplo excepcional para o mundo. Toda sua vida, falou de Deus; agora, consagra seu tempo a falar com Deus e a se colocar constantemente diante de sua Face. Não é possível crer na Igreja se nós não fixamos nosso coração em Deus.

Agora, numa época tão complexa, onde situar o melhor caminho para a Igreja?

Eu me repito, mas penso que a grande preocupação deve permanecer em Deus. As circunstâncias e a evolução do mundo não nos ajudam a dar a Deus seu justo lugar. As sociedades ocidentais se organizam e vivem como se Ele não existisse. Os mesmos cristãos, em inúmeras ocasiões, se instalaram numa apostasia silenciosa. Se a preocupação do homem contemporâneo se voltou quase exclusivamente para a economia, a tecnologia, o imediatismo de uma felicidade material falsamente sentimental, Deus torna-se longínquo; frequentemente, no Ocidente, os fins últimos e a eternidade tornaram-se uma espécie de peso psicológico sem necessidade...
Então, diante desse abismo existencial, a Igreja não tem mais que uma possibilidade: ela deve difundir exclusivamente Cristo, sua glória e sua esperança. Ela deve constantemente aprofundar a graça dos sacramentos que são a manifestação e o prolongamento da presença salvífica de Deus entre nós. Somente nessa condição, Deus poderá reencontrar seu lugar. A Igreja proclama a Palavra de Deus e celebra os sacramentos no mundo. Ela deve fazê-lo com uma grande honestidade, um verdadeiro rigor, um respeito misericordioso às misérias humanas que ela tem o dever de levar para o "esplendor da verdade", retomando o *Incipt* de uma encíclica de João Paulo II.

Vozes se elevam muitas vezes para pedir uma nova e verdadeira aplicação da colegialidade na Igreja. Como o senhor vê esse problema?

As mudanças sociais provocadas no mundo pelo progresso e os avanços tecnológicos, as inúmeras questões que interessam à Igreja, como a harmonização da disciplina em seu seio, a transmissão da doutrina cristã, a implementação dos meios catequéticos, a evangelização de um mundo cada vez mais complexo, a crise que toca a família e o casamento, a formação dos leigos e dos futuros sacerdotes, a educação da juventude, ultrapassam hoje os limites de uma diocese. Nenhuma solução puramente diocesana é suficiente. Para responder à evolução de uma sociedade globalizada, é necessário analisar em conjunto os fenômenos e dar soluções que esclareçam e complementem o episcopado de uma nação, até mesmo de diversos países ou mesmo de um continente.

Isso não é novo. Na Igreja, sempre houve uma vontade de trabalhar em conjunto no nível hierárquico para examinar as questões importantes, tendo em vista uma tomada de posição comum dos bispos. Tais medidas dizem respeito, hoje, a situações e questões cotidianas.

As competências e a validade das decisões das conferências episcopais são certamente definidas pelo direito geral ou por um mandato especial da Santa Sé. O fato é que a responsabilidade doutrinal cabe a cada bispo em sua diocese e à sede de Pedro para toda a Igreja, ao mesmo tempo, a cada sucessor dos apóstolos cabe uma responsabilidade no que diz respeito a toda a Igreja.

A necessária organização colegial não suprime a autonomia e a responsabilidade do bispo em sua diocese. Ninguém se deve sentir obrigado ou forçado pela decisão colegial do episcopado, sobretudo quando se organizam pressões e campanhas para exercer uma influência sobre algumas pessoas tendo em vista impor um ponto de vista não espiritual, mas ideológico. A colaboração episcopal torna-se deficiente se ela foi polarizada por visões políticas. Cada bispo é responsável diante de Deus da maneira como desempenha seu cargo episcopal junto ao rebanho cuja guarda o Espírito Santo lhe confiou.

A colegialidade deveria ser igualmente afetiva e efetiva. O pior reside certamente na indiferença aos outros, quando um bispo se fecha em sua diocese sem considerar a perícia de seus irmãos. Os sínodos, que constituem uma forma bem-sucedida de atualização da colegialidade, são grandes momentos da vida da Igreja. Mas as diferentes instâncias não devem desmobilizar os bispos nem lhes dar o sentimento de que seus poderes de apreciação foram diminuídos. As grandes assembleias não podem escutar somente belos discursos, os mais "inteligentes", os especialistas que impressionam, asfixiam e impõem. O temor da eventualidade de se ver impor ideias e posições teológicas, que dizem, não sem ironia, os opositores da colegialidade, que os apóstolos jamais agiram colegialmente. A primeira e única vez que praticaram a colegialidade foi no Getsêmani... Os Evangelhos dizem que "então todos os discípulos o abandonaram e fugiram" (Mt 26,56). Entretanto, os Atos dos Apóstolos nos descrevem a ação concordante destes, especialmente após o Pentecostes. São presos juntos e permanecem em Jerusalém durante a perseguição. Igualmente, convocam o primeiro concílio de Jerusalém para examinar a questão da circuncisão dos pagãos tornados cristãos (At 15,6).

O papa Francisco gostaria de relançar a colegialidade, e eu penso que ele tem razão. A centralidade romana permitiu realizações importantes, mas ela também pode conduzir a uma forma de esclerose. Porque se a responsabilidade do bispo é enfraquecida, há um problema de confiança. E essa deve ser mantida como um tesouro essencial mas frágil.

Se é necessário favorecer a responsabilidade dos bispos e das conferências episcopais, Roma deve certamente conservar a direção de todo apostolado. Claro, como recorda o concílio, o apostolado pode ser praticado por toda pessoa batizada, sem que seja necessário um mandato hierárquico. Em razão da diversidade das opiniões sobre questões graves, da perda dos valores e da desorientação dos espíritos provocada pelo relativismo, cometemos um pecado grave contra a unidade do Corpo de Cristo e da doutrina da Igreja, se se dá às conferências episcopais uma autoridade ou uma capacidade de decisão sobre questões doutrinais, disciplinares, morais. Dizia Pio XII no discurso aos bispos em novembro de 1954: "É conveniente tender para maior uniformidade na maneira de governar; evita-se, assim, a surpresa dos fiéis, que frequentemente não compreendem por que uma diocese faz de uma maneira e outra, talvez vizinha, faz de outra maneira e, às vezes, até de uma maneira contrária. É preciso reforçar hoje as relações vivas e frequentes com a Sé apostólica, que não somente preservam a unidade da fé, mas harmonizam também o campo do governo e da disciplina. Esta união, concluía Pio XII, e estas relações de circunstância com a Santa Sé não provém de alguma vontade de tudo reduzir à unidade, mas do direito divino e de um elemento próprio da constituição da Igreja de Cristo. E isto não resulta em dano, mas antes em vantagem para os bispos, aos quais está confiado o governo dos diversos rebanhos particulares". Sobre esses pontos, João Paulo II se pronunciou claramente na carta apostólica *Apostolos suos,* em forma de *Motu proprio,* de 21 de maio de 1998, definindo algumas normas relativas às conferências episcopais

O senhor julga que Francisco gostaria de tornar menos rígido o governo da Igreja?

Penso que Francisco quer dar às experiências pastorais de campo um lugar adequado na reflexão do governo central da Igreja. Assim, ao escolher um cardeal de cada continente para seu conselho tendo em vista a reforma do funcionamento da Cúria, o papa pretende recolher todas as riquezas do mundo católico. Igualmente, a vontade do papa de relançar a reflexão sinodal é uma feliz iniciativa. Com efeito, o sínodo deve se tornar uma nova experiência de Emaús durante a qual o coração da Igreja está ardendo com o fogo das Escrituras. Porque em cada uma de nossas assembleias sinodais, Jesus nos encontra e caminha conosco para a hospedaria da fração do pão. Ali, ele revela sua face de ressuscitado e nos reenvia para encontrar os outros apóstolos e poder reconstruir a Igreja *"in terris"*, abandonada ou desfigurada por nossas ambições desiludidas e nossas esperanças frustradas. A partir do momento em que chegamos ao novo Cenáculo, o lugar da primeira Eucaristia, Jesus nos dá então seu sopro para anunciar ao mundo que Ele vive. A pequena esperança, como dizia Charles Péguy, revive então em nós.

Quais são, hoje, os sinais mais preocupantes para o futuro da Igreja?

Considero que a dificuldade atual é tríplice e única ao mesmo tempo: a falta de padres, as carências na formação do clero e a concepção muitas vezes errônea do sentido da missão.

Existe uma tendência missionária que acentua o engajamento ou a luta política, o desenvolvimento socioeconômico; esta abordagem faz uma leitura diluída do Evangelho e do anúncio de Jesus. A baixa numérica dos sacerdotes, os déficits de seu engajamento missionário e uma inquietante carência de vida interior, a ausência de uma vida de oração e frequentação dos sacramentos, tudo isso pode levar a afastar os fiéis cristãos das fontes às quais eles deveriam beber. Algumas vezes, sinto que os seminaristas e os sacerdotes não estão suficientemente aplicados em alimentar sua vida interior, fundando-a na Palavra de Deus, no exemplo dos santos ou numa vida de oração e de contemplação, enraizada totalmente apenas em Deus. Existe uma forma de empobrecimento, de desidratação, que vem do interior mesmo dos ministros do Senhor. Frequentemente Bento XVI e Francisco denunciaram o carreirismo entre o clero. Recentemente, dirigindo-se a diferentes comunidades universitárias, o papa Francisco pronunciou palavras fortes: "Vosso compromisso intelectual, tanto no ensino como na pesquisa, no estudo e na formação mais vasta, será tanto mais fecundo e eficaz, quanto mais for animado pelo amor a Cristo e à Igreja, quanto mais sólida e harmoniosa for a relação entre estudo e oração. Não se trata de algo antigo, este é o centro! Eis um dos desafios da nossa época: transmitir o saber e oferecer uma chave de compreensão vital, não um amontoado de noções desligadas entre si" (Discurso do papa Francisco à comunidade da Pontifícia Universidade Gregoriana e dos Institutos Consagrados, 10 de abril de 2014).

A formação adequada dos seminaristas, focada no amadurecimento da fé e, portanto, numa adesão pessoal a Cristo, permanece fundamental. O mundo de hoje, assim como nossas sociedades egocêntricas e mutáveis, nos dispersa por sua agitação. Estamos sobrecarregados com muitas posses; se desejamos criar, para os seminaristas, um ambiente favorável ao encontro com Cristo, o silêncio e a construção do homem interior são indispensáveis. O problema é tanto mais grave, uma vez que ele é quase invisível. É admissível se debruçar sobre os seminários que, em alguns países, particularmente no Ocidente, não estão mais suficientemente abastecidos. Mas, se esse problema é incontestável, o ponto sensível está em outra parte.

De fato, o verdadeiro seminário deve ser uma escola que conduz à "torrente de Karit" (1Rs 17,1-6), à fonte da Palavra de Deus, um lugar em que se aprende a construir uma verdadeira vida interior. O homem modelado por essa escola para se tornar sacerdote se prepara para bem rezar para melhor falar de Deus, porque não se pode encontrar palavras sobre Deus a não ser depois de tê-lo encontrado e ter criado laços pessoais com Ele... A oração é sempre primeira. Sem a vitalidade da oração, o motor do sacerdote e o da Igreja, consequentemente, se movem lentamente.

Devemos unir à oração um trabalho contínuo sobre nós mesmos. A Igreja é unicamente feita para adorar e rezar. Os que são o sangue e o coração da Igreja devem rezar, ou eles desidratarão o corpo inteiro da instituição querida por Cristo. Se desde o início e ao longo dos anos de formação no seminário, esta relação de intimidade com Jesus não for solidamente estabelecida, os seminaristas correrão o risco de se tornar puros funcionários; e no dia de suas ordenações, não serão tocados até o íntimo, não perceberão a gravidade e as consequências das palavras que Jesus lhes dirige: "*Non jam dicam servos, seda amicos*" [Já não vos chamarei servos, mas amigos] (Jo 15,15). A questão é simples: depende da identificação e da configuração a Cristo. Assim nosso querer sacerdotal e a vontade de Deus devem sempre coincidir perfeitamente. Poderemos dizer, como Cristo: "Que não se faça a minha vontade, mas a tua" (Lc 22,42; Mc 14,36).

Seguramente, a formação intelectual, teológica, filosófica, exegética e os diplomas são importantes, mas o tesouro não reside na ciência... O verdadeiro tesouro é nossa amizade com Deus. Sem um sacerdócio segundo o coração de Deus, limpo das modas humanas, a Igreja não tem futuro. Eu não minimizo o papel do povo dos batizados, do povo de Deus. Mas, pela vontade de Deus, essas almas são confiadas a sacerdotes. Se estes últimos obedecem a regras puramente humanas, sem a caridade do céu, a Igreja perderá o sentido de sua missão. As crises na Igreja, tão graves como foram, tiveram suas origens sempre numa crise do sacerdócio.

Os livros, portanto, estão de um lado, e a oração do outro?

Certamente que não. A vida interior é seguramente a luz e o sal da vida dos sacerdotes. Não se trata de negligenciar a preparação intelectual dos seminaristas. Entretanto, este aspecto não deve ser a primeira e a única preocupação.

Um sacerdote que interiorizou sua vida sacerdotal está disposto a comunicar de maneira compreensível seu encontro com Deus. Será capaz de falar simplesmente. Alguns intelectualizaram e complicaram de tal modo a mensagem cristã que uma grande parte do povo não se toca mais nem se interessa pelo ensino da Igreja. Deus não é um raciocínio, porque o Pai está no coração de cada homem. É ali que Ele nos espera para se revelar a nós:

"Eis que habitavas dentro de mim, e eu lá fora a procurar-Te! Disforme lançava-me sobre estas formosuras que criaste. Estavas comigo, e eu não estava contigo!", escreve santo Agostinho em suas *Confissões* (X, 27.38). Os Padres da Igreja sabiam se expressar de maneira tocante e conseguiam converter as populações a Cristo. Por frases sensíveis e belas imagens, eles comunicavam suas próprias experiências espirituais.

Ainda hoje, os pastores devem poder ser compreendidos por suas ovelhas. Somos convidados instantemente a seguir o grande exemplo que nos dá o papa Francisco, com sua linguagem simples, concisa e direta. Um cristianismo hermético e que se pretende "científico" seria um cristianismo desonesto. Entretanto, quantas fórmulas seguras de si mesmas, vazias e arrogantes, ouvimos tão frequentemente em nossas igrejas...

Doravante, a unidade da Igreja está ameaçada no plano da doutrina revelada, porque numerosos são aqueles que consideram suas próprias opiniões como a verdadeira doutrina!

Uma das grandes dificuldades atuais se encontra nas ambiguidades ou declarações pessoais sobre pontos doutrinais importantes que podem levar a opiniões errôneas e perigosas. Esses erros desorientam muito os fiéis. Sobre questões muito graves, existem, algumas vezes, respostas contraditórias trazidas pelo clero e pelos teólogos. Como o povo de Deus não pode ser perturbado por tais comportamentos? Como os batizados podem estar certos do que é bom ou mau? A confusão sobre a verdadeira direção a tomar é a maior doença de nossa época.

A Igreja é santa em seu mistério. Mas, se ela se assemelha a uma torre de Babel, não há possibilidade alguma de que ela chegue a superar o grande desafio do relativismo contemporâneo. Podemos agradecer a Bento XVI por ter sabido discernir com acuidade o que ele chamava de "ditadura do relativismo". Evitando o subjetivismo ambiente, a Igreja deve saber dizer a verdade, com humildade, respeito e clareza. Penso que os homens, como as árvores, necessitam de raízes que possam se alimentar da melhor terra, e esta é simplesmente a herança e a tradição milenar do cristianismo. A variedade de opiniões numa sociedade inundada de informações não poderia esquecer a tradição multissecular da Igreja. A melhor maneira de compreender e de transmitir é a vida interior em Deus!

Os homens que receberam uma responsabilidade de Deus mediante suas vocações não devem se perder, porque se trataria de uma traição sem medida. Deus não nos pediu que criássemos obras pessoais, mas que transmitíssemos a fé. Os homens de Deus são barqueiros, e não intérpretes; são mensageiros fiéis e intendentes dos mistérios cristãos. Muito será pedido a quem muito recebeu.

O senhor tem o sentimento de que os fiéis estão desorientados?

Se eu tomo o exemplo da nova evangelização querida por João Paulo II, constato que estamos todos de acordo sobre a necessidade de dar um novo impulso à nossa vitalidade missionária. Mas, quando se trata de compreender o sentido da aplicação do Evangelho na vida concreta, os desacordos começam a aparecer no horizonte. Estamos muito divididos entre católicos sobre o que é um bem moral ou o que não é.

Unicamente Deus deveria ser nossa referência. Entretanto, há um grande mal-estar. Sobre questões internas da Igreja, temos concepções diferentes da liturgia que chegam a suscitar uma mútua rejeição, hostilidade e até uma guerra fria. Ora, trata-se de prestar um culto a Deus. Deveríamos, portanto, estar especialmente unidos.

Estamos demasiado frequentemente em oposição, cada qual encerrado em sua pequena capela. Quando a ideologia toma o lugar da adoração, como não detectar o sintoma preocupante de uma crise de profundidade insuspeitada? Se estivermos divididos, a que corresponderá a nova evangelização a que parecemos tão ligados? Se a nova evangelização significa uma volta autêntica para Cristo, por que tantas dispersões, tantas opiniões divergentes, tantas visões politizadas?

O senhor pensa nos espiritanos que conheceu em sua juventude?

Os primeiros missionários nunca separavam o anúncio da Palavra de Deus, a celebração dos sacramentos e o serviço da caridade. Essas três tarefas se atraem e estão intimamente unidas. Hoje, tendemos a acentuar o compromisso sociopolítico e o desenvolvimento econômico, excluindo a evangelização.

Utilizamos abusivamente, e sem bem compreender, a doutrina social da Igreja. Ela se torna o instrumento de uma ação política. Bento XVI definiu perfeitamente quais são o lugar e o papel da doutrina social; em *Deus caritas est*, escrevia: "É aqui que se coloca a doutrina social católica: esta não pretende conferir à Igreja poder sobre o Estado; nem quer impor, àqueles que não compartilham a fé, perspectivas e formas de comportamento que pertencem a esta. Deseja simplesmente contribuir para a purificação da razão e prestar a própria ajuda para fazer com que aquilo que é justo possa, aqui e agora, ser reconhecido e, depois, também realizado. A doutrina social da Igreja discorre a partir da razão e do direito natural, isto é, a partir daquilo que é conforme à natureza de todo o ser humano. E sabe que não é tarefa da Igreja fazer ela própria valer politicamente esta doutrina: quer servir a formação da consciência na política e ajudar a crescer a percepção das verdadeiras exigências da justiça e, simultaneamente, a disponibilidade para agir com base nas mesmas, ainda que tal colidisse com situações de interesse pessoal". Em outras palavras, a Igreja nunca deve abandonar sua missão de ensino, de santificação e de governo que consiste em esclarecer as inteligências, em purificar as consciências e os corações pela luz do Evangelho. A Igreja trairia Jesus caso se comprometesse ativamente na vida política. Basta olhar e meditar a vida de Jesus para verificar o acerto da visão de Bento XVI.

Os espiritanos de minha paróquia possuíam esta única certeza; davam suas vidas e sua saúde pela causa de Jesus, investindo tanto na evangelização quanto na educação, no serviço da caridade e nos cuidados de saúde. Meus pais acreditaram em Deus, porque ficaram deslumbrados pelo vigor do testemunho dos missionários franceses. Hoje, quando um jesuíta permanece na Síria, para e contra tudo, que magnífica imagem concreta de fidelidade a Cristo! Finalmente, vale uma pergunta: o que queremos dizer de Deus? O que queremos transmitir com o amor de Deus? É preciso anunciar Deus a tempo e a contratempo, encontrando os métodos mais humanos, a linguagem mais respeitosa, mas sem fazer economia da verdade.

O lugar da mulher na Igreja é um assunto muito importante. Como compreender o seu papel?

É preciso respeitar a mulher, o que não é o caso em muitos países. A dignidade e os direitos da mulher podem estar gravemente postos em perigo por práticas perigosas. Na África, as jovens devem poder levar seus estudos tão longe quanto os jovens. Igualmente, é necessário lutar com força contra os casamentos forçados. Quando viajo aos quatro cantos do mundo, eu me dou conta que o verdadeiro problema não está numa ilusória igualdade, mas no respeito à dignidade e à liberdade das mulheres. As imagens que as mídias ocidentais apresentam da mulher são frequentemente demasiado degradantes e humilhantes. O corpo da mulher é tratado como uma mercadoria para o prazer depravado de alguns homens. Pela prostituição organizada, a mulher é um objeto comercial. Entretanto, o Ocidente se pretende falaciosamente o campeão da defesa dos direitos da mulher...

Existem pequenos grupos de mulheres que reclamam a seu favor a ordenação ao sacerdócio e ao episcopado. Nesse registro, aberrações foram realizadas em algumas comunidades protestantes. Acusa-se a Igreja católica de não honrar suficientemente o lugar das mulheres. Se eu posso me permitir uma observação, parece-me que essa questão é muito marcada geograficamente... Infelizmente, sinto que o Ocidente busca ainda influenciar as outras culturas. Em várias regiões do mundo, não penso que o igualitarismo ideológico das relações entre o homem e a mulher seja o modelo procurado.

Impõe-se a extravagância da ideologia feminista até a querer apagar do vocabulário alguns termos: pai e mãe, esposo e esposa. Deus nos criou complementares e diferentes. Se eu leio nos Evangelhos como Jesus tratava as mulheres, vejo que tinha um grande respeito com elas. O único modelo da Igreja deve ser esta maneira doce e respeitosa de Cristo de associar mulheres à sua missão. Igualmente, é uma pena que alguns tentem culpabilizar o papa, os cardeais ou os bispos, dizendo que suas posições são retrógradas.

A ideia de uma mulher cardeal é tão ridícula como a de um sacerdote que quisesse se tornar religiosa! A referência da Igreja permanece Cristo que se comportava com as mulheres e os homens de maneira justa, dando a cada um o papel que lhe cabia. Desde a Galileia, Jesus foi seguido por mulheres que felizes estavam a seu serviço. Ao pé da Cruz estava Maria Madalena e outras mulheres profundamente sacrificadas, que observavam a terrível cena da crucificação. Segundo os Evangelhos, Maria Madalena foi a primeira a ver Jesus ressuscitado na manhã de Páscoa. Ela não exigia nada senão servir o Senhor em sua especificidade de mulher, em sua pureza reencontrada e ofertada.

No mundo, há sociedades matriarcais ou patriarcais. Cada um desempenha seu papel, em função de sua natureza. Seguindo o plano de Deus, a mulher é mãe e o homem é pai. As mulheres deveriam lutar para que não se utilize, comercializando-os, os seus corpos sagrados, porque o corpo é o templo de Deus e o santuário da vida. Na Igreja as mulheres podem ter um papel muito importante, começando pelo ideal mais prestigioso, a aspiração à santidade.

Como não citar o grupo sem fim das filhas de Deus começando pela santa Virgem Maria, a *Théotokos*, a Mãe de Deus, santa Mônica, mãe de santo Agostinho, Jeanne de Chantal, Teresa de Ávila, Thérèse de Lisieux, Maria Goretti, Madre Teresa de Calcutá, a beata Clémentine Anwarite, virgem e mártir, ou Joséphine Bakhita. A Igreja sabe, há muito tempo, exaltar e valorizar o gênio próprio das mulheres. São João Paulo II falava delas como sentinelas do invisível; tinha certamente razão. A Igreja não deve se deixar impressionar por este feminismo ideológico que pode ser aparentemente generoso em suas intenções e falacioso em suas visões profundas. Especialmente, não se devem pensar os problemas em termos de função. Deus nos pede que sirvamos a Igreja. Não se trata de fazer carreira. O carreirismo já toca uma grande parte do clero; nós não poderíamos, portanto, propagar este vírus às mulheres!

A noção de postos reservados é talvez um objetivo político, mas não parece que se trata de um critério do Espírito Santo. Compreendo a grande armadilha que consistiria em confiar um dicastério do governo romano a uma mulher pelo único fato de ser mulher. O primeiro critério não deve ser o sexo, mas a fidelidade à vontade de Jesus tal como ela foi sempre compreendida pela tradição da Igreja. Então, se uma teóloga está em estreita união com o magistério, e se queira pôr a serviço de Cristo, como a Virgem Maria ou Maria Madalena, não há nenhum problema para que ela dê sua plena colaboração à missão de um dado dicastério, desde que este corresponda à sua competência.

Na África, há muitos catequistas, homens e mulheres; as comunidades cristãs os elogiam e os reconhecem por esse grande trabalho de evangelização. As mulheres desempenham essa missão com a sensibilidade e o sentido maternal que lhes são próprios, exatamente como a presença específica delas que permanece em nossas famílias. Não aconteceria a nenhum homem de bom juízo a ideia de querer conquistar essa tarefa materna, e o poder prodigioso de transmissão da vida pela mulher... Igualmente, como podemos imaginar que a Igreja viveria em esquemas antropológicos errôneos há séculos? Vejo nessas reivindicações feministas uma grande arrogância e uma forma rígida de vontade de poder. No Evangelho, Maria possui uma das posições mais altas. Eis o nosso verdadeiro modelo.

Nosso mundo conhece espiritualidades fáceis e, às vezes, da moda. Como o senhor caracteriza essas correntes que podem entrar em concorrência frontal com o catolicismo?

Efetivamente, muitos são aqueles que tendem a tomar de cada espiritualidade a parte que lhes convém, numa lógica sincrética, para compor uma religião subjetiva confortável; estamos longe da verdade em sua integralidade promovida pela Igreja. Na África, vejo também que os cultos tradicionais continuam vivos. Igualmente, na América Latina, os grupos evangélicos estão numa guerra concorrencial sem misericórdia contra a Igreja católica, na ideia de conquistar "parte do mercado".

A tendência natural do homem consiste sempre em buscar os lugares e as ideias em que possa encontrar satisfação, riqueza, saúde de maneira quase miraculosa. Na Antiguidade, as autoridades judaicas, ou os sacerdotes entre os primeiros cristãos, deviam lutar contra a tentação de ir gozar doces sonhos junto aos ídolos. As grandes heresias do final da Idade Média respondiam muitas vezes às lógicas semelhantes de exploração dos medos, das paixões e dos fantasmas. Hoje ainda, trata-se de uma procura de felicidade imediata. O homem moderno reconhece mais ou menos bem os limites do materialismo, e o cristianismo lhe parece esgotado, às vezes inerte. Eis a falta de profundidade de nossa fé: muitas vezes, o cristão não sabe mais em que crê e não está suficientemente fixado na Cruz. Ora, se nós nos afastamos de Deus, o chamariz nunca está longe. A formação catequética, bíblica, espiritual dos fiéis, dos sacerdotes e dos religiosos permanece a grande resposta às flutuações tão ameaçadoras.

Sim, a Igreja tem apenas um único método: a busca de Deus na oração e o conhecimento aprofundado e meditado de sua Palavra. Sem a união pessoal com Deus, não existe constância nem perspectiva.

A instabilidade espiritual é também trazida pelo relativismo ambiente. No vento das modas que passam, sem raízes espirituais, sem a nutrição da oração, cada cristão está em perigo. Quando vejo jovens católicos africanos que retornam para os cultos tradicionais, nos quais a prática de sacrifícios é corrente, eu penso como os sacerdotes não souberam saciar uma grande sede. A ligeireza da vida de fé pode conduzir a desvios difíceis de refrear. O que me corta o coração é a ferida profunda provocada por sacerdotes africanos que abandonaram a graça do sacerdócio para entrar em seitas e exercer nelas uma espécie de ministério sacerdotal sacrílego. Que decadência! Que punhal no coração de Jesus! Minha única resposta permanece a oração.

Como o senhor define essa vida de oração da qual fala tão frequentemente?

Cada um deve certamente programar e construir, todo dia, sua vida de oração. Como? Conto-lhes uma pequena história que dá a pensar:

Um dia, um velho professor foi solicitado para dar um curso sobre a planificação eficaz de seu tempo a um grupo de uma quinzena de dirigentes de grandes empresas. Esse curso constituía uma das cinco oficinas de seu dia de formação. O velho professor não tinha, portanto, senão uma hora. De pé, ele olhou um por um, lentamente, e depois lhes disse: "Vamos realizar uma experiência". De debaixo da mesa, o professor tirou um pote de muitos litros e o colocou delicadamente diante de si. Em seguida, exibiu uma dúzia de pedras grandes como bolas de tênis e as colocou, uma por uma, no pote grande. Quando o pote encheu até a borda, e ficou impossível acrescentar uma pedra a mais, ele levantou os olhos para seus alunos e perguntou: "Está o pote cheio?". Todos responderam: "Sim". Ele esperou alguns segundos e acrescentou: "Realmente?". Então, ele se inclinou novamente e tirou de sob a mesa um recipiente cheio de cascalho. Minuciosamente, ele despejou o cascalho sobre as pedras maiores e sacudiu levemente o pote. Os pedaços de cascalho se infiltraram entre as pedras até o fundo do pote. O velho professor levantou os olhos e perguntou outra vez: "O pote está cheio?". Então, seus brilhantes alunos começaram a compreender sua artimanha. Um deles respondeu: "Provavelmente não!". "Bem!" respondeu o velho professor. Ele se inclinou ainda e agora tirou areia de sob sua mesa. E a derramou no pote. A areia preencheu os espaços entre as pedras e o cascalho. Outra vez, ele perguntou: "Está o pote cheio? Agora, sem hesitar e em coro, os alunos responderam: "Não!". "Bem!", respondeu o velho professor. E como esperavam os alunos, ele pegou um jarro de água que estava sobre a mesa e encheu o pote até a borda. O velho professor disse então: "Qual grande verdade esta experiência nos demonstra?". Não louco, o mais audacioso dos alunos, pensando no tema do curso, respondeu: "Isto demonstra que ainda quando se crê que nossa agenda está completamente cheia, se se quer com verdade, pode-se acrescentar aí mais encontros e mais coisas para fazer". "Não, respondeu o velho professor, não é isto! A grande verdade que esta experiência nos demonstra é a seguinte: se as pedras maiores não forem colocadas em primeiro lugar no pote, nunca se poderá fazer que em seguida todas entrem". Houve um profundo silêncio, cada um percebendo a evidência dessas considerações. O velho professor lhes disse então: "Quais são as pedras maiores nas suas vidas? A saúde, a família, os amigos, os sonhos, a carreira profissional? O que precisa reter é a importância de pôr as pedras maiores em primeiro lugar em suas vidas, caso contrário, corre-se o risco de não se realizar. Se a prioridade é dada às sucatas – os cascalhos, as areias –, vocês encherão suas vidas de futilidades, de coisas sem importância e sem valor e não terão mais tempo para consagrar a elementos importantes. Então, não se esqueçam de se colocar a questão: quais são as pedras maiores de minha vida? Em seguida, em primeiro lugar, as coloquem no pote de suas existências". Com um gesto amigo com a mão, o velho professor saudou seu auditório e deixou lentamente a sala.

A oração é uma destas pedras maiores de minha vida? Respondo sem dificuldade: a oração deve ser realmente esta pedra maior que deve encher o pote de nossa vida. É o tempo em que não se faz outra coisa senão estar com Deus. É o tempo precioso em que tudo se faz, em que tudo se regenera, em que Deus age para nos configurar a Ele.

São Paulo nos exorta, frequentemente, a viver na oração e nas súplicas: "Que o Espírito suscite a vossa oração sob todas as suas formas em todas as circunstâncias e empregai as vossas vigílias em uma infatigável intercessão por todos os santos" (Ef 6,18). Mas, ao mesmo tempo, insiste sobre nossa incapacidade de saber o que pedir para orar como convém; entretanto o Espírito Santo vem em nosso socorro e Ele mesmo intercede por nós "com gemidos inexprimíveis" (Rm 8,26).

A oração é, primeiro, obra do Espírito Santo que ora em nós, nos reestrutura interiormente e nos mergulha na intimidade de Deus uno e trino. Eis por que é primordial fazer silêncio e escutar, consentir em se despojar e em se abandonar a Deus que está presente em nós. A oração não é um momento de magia que consiste em apresentar tal e tal queixa para melhorar nosso bem-estar. O silêncio interior nos permite escutar a oração do Espírito Santo que se torna a nossa. O Espírito intercede em nosso lugar. Na oração, as nossas palavras não são importantes, mas conseguir se calar para deixar falar o Espírito Santo, escutá-lo gemer e interceder em nosso favor. Se entrarmos no silêncio misterioso do Espírito Santo, certamente seremos ouvidos porque dispomos de um coração que escuta. Deus não nos responde como o teríamos desejado, tanto mais que pedimos muitas vezes coisas impossíveis, como crianças que desejam presentes aos milhares. Isto não deve, entretanto, nos afastar de Deus quando os problemas são reais, nos atormentam, e quando experimentamos a noite profunda da dúvida. De fato, a oração não é um ato extraordinário, mas o silêncio de uma criança que volta seu olhar completamente para Deus. A oração é deixar Deus um pouco livre em nós. É preciso saber esperar no silêncio o abandono e a confiança, com firmeza, e na perseverança, mesmo quando se faz escuro, na nossa noite interior.

A oração, como toda amizade, exige tempo para se consolidar. A oração é, pois, uma escola às vezes difícil. Perdurar no silêncio pode ser uma travessia do deserto, longa e árida, sem água nem alimento, na qual poderia nos acontecer dizer como santa Terezinha de Lisieux: "Não sei mais se eu creio no que canto". O crente que reza caminha na noite, e permanece muitas vezes como um peregrino que busca a luz. Orar, é entrar na vontade de Deus. Em alguns momentos, quando estamos na noite longa do sofrimento e do ódio erigido contra nós, poderia nos acontecer de suplicar como Jesus : *"Eloi, eloi, lema sabachthani"* ["Meu Deus, meu Deus, por que me abandonaste"] (Mc 15,34). Ninguém compreende o sentido do nosso grito, porque é uma oração, um grito de fé para nosso Deus e nosso Pai: é o grito de Jesus na Cruz, um grito de abandono filial à única vontade do Pai, como para confirmar a submissão total já selada no Jardim de Gethsêmani. Enquanto orava, angustiado, e o seu suor se tornava como grandes gotas de sangue que caíam na terra, Ele disse: "Abba (Pai) ! Tudo é possível, afasta de mim este cálice; mas, não o que eu quero, mas o que tu queres!" (Mc 14,36).

Deus nos amou primeiro. Orar é deixar-se amar e amar-se. Orar é olhar para Deus e deixar-se olhar por Ele, é saber verdadeiramente se dispor a olhar para Deus que habita e vive em nós de maneira trinitária. Não é uma imagem; na verdade, o Pai, o Filho e o Espírito Santo vivem em nós. Habitam em nós na unidade e na comunhão trinitária. Um só Deus em três pessoas distintas, é o coração de nossa fé batismal. Somos realmente a morada de Deus. É o que explica magnificamente santo Atanásio, em sua *Carta a Serapião*, bispo de Thmuis: "Quando o Espírito está em nós, o Verbo que no-lo dá está em nós, e no Verbo se encontra o Pai. E é assim que se cumpre a Palavra: 'Se alguém me ama, observará a minha palavra e meu Pai o amará; nós viremos a Ele estabeleceremos a nossa morada nele' (Jo 14,23). Onde há luz, há também seu brilho; onde há seu brilho, há também sua atividade e sua graça resplandecente".

A alma é o lugar da oração. Entretanto, nesse santuário reservado a Deus, nessa casa de Deus, a solidão e o silêncio devem reinar. Porque na oração, é essencialmente Deus que fala e nós escutamos atentamente, pondo-nos em busca de sua vontade. Orar é procurar Deus e deixá-lo mostrar o seu rosto e revelar a sua vontade. Certamente cremos que Deus habita e vive em nós, mas com frequência não Lhe deixamos a liberdade de viver, de agir, de se mover e de se expressar. Ocupamos todo terreno de nossa paisagem interior, todo o dia e durante tempos infinitos. Nós nos obstinamos sempre em muito fazer, em muito falar, em muito pensar. Nós envolvemos a morada de Deus com tanto barulho...

Devemos aprender que o silêncio é o caminho do encontro pessoal e íntimo com a presença silenciosa, mas viva, de Deus em nós.

Deus não está no furacão, no tremor de terra ou no fogo, mas no murmúrio de uma brisa leve. Para rezar com verdade, é preciso cultivar e salvaguardar alguma virgindade do coração, em outras palavras, não devemos viver e crescer na algazarra interior ou exterior, na dispersão e nas distrações mundanas; há prazeres que desunem, laceram, separam e dispersam o centro de nosso ser. A virgindade espiritual, o silêncio interior e uma necessária solidão são as rochas mais favoráveis à vida com Deus, num face a face íntimo com Ele.

Desse reencontro, saímos levando na pele de nosso rosto o esplendor brilhante da face de Deus, como Moisés quando descia da montanha depois de ter falado com o Todo-Poderoso.

Bento XVI insistiu muitas vezes sobre o fato de que a liturgia era um momento em que as realidades divinas desciam à vida dos homens. Como o senhor compreende esse ponto de vista?

A liturgia é um momento em que Deus deseja estar, por amor, em profunda união com os homens. Se vivemos na verdade esses instantes sagrados, podemos encontrar Deus. É preciso não cair na armadilha de reduzir a liturgia a um simples lugar de convívio fraterno. Na vida, há outros lugares para se regozijar juntamente. A missa não é um espaço em que os homens se encontram num fútil espírito de festa. A liturgia é uma grande porta que se abre para Deus e que nos permite sair simbolicamente de entre os muros deste mundo. É preciso considerar a santa missa com dignidade, beleza e respeito. A celebração da Eucaristia requer primeiro um grande silêncio, um silêncio habitado por Deus. É necessário respeitar as circunstâncias materiais para que esse encontro aconteça de maneira fecunda. Penso, por exemplo, na dignidade e na exemplaridade dos hábitos e dos móveis litúrgicos. O lugar da missa deve estar imbuído de uma beleza que possa favorecer o recolhimento e o encontro com Deus. Bento XVI contribuiu muito para a Igreja ao refletir sobre o sentido da liturgia. Seu livro *O Espírito da Liturgia*[3] é o fruto de um pensamento teológico amadurecido. Se a liturgia se empobrece de seu caráter sagrado, torna-se uma espécie de espaço profano. Ora, estamos numa época em que se busca intensamente o sagrado; mas por uma forma de ditadura do subjetivismo, o homem quereria isolar o sagrado no espaço profano.

O melhor exemplo se dá quando criamos novas liturgias, frutos de experiências mais ou menos artísticas, e que não permitem encontro algum com Deus. Pretendemos, arrogantemente, permanecer no humano para entrar no divino.

Há muitos anos, parece que a liturgia está como dividida entre duas escolas divergentes, ou mesmo opostas, a linha dos clássicos e a dos modernos. O que o senhor pensa sobre isso?

A liturgia é o tempo de Deus e tende a se tornar o foco de uma batalha ideológica entre diferentes concepções. É triste entrar na casa de Deus com os ombros carregados de armas de guerra e com o coração cheio de ódio. Se essa divisão existe, será que os que conduzem a batalha sabem verdadeiramente o que eles vivem na liturgia? O culto divino é um encontro com as realidades sobrenaturais pelo qual o humano deve ser transformado, e não se submeter a vãs e estéreis investigações. O Deus que encontro na liturgia me permite "aderir" a um rito, excluindo os outros? A liturgia não pode ser outra coisa senão uma relação com o divino. A incompreensão entre diferentes maneiras de conceber a liturgia pode se explicar por elementos culturais legítimos, mas nada pode justificar que ela se transforme em anátemas lançados de uma parte e de outra. Bento XVI desejou ardentemente reconciliar as diferentes escolas litúrgicas. Pôs muita energia e esperança nessa tarefa, entretanto, não alcançou seu nobre objetivo.

De fato, além do rito, Deus procura primeiro o coração dos homens. Na liturgia, Jesus nos dá seu corpo e seu sangue para nos configurar a Ele e fazer que nos tornemos um único ser. Nós nos tornamos Cristo, e seu sangue nos faz consanguíneos, homens e mulheres mergulhados em seu amor, habitados pela Trindade Santa. Nós nos tornamos uma única família: a família de Deus.

Se um homem respeita os ritos antigos da Igreja e se ele não está no amor, este indivíduo se perde. Eu creio que tal é a situação em que se encontram os extremistas de diferentes escolas litúrgicas. O ritualismo estrito, quase integrista, ou a desconstrução do rito, de tipo modernista, podem impedir uma verdadeira busca do amor de Deus. Incontestavelmente, esse amor nasce e cresce no respeito das formas, mas as tensões levam cedo ou tarde ao nada.

Ao falar, ouço a voz de santo Ambrósio que, em seu comentário sobre Caim e Abel, nos adverte: "O Senhor Jesus te convidou a orar atenta e frequentemente, não para que a tua oração se prolongue no enjoo, mas para que ela se renove na assiduidade. Quando a oração é muito longa, ela se dispersa com frequência no vazio, mas quando ela se torna rara, a negligência nos invade".

Quando, na África, assisto a missas que duram seis horas, vejo apenas uma festa que responde às satisfações pessoais. Duvido muito que haja um verdadeiro encontro com Deus em tais momentos de contínua excitação e de danças pouco propícias ao encontro com o Mistério. Deus abomina os ritualismos em que o homem se satisfaça a si mesmo. Embora devamos dar graças a Deus pela real vitalidade de nossas liturgias africanas e pela plena participação do povo cristão, a ocultação do Mistério da morte e da Ressurreição por acréscimos estranhos à Eucaristia, dá a impressão de que nós nos celebramos a nós mesmos. Devemos realmente nos esforçar por refazer o que Jesus fez. Lembremo-nos de sua Palavra: "Fazei isto em minha memória".

A Igreja católica deve refletir e tomar medidas em resposta aos fenômenos litúrgicos escandalosos. Os outros crentes, especialmente mulçumanos, estão chocados diante da degradação de algumas celebrações.

Podem existir, assim, procissões que nos conduzem à celebração do grande Mistério de nossa fé, mas que são feitas sem nenhum recolhimento, sem nenhuma admiração, sem nenhum "terror" religioso de estar face a face com Deus. Os celebrantes conversam e discutem futilidades a caminho do altar do Senhor!

Esse tipo de comportamento não pode ser observado em uma mesquita, porque os mulçumanos têm mais respeito pelo sagrado do que muitos cristãos.

Como compreender o futuro do sacerdócio?

O futuro do sacerdócio se lê no exemplo dos santos. Sua sobrevivência e sua fecundidade são garantidas pela promessa de Jesus de estar conosco para sempre até o fim dos tempos. Na vida de João Paulo II, a Cruz de Cristo era absolutamente central. Desde o primeiro ano de seu pontificado, julgou essencial dar simbolicamente uma Cruz de madeira aos jovens; ele lhes pediu que a plantassem no mundo inteiro, no coração dos homens e nas sociedades. Penso que seu exemplo é tanto mais importante, porque os sacerdotes estão ligados para sempre ao mistério da crucificação. O sacerdote é um homem que foi crucificado com Cristo; ele celebra a missa não somente para perpetuar, comemorar e atualizar a crucificação, mas também para viver sua própria crucificação; uma vez que o sacerdote é Cristo.

O santo Cura de Ars sempre realizou seu sacerdócio escondido na oração e perdido em Deus. Era como uma ponte que conduz os homens ao Senhor. Para João Maria Vianney, o sacerdote é a testemunha da dimensão vertical da existência; faz a comunicação com Deus e repete sua mensagem incansavelmente, a fim de que seja ouvida no grande rumor do mundo. O sacerdote possui o poder divino, que consiste em descer Deus e sua Palavra até os homens. "O sacerdote, dizia ele, é um homem que tem o lugar de Deus, um homem que está revestido de todos os poderes de Deus".

A segunda realidade central na vida de João Paulo II era a Eucaristia. Nossa configuração com Cristo se realiza por uma intensa vida de oração, de adoração e de contemplação silenciosa. Sem a oração, o sacerdote corre o risco de cair no ativismo, na superficialidade ou na mundanidade. É na contemplação do rosto de Cristo na oração que o sacerdote colhe a generosidade para se doar, corpo e alma, como Cristo ao seu ministério sacerdotal.

Antes de todo compromisso apostólico, cada manhã, o sacerdote deve entrar no mistério da Eucaristia. Essa pequena hóstia, que carrega o universo todo inteiro e a história da humanidade, deve ser o centro de nossa existência, a vida de nossa vida. Como sacerdotes, devemos nos tornar essa hóstia branca, nos deixar "transubstanciar" e assemelhar traço por traço a Cristo. No *Espírito da Liturgia*[4], o cardeal Joseph Ratzinger escreve que a Eucaristia nos transforma até nas profundidades mais íntimas de nosso ser: "A Páscoa de Cristo da qual a liturgia da Igreja nos faz contemporâneos tem assim igualmente uma dimensão antropológica. A celebração não é um rito exterior, um jogo litúrgico. Enquanto *logiké latreia*, isto é, o culto segundo o *logos*, ela tem por fim conformar minha existência àquela do *logos* e unir a minha oferenda interior com aquela de Cristo. Esta oferenda é, desde então, minha oferenda; estou presente à Páscoa de Cristo, e esta contemporaneidade tem por fim conduzir-me da imagem à perfeita semelhança com Deus. Repitamos, a liturgia toca também a nossa vida cotidiana. Ela visa, para citar são Paulo ainda uma vez, fazer de nossos corpos, isto é, de nossa existência física, hóstias vivas, em união com o sacrifício de Cristo".

Eis por que o sacerdócio tem um futuro: trata-se do maior dom que Deus fez ao homem. As Palavras de Jesus são eternas. Em uma ordem sobrenatural, o futuro do sacerdócio está assegurado.

Entretanto, as dúvidas afluem sobre a disponibilidade de muitos de nossos contemporâneos e a abertura dos corações para responder ao apelo de Deus. Certamente, as realidades são variáveis de um continente ao outro; todos sabem que as vocações são numerosas na África, na Ásia e em muitos países da América Latina. Mas como não ficar triste diante de todos os jovens na Europa que hesitam em responder ao apelo insistente do Senhor, "vem e segue-me"?

Deus chama hoje tanto quanto no passado, é o homem que não o escuta igualmente.

Enfim, a vocação sacerdotal é inseparável da Virgem Maria. Trata-se de um grande ensinamento da vida de João Paulo II. A vida de um sacerdote não se pode conceber sem um laço filial com Maria. A mãe de Cristo mantém os sacerdotes na fidelidade aos seus compromissos. Graças à Virgem, estou convencido de que o sacerdócio nunca desaparecerá.

Com o risco de surpreender, penso que o número de sacerdotes não constitui um problema tão fundamental. Além disso, são Gregório Magno não diz outra coisa... Paradoxalmente, o contexto histórico do fim do sexto século se parece bastante com a nossa época. Em uma homilia pronunciada diante dos bispos reunidos nas fontes batismais do Latrão, em 31 de março de 591, são Gregório comentou a frase de Jesus: "A messe é abundante, mas os operários são pouco numerosos. Pedi, pois, ao senhor da messe que envie operários para a messe". Ele escrevia assim: "Os operários são pouco numerosos para uma messe abundante; nós não podemos repeti-lo sem uma grande tristeza. Há pessoas para ouvir dizer boas coisas, e não há para dizê-las. O mundo está cheio de sacerdotes, mas se encontra raramente um operário na messe de Deus; nós aceitamos a função sacerdotal, mas não fazemos o trabalho dessa função. Deslizamos para negócios exteriores e o cargo honorável que aceitamos é bem diferente das funções que nós exercemos de fato. Abandonamos o ministério da pregação, e é para nosso castigo, eu creio, que nos chamam de bispos, porque temos o título, mas não temos a qualidade. Com efeito, aqueles que nos foram confiados abandonam Deus, e nós nos calamos. Caíram, por suas más condutas, e nós não lhes estendemos a mão, corrigindo-os. [...] Mas, quando poderíamos nós corrigir a vida de outro, nós que negligenciamos a nossa? Presos por tarefas profanas, tornamo-nos tão mais insensíveis ao interior que parecemos mais dados a tudo que se passa no exterior". Faltam-nos sacerdotes que sejam homens de interioridade, "vigias de Deus" e pastores comprometidos apaixonadamente na evangelização do mundo, e não operadores sociais ou políticos.

O que conta mais é a qualidade do coração, a força da fé e a densidade da vida interior dos sacerdotes. A intensidade e a permanência da fidelidade requerem uma profunda interioridade espiritual e uma sólida maturidade humana. Graças a uma verdadeira vida interior e a uma maturidade provada, o sacerdote pode se livrar do que é superficial e transitório para se fazer mais presente ao essencial. A fidelidade exige com frequência um longo combate.

Quando Cristo iniciou o sacerdócio, tinha ao seu redor doze Apóstolos; estes agitaram o mundo inteiro. Hoje, somos mais de quatrocentos mil sacerdotes. Então, tudo é possível... Nunca estaremos mais sobrecarregados do que os Apóstolos! O mais importante reside na transformação interior dos homens que escolheram seguir a Cristo.

Não se deve temer a ausência de sacerdotes, mas desejar que venham bons e santos sacerdotes, homens de Deus e de oração; ao contrário, o pior reside no comportamento dos sacerdotes infiéis, sempre agitados, porque nunca tomam o tempo de estar com Deus na oração. São João da Cruz nos exorta a nos mantermos constantemente em oração e em adoração diante de Deus, para nos garantir contra o ativismo, particularmente ideológico, que nada produz de consistente para nossa elevação a Deus. Ele escrevia em seu *Cântico Espiritual*: "Que eles reflitam, aqueles que se dão a uma atividade sem medida, que se imaginam que vão abranger o mundo em suas pregações e suas obras exteriores. Seriam muito mais úteis à Igreja e agradariam muito mais a Deus – sem falar do bom exemplo que dariam – se eles se empregassem em ter, diante de Deus em oração, a metade do tempo que consagram à atividade, e isto embora não tivessem alcançado o grau elevado do qual falamos aqui. Seguramente, fariam então muito mais, e com menos despesa, com uma única obra do que com mil realizadas tão ativamente. A sua oração mereceria a graça e lhes proporcionaria as forças espirituais necessárias. Sem ela, tudo se reduz a martelar, para produzir quase nada, ou mesmo absolutamente nada, e às vezes mais mal que bem".

As fronteiras ideológicas e as fontes de divisão são importantes na Igreja?

Bento XVI tinha o hábito de dizer que não são as ideologias que salvam o mundo, mas os santos e as suas grandes luzes tão doces. As ideologias embrutecem, esmagam e destroem os homens, porque elas não são intrinsecamente orientadas para o benefício deles. Pessoalmente, conheci na Guiné o comunismo, com tantas promessas generosas. Atrás de bandeiras fraudulentas levou muitos compatriotas meus à morte. O espírito ideológico é o contrário do espírito evangélico. Por isso, os sacerdotes que escolhem seguir ou propagar ideias políticas fazem necessariamente um caminho falso, sacralizando o que não deve ser. A ideologia é por natureza desconectada da realidade e é necessariamente fonte de divisão, uma vez que não pode ter por todo o tempo a adesão dos homens que, bem ou mal, estão sempre ancorados no real.

Depois do concílio Vaticano II, alguns quiseram fazer uma leitura política do trabalho dos Padres conciliares. Tratava-se de um grave erro. Mas, infelizmente, esse fenômeno não era novo. Através dos séculos, a Igreja sempre enfrentou as ideologias; as heresias eram de natureza ideológica. Existe sempre um combate entre a luz e as trevas, uma confrontação entre a Igreja, sua visão do homem e do mundo, e os modismos políticos que se enfraquecem. João Paulo II ousou combater o comunismo; os historiadores concordam em dizer que ele teve um papel preeminente na queda do império soviético.

Não temo dizer que sempre a Igreja deverá se confrontar com mensagens ideológicas. Hoje ela deve combater a ideologia de gênero, que João Paulo II não hesitava em qualificar de "nova ideologia do mal". Além disso, o gênero que deriva da reflexão dos estruturalistas americanos, é um filho disforme do pensamento marxista. Em seu último livro, *Memória e Identidade*[5], João Paulo II escrevia: "Penso nas fortes pressões do Parlamento europeu para que sejam reconhecidas as uniões homossexuais como uma forma alternativa de família, à qual se devolveria também o direito de adotar. Pode-se e deve-se colocar a questão de saber se não se trata, aqui ainda, de uma nova ideologia do mal, talvez mais insidiosa e mais oculta, que tenta explorar contra o homem e contra a família os direitos do homem".

A ideologia de gênero veicula uma mentira grosseira, uma vez que a realidade do ser humano, enquanto homem e mulher, é negada. Os lobbies e os movimentos feministas a promovem com violência. Ela se transformou rapidamente em combate contra a ordem social e seus valores. Seu objetivo não para somente na desconstrução do sujeito; ela se interessa, sobretudo, pela desconstrução da ordem social. Trata-se de semear a desordem sobre a legitimidade das normas sociais e de introduzir uma suspeita quanto ao modelo da heterossexualidade; para o *gênero* é preciso abolir a civilização cristã e construir um novo mundo.

Eu penso na socióloga americana Margaret Sanger, que manteve uma luta declarada pela desconstrução moral do Ocidente. A mulher, diz ela, deve poder ser dona de seu corpo e de sua sexualidade. Como proprietária, ela deve poder dispor dele, gozar da liberdade de seu corpo e de seus direitos, e controlar sua vida. Ela deve escolher livremente ser mãe ou não. Cada filho deve doravante ser "querido", "escolhido", "planificado". Nenhuma moral religiosa, nenhum dogma, nenhuma tradição cultural podem impedir a mulher de realizar seus objetivos. Ninguém deve obstaculizar ou interditar a mulher de ter acesso à contracepção e ao aborto.

DEUS OU NADA

Igualmente, Simone de Beauvoir, como Jean-Paul Sartre e o existencialismo ateu quiseram liberar o indivíduo das condições da existência tais como Deus as estabeleceu. Para exercer seus direitos, o indivíduo deve se comprometer na negação do que existe fora dele, ou daquilo que é dado pela natureza e a revelação divina. Feminista radical, Simone de Beauvoir afirmava: "Não se nasce mulher, torna-se". Desde então, se a mulher permanece passiva e se submete às tradições, ela se torna "esposa" e "mãe". É o que os teóricos dos *gender studies* denominam o estereótipo ou a construção social repressiva que se deve "desconstruir". Inversamente, se a mulher se compromete na construção de si mesma de maneira radicalmente autônoma dos outros e de Deus, ela se torna "liberada"; a mulher se torna ela mesma e vive por si mesma. Ela pode assim se possuir e controlar seu destino.

Em dezembro de 2012, na ocasião do último discurso de apresentação dos votos de Natal à Cúria romana, Bento XVI quis refletir sobre a afirmação de Simone de Beauvoir: "Não se nasce mulher, mas se torna". "Nestas palavras, diz ele, encontra-se o fundamento do que, hoje, sob a palavra gênero, é apresentado como uma nova filosofia da sexualidade. O sexo, segundo esta filosofia, não é mais um dado de origem da natureza, um dado que o ser humano deve aceitar e preencher pessoalmente de sentido, mas é um papel social do qual se decide de maneira autônoma, ao passo que até aqui pertencia à natureza decidir. A profunda falsidade desta teoria e da revolução antropológica que lhe subjacente é evidente. Simone de Beauvoir apela ao ser humano para contestar sua natureza e para decidir que ela não lhe foi dada como um fato preparado antecipadamente, mas que foi ele que a criou para si. Segundo a narração bíblica da criação, pertence à essência da criatura humana ter sido criada por Deus como homem e como mulher. Esta dualidade é essencial pelo fato de existir uma pessoa humana, tal como Deus a fez. Justamente, esta dualidade como dado de partida é contestado. O que se lê na narração da criação não é válido: "Homem e mulher, ele os criou" (Gn 1,27). Não, agora, o que vale é que não foi ele que os criou homem e mulher, mas é a sociedade que o determinou até aqui, e, agora, somos nós que decidimos isso. Homem e mulher não existem mais como realidade da criação, como natureza do ser humano. Este contesta sua própria natureza. Ele é agora somente espírito e vontade. A manipulação da natureza, que hoje deploramos pelo que diz respeito ao ambiente, torna-se aqui a escolha fundamental do homem a respeito de si mesmo".

Em outro domínio, como compreender o diálogo entre a Igreja e as diferentes confissões cristãs e também as outras religiões?

A questão é extremamente importante e delicada. A ideia difundida hoje é que as religiões se equivalem, e que a missão de evangelizar todos os povos é uma questão ultrapassada; dever-se-ia deixar cada um seguir sua religião. A partir de agora, o homem seria salvo ao seguir sua própria tradição religiosa.

João Paulo II, querendo aprofundar o sentido permanente da missão, declarava, em sua encíclica *Redemptoris missio*, que se a Igreja reconhece a importância das outras religiões, ela deve considerar como prioritário o anúncio de Cristo como único Salvador do mundo. A introdução solene dessa encíclica mostra bem que só uma má compreensão da liberdade religiosa e do respeito aos povos pode frear a força do elã missionário.

O livro do padre Jacques Dupuis, *Vers une théologie chrétienne du pluralisme religieux*[6], e o estudo filosófico do presbiteriano John Hick, militando por uma relativização das diversas posições religiosas como condição prévia para todo diálogo inter-religioso, levaram a Congregação para a doutrina da fé a publicar, em 6 de agosto de 2000, a declaração *Dominus Iesus*. Nesse texto, a Congregação denuncia "graves ambiguidades e dificuldades sobre pontos doutrinais importantes que podem conduzir a opiniões errôneas e perigosas. Esses pontos dizem respeito à interpretação da mediação salvífica única e universal de Jesus Cristo, à unicidade e à plenitude da Revelação em Cristo, à ação salvífica do Espírito Santo, à ordenação de todos os homens à Igreja, ao valor e à significação da função salvífica das religiões".

A afirmação cristológica dos Atos dos Apóstolos, segundo a qual "não há sob o céu outro nome dado aos homens, pelo qual devemos ser salvos" (At 4,12), e o concílio Vaticano II, em sua declaração sobre as relações da Igreja com as religiões não cristãs, *Nostra Aetate*, são claras. A Igreja católica nada rejeita do que é verdadeiro nas outras religiões; ela considera com sincero respeito a maneira de agir e de viver, que pode refletir um raio da verdade que ilumina todos os homens. Entretanto, ela anuncia e é obrigada a anunciar Cristo que é "o Caminho, a Verdade e a Vida" (Jo 14,6), no qual os homens devem encontrar a plenitude da vida religiosa.

É o Espírito que impele a anunciar as grandes obras de Deus. Sempre sinto o dever de repetir o clamor de são Paulo, em nome de toda a Igreja: "Pois para mim, anunciar o Evangelho não é motivo de orgulho, é uma necessidade que se me impõe: ai de mim se não anunciar o Evangelho!" (1Cor 9,16).

Como não provar alguma inquietude diante da tendência negativa que se manifesta no enfraquecimento do elã missionário a respeito dos não cristãos? Esse declínio é o sinal de uma crise da fé e a consequência do relativismo que invadiu a Igreja profundamente.

A vontade de continuar afirmando o lugar de Cristo e da Igreja no seio da humanidade poderia nos atrair os qualificativos de fundamentalistas, integristas e intolerantes? Na busca da verdade, creio que é necessário conquistar a capacidade de se assumir como intolerante, isto é, ter a coragem de declarar ao outro que o quê ele faz é mau ou falso.

A partir daí, poderemos receber a crítica do outro em sua pretensão de nos abrir à verdade. Há pouco eu fui atingido pelas palavras do filósofo Thibaud Collin, que afirmava categoricamente em uma conferência: "A garantia de um progresso futuro na busca pessoal da verdade é a acuidade com a qual se dá peso ao discurso que cada um tem sobre a realidade. Tudo isso pressupõe que o homem não é a medida do real e que ele tem, portanto, a receber a verdade e o bem". Depois, lançando seu olhar sobre João Paulo II e Bento XVI, acrescentava: Os dois últimos papas, porque são lúcidos sobre a profundidade da crise de civilização pós-moderna, convidam os católicos a uma audácia toda socrática. Sócrates, com efeito, é aquele que procurou durante toda sua vida a verdade. Ele não cessou de interrogar as pessoas sobre seus costumes, de despertar nelas o desejo da verdade e do bem. Mas longe de estar na indeterminação, ele sempre se submeteu plenamente à força de sua razão. É preciso reler seu diálogo com Criton, algumas horas antes de sua morte, para captar as razões de sua morte. É para permanecer até o fim fiel à coerência do que recebera como vocação da parte de um deus que ele recusou transigir com o povo ateniense e com o seu amigo de infância que lhe suplicava, no entanto, que fugisse. Longe de comprazer no uso sofístico da razão, Sócrates é a testemunha de seu vigor vivificador. Talvez seja por isso que o cardeal Ratzinger, comentando a encíclica *Fides et ratio*, ouse esta aproximação: "Eu diria que o papa [João Paulo II] pretende o que pretendia também o Vaticano II: assumir a função socrática da inquietação, desafio de não permanecer resignado diante da fraqueza da razão, que indubitavelmente existe, e pretender um passo adiante na direção da verdade".

Finalmente, a grande força do niilismo contemporâneo vem de um consenso político que o alimenta sem cessar. Não é preciso se conformar a este mundo, mas se deixar transformar, renovando seu modo de pensar, para poder discernir a vontade de Deus. Com frequência, as mídias apresentam como uma forma de coragem o fato de se expressar contra o magistério da Igreja. Na realidade, não há necessidade de coragem para isso, porque então podemos sempre estar seguros das ovações do público. É necessária antes a coragem para aderir à fé da Igreja, embora ela contradiga o esquema do mundo contemporâneo. Seguindo são Paulo, Bento XVI apelava a uma fé "adulta". É a fé dos cristãos que morrem cada dia por Cristo na Nigéria, no Paquistão, no Oriente Médio e através do mundo... É a fé magnífica de Assia Bibi, ameaçada de morte por blasfêmia, que luta por sua sobrevivência.

Em nome da verdade, devemos proclamar e anunciar Jesus Cristo, único Salvador do mundo, a todas as nações. Esse anúncio não é de maneira alguma um obstáculo ao diálogo entre as diferentes religiões.

A relação entre as confissões não deve ser uma dificuldade para a missão. Pelo contrário, ela deve reforçá-la. João Paulo II, depois Bento XVI e hoje Francisco reafirmam a fé da Igreja. A missão é o diamante bruto da Esposa de Cristo. O Filho de Deus é o Caminho, a Verdade e a Vida; ninguém pode ir a Deus sem passar por Ele. Jesus é a única porta do céu; não há nem intolerância, nem fundamentalismo religioso nesta proclamação amorosa. Em um comentário do salmo 85, santo Agostinho afirma com clareza sobre a Igreja: "Nosso Senhor Jesus Cristo, filho de Deus, é o único salvador de seu corpo, que ora por nós, e que ora em nós, e que orou por nós".

Agora e sempre, sua reflexão e sua inquietação se voltam sobre a ausência de Deus em nosso mundo.

Agora e sempre, porque o homem não se compreende a não ser por Jesus Cristo! Em outro nível, a ausência de Deus é a consequência de uma ausência da Igreja.

Na medida em que Deus perdeu seu primado na preocupação dos homens, na medida em que o homem se interpõe diante de Deus, vivemos um eclipse de Deus. Por isso, há uma obscuridade e uma incompreensão crescentes sobre a verdadeira natureza do homem, porque este se define unicamente em relação a Deus.

Não sabemos mais quem é o homem, uma vez que ele se desligou de seu Criador. O homem entende se recriar; rejeita as leis e sua natureza que se tornam contingentes. Essa ruptura do homem com Deus obscurece seu olhar sobre a criação. Cego por seus sucessos tecnológicos, seu olhar desfigura o mundo: as coisas não possuem mais verdade ontológica nem bondade, mas elas são neutras e é o homem que deve lhes dar um sentido. Eis por que é urgente sublinhar que a saída de Deus das sociedades contemporâneas, especialmente ocidentais, afeta não somente o ensino da Igreja, mas igualmente os fundamentos da antropologia.

Suas viagens, assim como suas raízes africanas, permitem que o senhor tenha um olhar diferente sobre o ecumenismo?

É preciso reconhecer que o diálogo inter-religioso e o ecumenismo se reforçaram muito recentemente. O concílio Vaticano II deu a essas questões uma atenção particular. Se os seus resultados parecem tímidos, há uma melhor compreensão entre as diferentes religiões. Às vezes, podemos nos decepcionar com a utilização da religião e de Deus para aplacar a violência que dorme em cada homem.

Enquanto os avanços eram reais com os anglicanos, algumas evoluções teológicas e a decisão de proceder à ordenação sacerdotal e episcopal de mulheres constituem agora um obstáculo intransponível. Tais mudanças do anglicanismo levou um número importante de pastores reformados a pedir sua admissão como sacerdotes na Igreja católica.

Voltemo-nos em seguida para a ortodoxia. Sei que Bento XVI fez um grande trabalho para promover a unidade dos cristãos. As relações entre os ortodoxos e os católicos avançam; a questão do primado e da jurisdição do papa poderia ser aceita pela ortodoxia sem grande dificuldade no plano doutrinal. Bento XVI lembrava justamente que a ortodoxia reconhece o bispo de Roma, o *Protos*, é o Primeiro; esta questão constava já nos atos do concílio de Niceia, em 325. Resta saber se o bispo de Roma possui funções e missões específicas.

Certamente, o pontificado de Bento XVI foi demasiado curto para que grandes avanços pudessem ser realizados. Em 14 de março de 2010, fez um gesto histórico de grande expressão ecumênica ao visitar o templo luterano de Roma, em que João Paulo II estivera em 1983.

Como esquecer, enfim, que o papa polonês foi o primeiro sucessor de Pedro a entrar em uma sinagoga? Na Terra Santa, esse homem que não podia esquecer que tantos de seus amigos ashkenazes de Wadowice tinham perecido nos campos de morte nazistas, não hesitou em afirmar que os judeus eram nossos irmãos mais velhos na fé. Seu sucessor, Bento XVI, pôs o acento de seu ministério petrino em valorizar o patrimônio espiritual comum aos judeus e aos cristãos. Porque eles têm muito em herança: as duas religiões oram ao Deus de Abraão, de Isaac e de Jacó, e elas têm as mesmas raízes. Para simbolizar sua ação, Bento XVI quis plantar uma oliveira na residência de Shimon Peres, o presidente do Estado de Israel. Em sua alocução de adeus no aeroporto Ben-Gourion de Tel-Aviv, o papa evocou esse gesto e lembrou que o apóstolo Paulo, em sua Carta aos Romanos, descreveu a Igreja dos gentios como "um ramo de oliveira selvagem, enxertado numa oliveira franca que é o Povo da Aliança" (Rm 11,17-24). A peregrinação de Francisco à Terra Santa foi um magnífico testemunho a favor da paz.

Como está o diálogo inter-religioso?

Com o Islã, não pode haver diálogo teológico, porque as bases essenciais da fé cristã são muito diferentes daquelas dos mulçumanos: a

Trindade, a Encarnação, isto é, que "Jesus Cristo veio entre nós na carne" (1Jo 4,1-10), a Cruz, a Morte e a Ressurreição de Jesus e, por consequência, a Eucaristia são rejeitados pelos mulçumanos. Mas podemos promover um diálogo que possa levar a uma colaboração eficaz no nível nacional e internacional, particularmente no campo da defesa da vida humana, de sua concepção a seu término. Por exemplo, como a Igreja, as diferentes autoridades do Islã rejeitam fortemente a nova ideologia de gênero.

Entretanto, na África, com acentos diferentes segundo os países, tais como o Sudão, o Quênia ou a Nigéria, entre outros, as relações cristãs e mulçumanas tornaram-se recentemente muito difíceis, quase impossíveis; no Sudão, um cristão é considerado como um escravo pelos mulçumanos. Minhas afirmações merecem, entretanto, ser amenizadas; em geral, as relações entre cristãos e mulçumanos, pelo menos na África ocidental, foram sempre harmoniosas, amigas e de perfeita convivialidade.

Mas nos países que foram berço do cristianismo, no Oriente Próximo e no Oriente Médio, estou aflito ao ver a evolução das relações entre as diferentes comunidades religiosas. No Iraque, por exemplo, os resultados da política ocidental e americana são catastróficos para os cristãos, que se veem expulsos pelos extremistas mulçumanos das terras que seus pais ocupavam desde tempos imemoriais. Nos campos de refugiados sírios que eu visitei, instalados no Líbano ou na Jordânia, como não sermos atingidos pela profunda infelicidade dos cristãos condenados a uma diáspora que não quer dizer seu nome. Ouvi os bispos sírios, por ocasião de nosso encontro em dezembro de 2013, em Beirute, expressar seu sofrimento e seu temor de ver um dia o Oriente Médio esvaziado de toda presença cristã. As comunidades sofrem provas consideráveis e conhecem um declínio demográfico tão importante que o futuro do cristianismo em seu berço de origem se encontra ameaçado. No dizer dos responsáveis das Igrejas dos diferentes ritos, o êxodo dos cristãos atinge proporções alarmantes. Diante da incerteza que pesa sobre sua existência enquanto batizados, dos raptos ou do assassinato de sacerdotes, de religiosos e de religiosas, e de bispos, os cristãos cedem facilmente à tentação de emigrar quando não são brutalmente expulsos de suas casas, como é o caso no Iraque, depois da violenta invasão militar americana, em 2003.

Quero relatar o clamor de um grande pastor, mons. Basile Casmoussa, arcebispo dos sírios católicos de Mossoul, que deplorava durante o Sínodo especial dos bispos consagrado ao Oriente Médio, em outubro de 2010, "a acusação injusta contra os cristãos de serem tropas alugadas ou conduzidas por e para o Ocidente que se diz cristão e assim considerados como um corpo parasita na nação". Prosseguindo seu discurso, acrescentou: "Presentes e ativos aqui, bem antes do Islã, os cristãos se sentem indesejados em sua própria terra, que se torna cada vez mais um Dar el-Islã, uma casa do Islã. Eis o cristão oriental em país do Islã condenado seja à desaparição, seja ao exílio. O que se passa hoje no Iraque nos faz pensar no que se passou na Turquia durante a Primeira Guerra Mundial. É aberrante!". Esses sofrimentos de nossos irmãos na fé nos ferem o coração e nos convidam à oração e à comunhão com as Igrejas do Oriente Médio, que são hoje, para retomar as palavras de santo Inácio de Antioquia, "o pasto das feras, fermento de Deus, moído pelo dente dos animais selvagens para se tornar o pão imaculado de Cristo". Sim, quero dizer com força que algumas potências ocidentais foram autoras, direta ou simbolicamente, de um crime contra a humanidade.

No dicastério que eu presidi durante alguns anos, *Cor unum*, favorecemos o diálogo, quanto nós podíamos, na medida em que a nossa ajuda era dirigida a todos os homens, sem distinção de raça, nem de religião; as dificuldades materiais, as guerras, as fomes, as secas e os tremores de terra podiam atingir todo ser humano, seja ele cristão, mulçumano, budista, animista ou ateu. Eu examinava os projetos que visavam ajudar mulçumanos com os mesmos olhos para os pedidos dirigidos por cristãos. Por exemplo, a Fundação João Paulo II para o Sahel ajuda majoritariamente países cuja população é massivamente mulçumana. Nosso modelo é simplesmente Deus; Ele é o Pai e Ele se ocupa de todos os seus filhos.

É preciso crer no diálogo sempre pensando no exemplo mesmo de Deus. Nosso Pai nunca se cansa de dialogar conosco, de vir a nós apesar de nossas infidelidades tantas vezes repetidas. Ele vem ainda e sempre. Igualmente, apesar das dificuldades muitas vezes crucificadoras, devemos cem vezes retomar no trabalho o diálogo com nossos irmãos que confessam uma outra crença. Mas, sem conversão pessoal, sem verdadeira união com Deus, a aproximação com as outras religiões é nula.

Em nosso projeto de diálogo inter-religioso, podemos correr muitos perigos. A ideologia pós-moderna, hoje onipresente, é fundamentalmente branda, fluida, indeterminada e, por isso mesmo, acolhedora de todas as "verdades" desvitalizadas... É necessário, portanto, que não percamos de vista que o diálogo não tem sentido e legitimidade a não ser em razão de uma relação mais original com a verdade procurada e com o bem objetivo, a saber, a dignidade das pessoas que se manifesta precisamente nesta busca da verdade. Sobre Deus não há verdades incongruentes entre elas. Não há senão uma verdade que deve ser procurada, alcançada e proclamada: é Jesus Cristo.

O segundo perigo é aquele de um sincretismo falsamente feliz, que se origina precisamente de nossa falta de fé em Deus. Se estivermos sinceramente na mão de Deus, poderemos ser otimistas pelo ecumenismo; se este não avança suficientemente, é porque nosso pecado é ainda grande e nossa fé, muito tépida. A divisão dos cristãos permanece como um grande escândalo. Devemos ser um só corpo para que o mundo possa crer.

Sempre houve relações pacíficas entre as diferentes religiões na Guiné?

Efetivamente, até na vida cotidiana, temos uma longa tradição de diálogo inter-religioso. As religiões sempre viveram pacificamente umas com as outras. Os mulçumanos são majoritários, mas respeitam os cristãos. Nós nos estimulamos reciprocamente na fidelidade à oração, à verdade e à profundidade de nossa prática religiosa; é importante que nos amemos, que marchemos juntamente na luz da verdade, como diz são João em sua terceira carta dirigida a Gaio.

Trata-se de uma chance que me marcou fortemente. Pessoalmente, eu fui muito atingido pela profundidade das práticas mulçumanas em meu país. Em todo lugar, quando chega a hora da oração, os mulçumanos param e rezam. É o sinal maior de que eles amam um Deus que faz parte de suas vidas. O Islã da Guiné é espiritual, ligado a práticas bastante comoventes. Não temo em dizer que o Islã de meu país é uma religião fraterna e pacífica. As possibilidades de conversão existem, e os novos batizados não são obrigados a se esconder, como em outros países. Globalmente, esta aproximação religiosa é também a de toda a África Ocidental.

Como definir a natureza de Cor unum, *dicastério ao qual consagrou muitos anos de sua vida, em sua luta contra todas as misérias? Além disso, porque o senhor fala frequentemente da relação estreita entre Deus e os pobres?*

O Evangelho não é um slogan. O mesmo vale para nossa ação de mitigar o sofrimento dos homens; não se trata de falar, de discorrer, mas de trabalhar humildemente, e de ter um respeito profundo pelos pobres. Por exemplo, lembro-me de me ter revoltado ouvindo a fórmula publicitária de um organismo caritativo católico, que não estava longe de ser um insulto aos pobres: "Batemo-nos por uma pobreza zero"... Nem um santo – e somente Deus conhece o grande número de santos da caridade que a Igreja gerou em dois mil anos – ousou falar assim da pobreza e dos pobres.

O próprio Jesus não teve pretensão alguma desse tipo. Esse slogan não respeita nem o Evangelho nem Cristo. Desde o Antigo Testamento, Deus está com os pobres; e as Sagradas Escrituras não cessam de ovacionar "os pobres de Javé". O pobre se sente dependente de Deus; esse elo constitui o fundamento de sua espiritualidade. O mundo não o favoreceu, mas toda sua esperança, sua única luz, está em Deus. A exortação do salmo 107 é particularmente significativa: "15 Que celebrem o Senhor pela sua fidelidade/ e pelos seus milagres em favor dos humanos. 9 Pois, ele dessedentou a garganta ávida/ e saciou plenamente o estômago faminto. 10 Alguns habitavam nas trevas e na sombra da morte,/ prisioneiros da miséria e dos ferros [...] 41 Mas protege o pobre da miséria/ e torna as famílias tão numerosas quanto rebanhos".

A pobreza é um valor bíblico confirmado por Cristo, que exclama com ênfase: "Felizes os pobres de espírito, porque deles é o Reino de Deus" (Mt 5,3). São Paulo diz igualmente que Jesus Cristo, "nosso Senhor, de rico que era, fez-se pobre, para vos enriquecer com a sua pobreza" (2Cor 8,9).

Sim, a pobreza é um valor cristão. O pobre é aquele que sabe que, por si mesmo, não pode viver. Necessita de Deus e dos outros para existir, para se desenvolver e crescer. *A contrario, [pelo contrário]*, os ricos nada esperam de alguém. Podem se prover em suas necessidades sem apelar nem aos seus próximos, nem a Deus. Nesse sentido, a riqueza pode levar a uma grande tristeza e a uma verdadeira solidão humana, ou a uma miséria espiritual terrível. Se um homem necessita, para comer e se cuidar, voltar-se para o outro, resulta disso uma grande dilatação do coração. Eis por que os pobres são os mais próximos de Deus e vivem uma grande solidariedade entre eles; haurem desta fonte divina a capacidade de serem atentos ao outro.

A Igreja não deve se bater pela pobreza, mas deve lutar contra a miséria, e notavelmente contra a miséria material e espiritual. É crucial se comprometer para que todos os homens tenham o mínimo para viver. Desde os primeiros tempos de sua história, a Igreja procura transformar os corações para recuar as fronteiras da miséria. *Gaudium et spes* nos convida para lutar contra a miséria, não contra a pobreza: "Pois o espírito de pobreza e de caridade são a glória e o testemunho da Igreja de Cristo".

Há uma distinção fundamental entre miséria e pobreza. Francisco, em sua mensagem anual para a quaresma de 2014, distingue a miséria moral, a miséria espiritual e a miséria material. Para o papa, a miséria espiritual é a mais grave porque o homem é apartado de sua fonte natural que é Deus. Ele escreve: "[...] a miséria espiritual nos atinge quando nos afastamos de Deus e recusamos o seu amor. Se julgamos não ter necessidade de Deus, que em Cristo nos dá a mão, porque nos consideramos autossuficientes, vamos a caminho da falência. O único que verdadeiramente salva e liberta é Deus". De seu lado, a miséria material conduz de fato a uma forma de vida infra-humana, fonte de grandes sofrimentos. No horizonte parece não mais existir.

Não temos, pois, o direito de confundir a miséria e a pobreza, porque entraremos em conflito gravemente com o Evangelho. Recordemos o que Cristo nos disse: "Pobres, vós os tendes sempre convosco, mas a mim não me tendes para sempre" (Jo 12,8). Aqueles que querem erradicar a pobreza fazem o Filho de Deus mentir. Eles estão no erro e na mentira.

O papa desposou aquela que são Francisco chamava de "la Madonna povertà" [a Senhora pobreza]. O *Poverello* de Assis recomendava a seus irmãos que vestissem hábitos pobres, que vivessem de seus trabalhos para assegurar a subsistência da comunidade, que jamais pedissem um salário como algo devido. Pedia-lhes que não se apropriassem de nada como bens materiais, mas que fossem em toda a parte "peregrinos e estrangeiros neste mundo, a serviço do Senhor na humildade". São Francisco de Assis quis ser pobre, porque Cristo escolheu a pobreza. Se ele chama a pobreza uma virtude régia, é porque ela reluziu com brilho na vida de Jesus, Rei dos reis e Senhor dos senhores, e na de sua mãe, Maria de Nazaré. Não esqueçamos o magnífico apelo do coração de nosso papa quando declarou diante dos jornalistas do mundo inteiro, em 16 de março de 2013, na aurora de seu pontificado: "Ah, como eu queria uma Igreja pobre e para os pobres!".

Igualmente, penso muitas vezes no voto de pobreza dos religiosos; nosso mundo ainda sabe que os homens e as mulheres que o pronunciam o fazem para estar o mais próximo possível de Cristo? O Filho quis ser pobre para nos mostrar o melhor caminho pelo qual podemos alcançar Deus. O programa "pobreza zero" liquida e elimina fisicamente os votos dos religiosos e dos sacerdotes... Sei que todos os sacerdotes não fazem forçosamente voto de pobreza absoluta. Mas creio firmemente, contemplando Cristo, que o sacerdócio é ligado à pobreza. O sacerdote é um homem de Deus, um homem de oração e de humildade, um contemplativo que busca ajudar seus irmãos a penetrar o mistério do amor de Deus. Ser sacerdote é comportar-se como Jesus, nada ter, nada desejar e não ser senão para Deus unicamente: "*Mihi vivere Christus est et mori lucrum*" (Para mim, viver é Cristo, e morrer representa um lucro) (Fl 1,21).

Como presidente do Conselho pontifício *Cor unum*, consagrei meus dias a lutar contra a miséria, em particular nas frentes mais dolorosas da humanidade. Tratava-se de um combate exigente para levar os primeiros socorros àqueles que nada têm, nem alimentos, nem roupas, nem remédios. Em minha oração, penso muitas vezes na miséria da solidão e naqueles que não têm consideração humana alguma.

A humanidade nunca foi tão rica como agora, mas ela atinge extremos de miséria moral e espiritual incríveis, por causa da pobreza de nossas relações interpessoais e da globalização da indiferença. Na luta contra a miséria, existe esta dimensão fundamental que consiste em devolver ao homem sua vocação de filho de Deus e a alegria de pertencer à família de Deus. Se nós não incluímos o aspecto religioso, caímos numa filantropia ou numa ação humanitária laica que esquece o Evangelho. Eis a distinção entre a caridade cristã e a ação das organizações civis; a diferença é Cristo!

O Filho de Deus ama os pobres; outros pretendem erradicá-los. Que utopia mentirosa, irrealista, quase tirânica! Fico deslumbrado e maravilhado quando *Gaudium et spes* declara: "Pois o espírito de pobreza e de caridade são a glória e o testemunho da Igreja de Cristo".

Devemos ser precisos na escolha das palavras. A linguagem da ONU e das suas agências, que querem suprimir a pobreza, que eles confundem com a miséria, não é aquela da Igreja de Cristo. O Filho de Deus não veio falar aos pobres com slogans ideológicos! A Igreja deve banir de sua linguagem os slogans. Porque eles brutalizaram e destruíram povos cuja consciência tentava permanecer livre.

O senhor não teme não ser compreendido utilizando-se desse tipo de distinção?

É falta contra a caridade fechar os olhos. É falta contra a caridade calar diante da confusão de palavras e de slogans!

Não se deve temer afirmar que o combate da Igreja para aliviar as angústias humanas é inseparável do Evangelho. Nossa luta assim será mais forte. Se alguém lê atentamente o texto latino da *Gaudium et spes*, notará imediatamente essa distinção. Então, serei tido por ingênuo? Posso certamente me enganar. Não é sempre fácil reconhecer um pobre de um escroque que dissimula sua riqueza sob seus trapos... Entretanto, se escuto verdadeiramente o ensinamento de Jesus, prefiro ser roubado a faltar com a caridade.

Lembro-me de uma história que vivi no início de meu ministério de bispo em Conakry. Uma mulher, originária da Costa do Marfim, veio me ver em minha residência para explicar que tinha sido vítima de um assalto. Estava bastante apressado porque devia preparar uma conferência, e eu me arrumava para viajar a Abidjan. Ela chorava porque sua missão consistia em comprar sarongues para levá-los ao seu país. Uma boa parte da soma do dinheiro pertencia a amigas que lhe tinham pedido que fizesse as mesmas compras para elas. Por não levar nada, temia ser suspeita de ter desviado o dinheiro para fins pessoais. Eu pedi à procuradoria episcopal que lhe desse uma soma que permitiria tranquilizá-la. No dia seguinte, encontrei no aeroporto essa mulher que tomava o avião como eu. Ela me tinha certificado que nada possuía; diante do que era evidente, ela me enganara. Mas, se eu não tivesse respondido aos seus choros, não respondia ao apelo de Cristo que nos pede que ajudemos aqueles que estão em angústia. Estava certo de ter agido segundo as palavras de são Paulo: "A caridade crê tudo, espera tudo, suporta tudo". Àquela mulher, cabia-lhe enfrentar a sua consciência. De fato, não é necessário que um discernimento sobre as intenções dos outros nos impeça de viver a caridade. No céu, seremos julgados pela caridade, como dizia são João da Cruz. Nunca esqueçamos as palavras do Evangelho de Mateus: "Em verdade eu vos declaro, cada vez que não fizestes a um desses mais pequenos, a mim também não o fizestes" (Mt 25,45).

Na América Latina, a Teologia da Libertação queria precisamente ajudar os mais pobres em sociedades muito desiguais. Como o senhor compreende esse movimento?

Ouvi falar da Teologia da Libertação quando ainda estava na África. No início de minhas leituras, achava interessante esta maneira de colocar os pobres no centro da atenção. Em meu país, e em outras regiões africanas, vivemos dramas econômicos semelhantes aos dos países latinos. Entretanto, na África estávamos mais numa pesquisa cultural, na medida em que queríamos compreender a melhor maneira de ligar nossa herança tradicional ao cristianismo. Por essa razão, a Teologia da Libertação não deixou de exercer alguma atração. Pessoalmente, quando compreendi as origens marxistas de alguns defensores dessa teologia, tomei imediatamente distância. Eu via demasiadamente em meu país as consequências da ideologia comunista. A teoria da luta de classes estava no centro da política de Sékou Touré. Essa visão funesta das realidades sociais estava na origem de muitas infelicidades da Guiné. Pretender ajudar aqueles que estão na miséria, sem promover a sua liberdade e a sua responsabilidade não era senão acentuar a aflição da população. Não via como a palavra luta podia tornar-se o centro da doutrina cristã.

A batalha da Igreja reside na conversão dos corações. Essa última só é possível se existir um terreno humano pronto a ser semeado pela graça de Deus. Finalmente, na África, a Teologia da Libertação teve um eco limitado. Eu diria mesmo que os desvios dessa teologia não correspondiam à alma africana.

Hoje, quais são as questões da nova evangelização?

Em sua exortação apostólica *Evangelii nuntiandi*, consagrada à evangelização no mundo moderno, Paulo VI quis abordar esse grande tema. Depois João Paulo II reanimou o elã necessário para a Igreja, com uma amplidão toda particular. Quando os povos da Europa do Leste acabavam de encontrar sua liberdade, ele quis dar ao mundo a encíclica *Redemptoris missio* a fim de fixar um horizonte exigente, em particular um apelo premente à conversão.

De fato, quando constatamos hoje as carências da fé, o eclipse do sentido de Deus e do homem, a falta de conhecimento real da doutrina de Jesus Cristo, os distanciamentos de alguns países em relação às suas raízes cristãs, e o que João Paulo II chamava de uma "apostasia silenciosa", é urgente pensar em uma nova evangelização. Esse movimento supõe que nós superemos o conhecimento teórico da Palavra de Deus; devemos retomar um contato pessoal com Jesus.

Importa dar às pessoas a ocasião de experiências íntimas de encontros com Cristo. Sem um coração a coração, é ilusório pensar que os homens sempre seguirão o Filho de Deus.

A importância dessa experiência pessoal remete à minha memória um apotegma dos Padres do deserto que profundamente marcou meus estudos bíblicos em Jerusalém. Traduzido do copta, exprime a importância da vida interior indispensável a toda existência cristã: "Um monge encontra outro e lhe pergunta: "Por que tantos abandonam a vida monástica? Por quê?". E o outro monge respondeu: "A vida monástica é como um cão que percebe uma lebre. Ele corre atrás da lebre latindo; muitos outros cães, ouvindo seu latido o alcançam e correm todos juntos atrás da lebre. Mas no fim de algum tempo, todos os cães que correm sem ver a lebre dizem: mas aonde é que nós vamos? Por que corremos? Eles se cansam, se perdem e param de correr, um depois do outro. Somente os cães que veem a lebre continuam a persegui-la até o fim, até que eles a apanhem". E a história conclui: apenas aqueles que têm os olhos fixados na pessoa de Cristo na Cruz perseveram até o fim...

Muitas circunstâncias e motivos profundos, ou nossos companheiros, podem nos ter animado ao seguimento de Jesus. Em seguida, vem o momento da maturidade, em que só a experiência pessoal de Cristo nos guia. Esse encontro pessoal é decisivo para o resto de nossa vida. São Paulo conheceu esse momento na estrada de Damasco, assim como santo Agostinho sob uma figueira em Cassiciacum. Assim, o primeiro podia dizer: "Para mim, viver é Cristo" (Fl 1,21). Acrescentava: "Vivo, mas não sou mais eu, é Cristo que vive em mim. Pois a minha vida presente na carne, vivo-a pela fé no Filho de Deus, que me amou e se entregou por mim" (Gl 2,20).

O Evangelho não é um caminho teórico; ele não poderia tornar-se uma espécie de escola reservada às elites. A Igreja é um caminho sensível para o Ressuscitado.

Sem esta união com Cristo, o fosso entre sua Palavra e os povos, particularmente nos países ocidentais, não poderá se desfazer. As novas leis partem de fundamentos antropológicos opostos aos ensinamentos de Jesus; são a manifestação exata de falhas ardentes que separam agora os homens de Cristo.

Considero que a imensa influência econômica, militar, técnica e midiática de um Ocidente sem Deus pode ser um desastre para o mundo. Se o Ocidente não se converter para Cristo, pode acabar por paganizar o mundo inteiro; a filosofia da incredulidade busca febrilmente adeptos em novas partes do globo. Nesse sentido, enfrentamos um ateísmo cada vez mais prosélito. A cultura paganizada quer absolutamente estender o domínio de sua luta contra Deus. Para organizar seu renascimento, os antigos países de velha tradição cristã necessitam se revigorar, entrando numa via de nova evangelização.

Quando penso nos missionários espiritanos de minha infância, não duvido de que se tratava de homens que tudo tinham dado. Para eles, apenas o conhecimento intelectual de Cristo não bastava. Estavam totalmente entregues nas mãos de Deus e se consideravam como simples instrumentos inábeis e insuficientes de seu Filho. Estavam certos de que a evangelização é essencialmente obra de Deus.

O Pai age e quer nos comprometer de maneira que nossas atividades, nossos cuidados e nossas fadigas missionárias sejam teândricas, por assim dizer, feitas por Deus, com nosso compromisso e envolvimento absoluto de todo nosso ser.

Na verdade, quando nos comprometemos com a nova evangelização, trata-se sempre de uma cooperação com Deus. São Paulo não diz outra coisa: "É Deus que realiza em vós o querer e o fazer segundo o seu desígnio benevolente" (Fl 2,13). A evangelização reside em nossa vontade e em nossa capacidade de estar junto com Deus, oferecendo-lhe generosamente nossa humilde colaboração. Ela está fundada na oração e na presença real de Deus em nós: "Assim, é o Senhor que difunde sobre toda a face da terra seu Evangelho para que, cada um na medida de suas capacidades, todos os crentes possam aí beber", afirma santo Agostinho em suas *Confissões*.

Bento XVI estabelece uma relação estreita entre o amor e a fé em toda obra missionária. Na abertura da assembleia geral ordinária do Sínodo dos bispos sobre a nova evangelização, comentando o hino de *Tertia*, unia "*confessio*" e "*caritas*". A "*confessio*" compromete nosso ser, nosso coração, nossa boca e nossa inteligência. Mas a "*confessio*" não é algo puramente abstrato e intelectual. Assim podia afirmar: "São Bernardo de Claraval disse-nos que Deus, na sua revelação, na história de salvação, deu aos nossos sentidos a possibilidade de ver, de tocar, de saborear a revelação. Deus já não é só uma coisa espiritual: entrou no mundo pelos sentidos e os nossos sentidos devem estar cheios desse sabor, desta beleza da Palavra de Deus, que é realidade. "Vigor": é a força vital do nosso ser e também o vigor jurídico de uma realidade. Com toda a nossa vitalidade e força, devemos ser penetrados pela "confessio", que deve realmente "personare"; a melodia de Deus deve entoar o nosso ser na sua totalidade". Assim, "*confessio*" e "*caritas*" constituem os dois pilares da nova evangelização.

Na situação atual, uma questão queima nossos lábios. Como redescobrir a fé? Com todo vigor, são João proclama solenemente: "O que era desde o princípio, o que ouvimos, o que vimos com nossos olhos, o que contemplamos e nossas mãos tocaram do Verbo da vida, nos vos anunciamos" (1Jo 1,1). Não podemos falar de Cristo com conceitos intelectuais; é necessária uma experiência espiritual e "física" ao mesmo tempo. Claramente, o catecismo para as crianças ou a teologia para os seminaristas constituem períodos de aprendizagem fundamentais. Assim, para preparar a nova evangelização, João Paulo II quis a redação de um Catecismo da Igreja Católica, cuja direção foi confiada a Joseph Ratzinger. A doutrina inteira da Igreja se encontra nesse texto. E temos a ardente obrigação, nas palavras de santo Atanásio, de "estudar a tradição antiga, a doutrina e a fé da Igreja católica. O Senhor a deu, os apóstolos a anunciaram, os Padres a aguardaram. É nela, com efeito, que a Igreja foi fundada e, se alguém se afasta dela, não pode mais ser cristão nem levar o nome". Mas a consolidação da fé passa inicialmente pelo coração, o encontro e a experiência pessoais perto de Jesus. Diariamente, devemos escolher uma vez mais Cristo como nosso guia, nossa luz e nossa esperança. O batismo pede uma forma de atualização cotidiana. Não temo lembrar que o combate espiritual é inicialmente uma guerra contra o mal que está em nós.

Nessa luta, penso que os bispos tenham um papel primordial; estou perfeitamente de acordo com o papa Francisco quando ele pede aos sucessores dos apóstolos que estejam na vanguarda da evangelização. O Santo Padre considera, com razão, que Roma não deve substituir os bispos por um número de motivos. Eles têm sempre uma tríplice responsabilidade na obra da nova evangelização: santificar, governar e ensinar. Por exemplo, houve um tempo em que os meios de comunicação eram muito lentos; Roma estava bem longe, e os bispos deviam avançar sem temor, assumindo seus riscos. Numa época em que o martírio incomodava o simples cotidiano dos cristãos, não esqueçamos que são Paulo pedia a Timóteo que proclamasse a Palavra a tempo e a contratempo (2Tm 4,2)... Pensemos igualmente em santo Agostinho que ensinava todos os dias!

Meu Deus, que Francisco tenha razão de denunciar os bispos de aeroporto! As congregações missionárias deveriam refletir sobre os riscos aos quais elas expõem seus jovens membros, obrigando-os a voar como borboletas de um país a outro. Esses jovens poderiam instalar-se na superficialidade e no turismo, não tendo raiz alguma, incapazes de se ligarem verdadeiramente a alguma comunidade cristã. Eles acumulam experiências, mas não poderiam ser pastores de algum rebanho.

O senhor parece muito crítico, talvez mesmo um pouco duro, diante da evolução da antiga Europa cristã?

Eu sei que o mundo ocidental está atravessado por aspirações que não são todas más. Nunca ousarei desmentir João Paulo II quando procurava motivos para esperar, pedras de toque, no mundo que é o nosso. Depois de Bento XVI, estou convencido de que uma das tarefas mais importantes da Igreja é redescobrir para o Ocidente o rosto radiante de Jesus. A Europa não deve se esquecer de que sua cultura é inteiramente marcada pelo cristianismo e pelo perfume do Evangelho. Se o velho continente se destaca definitivamente de suas raízes, temo que resulte disso uma grande crise de toda humanidade, da qual vejo de longe em longe alguns sinais. Quem não pode deplorar as leis sobre o aborto, a eutanásia, as novas leis sobre o casamento e a família?

Não me esqueço de que, se recebi com minha família o conhecimento de Cristo, foi graças a missionários franceses. Meus pais e eu cremos graças à Europa. Minha avó foi batizada por um padre francês quando ela deixava este mundo. Nunca teria saído de meu vilarejo se os espiritanos não tivessem falado de Cristo aos pobres habitantes dali. Para nós, africanos, como compreender que os europeus não creem mais naquilo que nos tinham dado com tanta alegria, nas piores condições? Permitam-me que repita: sem os missionários vindos da França, talvez eu nunca tivesse conhecido Deus. Como esquecer tal herança sublime que os ocidentais parecem abandonar sob uma triste poeira?

Eu não sou o único crítico a respeito do Ocidente. Alexandre Soljenitsyne tinha palavras severas para aqueles que perverteram o sentido da liberdade e estabeleceram a mentira como regra de vida. Em 1980, em seu livro *L'Erreur de l'Occident*[7] , escrevia: "O mundo ocidental chega a um momento decisivo. Ele vai jogar fora nos próximos anos a existência da civilização que criou. Penso que não está consciente disso. O tempo corroeu a sua noção de liberdade. Guardaram a palavra e fabricaram uma outra noção. Esqueceram o sentido da liberdade. Quando a Europa a conquistou, por volta do século XVIII, era uma noção sagrada. A liberdade surgia em virtude e heroísmo. Isso esqueceram. Esta liberdade que, para nós, é ainda uma chama que ilumina nossa noite, tornou-se uma realidade atrofiada e, às vezes, decepcionante porque cheia de enfeites, de riqueza e de vazio. Por esse fantasma da antiga liberdade não são mais capazes de fazer sacrifícios, nem compromissos. [...] No fundo, pensam que a liberdade foi adquirida uma vez por todas, e é por isso que podem pagar o luxo de desprezá-la. Estão comprometidos numa batalha formidável e se comportam como se tratasse de um jogo de ping-pong". Esse homem que conheceu a repressão dos gulags da ex-URSS pode manter tal linguagem. Sabe por experiência o que é a verdadeira liberdade.

Hoje, na Europa, existem poderes financeiros e midiáticos que procuram impedir que os católicos se utilizem da própria liberdade. Na França, a "Manif pour tous" (LMPT) dá um exemplo de iniciativas necessárias. Foi uma manifestação do gênio do cristianismo.

A Igreja sempre se reforma: Ecclesia semper reformanda, *diz o adágio. Mas o que devemos entender por reforma? A reforma é necessariamente um progresso, ou antes, uma esperança?*

A reforma é uma necessidade permanente. Somos a Igreja una, santa, católica e apostólica. São Paulo chamava todos os batizados "os santos". Se lermos verdadeiramente o Evangelho, constataremos que uma palavra volta constantemente: "Convertei-vos e crede no Evangelho!". É também o primeiro apelo de Jesus no Evangelho de Marcos. A reforma é, pois, esse trabalho interior que cada um deve realizar, no plano pessoal como eclesial, para responder sempre melhor ao que Cristo espera de nós. Não se trata unicamente de reorganizar as estruturas. Porque as organizações podem ser perfeitas, mas se as pessoas que as fazem funcionar são más, o trabalho será vão e ilusório. Devemos sempre caminhar em sintonia com Cristo. A Igreja se reforma quando os batizados caminham mais resolutamente para a santidade, deixando-se recriar à semelhança de Deus pelo poder do Espírito Santo. Somente o contágio da santidade pode transformar a Igreja pelo interior. Desde os primeiros tempos do cristianismo, houve sempre um apelo à reforma, concebido como uma maior proximidade de Deus. A reforma é uma maneira de corresponder ao absoluto da vocação cristã. Cristo nos dá precisamente os meios para essa reforma, mediante sua Palavra e a oração, que representa o núcleo duro de toda regeneração; o Evangelho nos dá a vida e a graça de Deus. Os sacramentos são meios de cura, de reforma e de renovação constantes.

A nostalgia e a procura de Deus nunca foram tão lancinantes, porque nosso tempo atravessa uma crise moral sem precedente. Ao mesmo tempo, as forças que querem repelir Deus são tão poderosas que a Igreja sofre em responder à busca dos homens. O grande desafio reside nesta sede inextinguível do além.

Penso muitas vezes nos gregos que vieram a Jerusalém e diziam a Filipe: "Queremos ver Jesus". De fato, o mundo não mudou; nossos contemporâneos esperam sempre cristãos que lhes mostrem Cristo. Também os batizados devem viver alegremente sua fé. Os tempos de grandes tumultos para a Igreja são justamente aqueles em que os cristãos vivem de maneira contrária aos princípios do Evangelho. Não creio estar longe da verdade ao dizer que os clérigos como os leigos necessitam hoje de conversão. Sei que muitos não vivem a mensagem evangélica. Eis por que a reforma mais ambiciosa é a que conduz a Igreja a ser mais fortemente determinada em seu caminho para a santidade e seu anúncio da Boa Nova. As súplicas do mundo, embora frágeis para superar os falsos valores materialistas e ideológicos, são ocasiões que a Igreja não deve deixar passar. Mediante elas, os homens voltam seus olhares para Deus. Neste mundo sobrecarregado, em que não existe tempo nem para a família, nem para si mesmo, ainda menos para Deus, a verdadeira reforma consiste em reencontrar o sentido da oração, do silêncio, da eternidade.

A oração é a maior necessidade do mundo atual; ela permanece sendo o instrumento para reformar o mundo. Em um século que não ora mais, o tempo está quase abolido, e a vida se transforma numa corrida louca. Eis por que a oração dá ao homem a medida de si mesmo e do invisível. Gostaria que pudéssemos não esquecer o caminho que Bento XVI decidiu tomar para a Igreja no dia de sua renúncia à sede de Pedro. Escolheu uma via exclusivamente dedicada à oração, à contemplação e à escuta de Deus. É a estrada mais importante porque ela acolhe o sentido da glória de Deus. Finalmente, o projeto de Francisco para reformar a Cúria Romana consiste em repô-la face a face com Deus...

Exatamente, como o senhor define o que Francisco quer para o governo da Igreja?

O quadro institucional de toda reforma interior é importante. Se as estruturas tornam-se obstáculos à evangelização e à missão da Igreja, não é necessário fingir que se procura em outro lugar; penso que tocamos assim o cerne da reforma governamental querida com coragem por Francisco. Era evidente que alguns aspectos da vida da Cúria Romana deviam ser o objeto de uma verdadeira reflexão.

Abordamos muitas vezes esses pontos nas discussões que precederam a entrada em conclave, em março de 2013. Pessoalmente, penso que é necessário sublinhar que os membros da Cúria não são altos funcionários; são leigos, sacerdotes, bispos e cardeais que não devem esquecer sua vocação. Hoje, o difícil trabalho do papa consiste em purificar as estruturas. Mas o Santo Padre quer principalmente devolver uma maior dinâmica interior aos que trabalham a seu lado. Assim, ele desejou que a Cúria realizasse, fora de Roma e longe das atividades cotidianas, um longo retiro espiritual durante a Quaresma, em 2014.

Em outro plano, penso que a reforma prevista se situa em nossa relação com o poder, com o dinheiro e com a riqueza. Sobre esse ponto, há um grande trabalho que se estende além da Cúria Romana; toda a Igreja infelizmente está em causa com o problema do carreirismo, esta busca desenfreada pelo poder, pelos privilégios, honras, reconhecimentos sociais e pelo poder político e financeiro. Somente uma conversão verdadeira permitirá superar esses defeitos, que não são novos.

O verdadeiro poder na Igreja é essencialmente um serviço humilde e alegre na imitação de Cristo que "veio não para ser servido, mas para servir, e dar sua vida em resgate pela multidão" (Mt 20,28). Se ignorarmos a pobreza de Cristo, esquecendo que nos lembrou de que não podemos servir a dois senhores, Deus e o Dinheiro, não haverá nenhuma reforma possível. Novamente, a única solução reside na oração para que os pastores se coloquem diante de Cristo e de sua vocação; nesse sentido, não devemos deixar que a languidez do cansaço substitua as promessas de nossa ordenação sacerdotal ou de nossa profissão religiosa.

Desde as origens da Igreja, a oração está muitas vezes unida ao jejum; nosso corpo deve estar totalmente implicado na busca de Deus no silêncio da oração. Seria uma falácia pôr Deus em primeiro lugar na nossa vida se também o nosso corpo não estiver realmente envolvido. Se, por amor de Deus, não somos capazes de recusar a esse corpo não somente alimentos, mas também alguns prazeres e necessidades biológicas fundamentais, faltar-nos-á uma disposição interior. É por isso que desde o início da tradição cristã, a castidade, a virgindade, o celibato consagrado e o jejum tornaram-se expressões indispensáveis do primado de Deus e da fé nEle.

A respeito dessa relação do corpo e da sexualidade, não esqueço que alguns membros do clero, mundialmente, foram acusados de verdadeiros crimes. A Santa Sé foi objeto de campanhas de imprensa de uma violência inaudita, como se velhos inimigos, sempre prontos a matar, procurassem tirar partido de uma situação de grande fragilidade. Mas tenho perfeitamente consciência dos atos abomináveis que foram cometidos por sacerdotes.

O abandono da sexualidade faz parte das promessas do sacerdote, exceto nas Igrejas Orientais em que a ordenação de homens casados é possível, embora a tradição mais antiga parecesse manter a abstinência como uma regra. Compreendemos então que a reforma compromete todo o homem, compreendida sua corporeidade. Os espiritanos que conheci possuíam um real domínio de seus corpos, fruto de uma formação sólida e de um real contato com Deus que preenchia o coração.

Quando retomo os meus anos de seminário, lembro-me de um grande número de regras que nos ajudavam a dominar nossos instintos. Por exemplo, era formalmente proibido comer por pouco que fosse algo fora das refeições. Para os superiores, aquele que não podia respeitar a estrita regra alimentar não tinha vocação; com efeito, ele não era capaz de dominar uma de suas necessidades naturais. Essa disciplina do corpo era essencial no discernimento dos futuros sacerdotes. Nunca me esqueci de que era absolutamente proibido ir ao dormitório fora das horas previstas pelo regulamento. Todos os nossos dias eram pensados em função de uma disciplina do espírito e do corpo. Tal ascese era compreendida como um caminho de santificação e de imitação de Jesus.

Todos os seminaristas tinham vontade de progredir na santidade. Tinham necessariamente um diretor espiritual que podia ajudá-los em cada instante para enfrentar uma situação de crise. Na vida, somos como cipós na floresta. Na África, um cipó é uma haste flexível incapaz de se levantar sozinha. Ela rasteja no solo até que encontre uma árvore robusta. Então ela se prende a esse suporte e escala até o cimo. Porque ela também quer ver o sol. Dá-se o mesmo conosco. Se não encontramos uma árvore sólida, cujas raízes são alimentadas por Deus, para nos fazer subir ao céu, não há nenhuma chance de ver a luz. Lembremo-nos igualmente desse provérbio *mooré*: "O cipó do deserto, que não encontra a árvore a que se enrolar, enrola-se em Deus".

No deserto e em certos momentos de nossa existência, não podemos contar senão com Deus.

Certamente, não ignoro que um lobo pode sempre se introduzir num redil. Em minha formação, tive a sorte de aprender dos professores e dos sacerdotes que nos transformavam por seus exemplos e nos conduziam diariamente a Cristo.

Uma das razões da crise moral encontra, sem dúvida alguma, sua origem na revolução sexual hedonista dos anos 1970. Diante dessa "libertação" dos corpos, orientada para as pulsões, com a recusa de todo obstáculo, e diante da erotização de seções inteiras da sociedade, a Igreja não se esforçou por formar mais profundamente seus ministros. O início da reforma deve se concentrar nas escolas católicas e nos seminários.

Sei que meu propósito é firme; não quero ferir ninguém, muito menos julgar quem quer que seja, mas como negar que a reforma querida por Francisco é urgente?

5
AS PEDRAS ANGULARES E OS FALSOS VALORES

"Pois: Forte como a morte é o amor; / inflexível como o sheol é o ciúme; / Suas chamas são chamas ardentes:/ Um raio sagrado./ As grandes águas não conseguiriam apagar o amor/ e os rios não submergiriam."

Cântico dos Cânticos 8,6

NICOLAS DIAT: Como entender a relação autêntica entre cristianismo e moral? Bento XVI considerava que não se deviam confundir os dois, com o risco de deformar suas naturezas. O senhor subscreve essa análise?

CARDEAL ROBERT SARAH: Sim, em *Deus caritas est*, Bento XVI escreve que na origem do fato de ser cristão não existe uma decisão ética, uma ideia filosófica ou moral, mas o encontro com um acontecimento, uma Pessoa. Esse homem que vem em nossa direção, Cristo, dá à vida um novo horizonte e por isso mesmo sua orientação decisiva.

Bento XVI retomava assim uma ideia do teólogo Romano Guardini, para quem o cristianismo não é o produto de uma experiência intelectual, mas um acontecimento que, do exterior, vem a meu encontro. O cristianismo vivo é a irrupção de Alguém em minha vida. Esse movimento implica também a historicidade do cristianismo, repousando sobre fatos e não sobre uma percepção das profundidades de meu próprio mundo interior.

Tomando como exemplo os mistérios da Encarnação e da Trindade, Romano Guardini escreve acertadamente que não é apelando à nossa inteligência que descobriremos as três pessoas divinas.

"Nós vemos, diz são João Crisóstomo em suas *Homilias* sobre são Mateus, que Jesus provém de nós e de nossa substância humana, e que ele nasceu de uma mãe Virgem. Mas não compreendemos como esse prodígio pôde se realizar. Não nos fatiguemos em tentar descobri-lo, mas aceitemos antes com humildade o que Deus nos revelou, sem perscrutar com curiosidade o que Deus nos tem escondido."

Para muitas culturas, o cristianismo é escândalo e loucura: "Os judeus pedem sinais e os gregos procuram a sabedoria; nós, porém, pregamos um Messias crucificado, escândalo para os judeus e loucura para os pagãos" (1Cor 1,22-23). Essa frase do apóstolo Paulo mostra a que ponto nossa religião se apega essencialmente a uma pessoa que vem a nós para fazer um apelo ao nosso coração e lhe dar uma nova orientação, desconcertando toda nossa apreensão do mundo.

Se o cristianismo não se reduz a uma moral, tem, entretanto, consequências morais; o amor e a fé dão à vida do homem uma orientação, uma profundidade e uma nova amplidão. O homem abandona as trevas de sua vida passada. Sua vida é esclarecida pela luz, que é Cristo. Ele vive da vida de Cristo. Não pode mais caminhar senão em companhia de Jesus, que é luz, verdade e vida. Depois de seu encontro com Jesus, um verdadeiro cristão muda de comportamento.

Igualmente, uma sociedade impregnada de espírito cristão avança com uma ambição nova, sem comparação alguma com os preceitos de uma sociedade pagã. Desse ponto de vista, gosto muito da Carta a Diogneto: "Os cristãos [...] estão na carne, mas não vivem segundo a carne. Passam sua vida na terra, mas são cidadãos do céu. Obedecem às leis estabelecidas, e sua maneira de viver é mais perfeita que as leis, porque seguem fielmente Jesus Cristo que é o caminho, a verdade e a vida".

Sim, o cristianismo se resume a uma pessoa que vem revelar e oferecer seu amor: "Deus, com efeito, amou tanto o mundo que deu seu Filho, o seu único, para que todo homem que nEle crê não perece, mas tenha vida eterna" (Jo 3,16). Não se trata certamente de "moralismo", mas de "moral". O primeiro preceito moral não é o amor a Deus e ao próximo? A plenitude da Lei, diz são Paulo, é o amor (Rm 13,10).

O amor constitui o ser mesmo de Deus: "Vês a Trindade quando vês a caridade", escrevia santo Agostinho. Se nós o descobrimos, nosso comportamento será diferente em relação ao bem e ao mal. Em algumas épocas da Igreja, houve uma forma de fixação higienista sobre as questões morais. Esse desvio não podia produzir bons frutos porque colocava na sombra o caráter verdadeiro da Revelação, irrupção radical de Deus.

A Igreja foi muitas vezes posta de lado, em razão de um moralismo estreito que alguns clérigos promoveram. Quantos fiéis tiveram o sentimento de que não eram compreendidos, que eram algumas vezes rejeitados? Quando Cristo entra em uma vida, ele a desestabiliza, a transforma completamente. Ele lhe dá uma nova orientação e referências éticas novas; o batismo é uma ruptura em forma de aliança, e não um pacto moral! O comportamento moral autêntico é o reflexo dAquele que acolhi em meu coração, e que se definiu por seu amor, sua perfeição, sua santidade e sua bondade.

Com razão, o papa Francisco recusa dar um lugar invasivo às questões morais, sem, entretanto, minimizá-las. Considera que o encontro mais importante é com Cristo e seu Evangelho; o Santo Padre age como Bento XVI, que queria distinguir a moral da essência do cristianismo. Em sua visita ao mosteiro de Santa Catarina do Monte Sinai, em fevereiro de 2000, João Paulo II explicava que o caminho indicado pela Lei divina não é um regulamento de polícia moral, mas o pensamento de Deus. A Lei de Deus promulgada por Moisés encerra os grandes princípios, as condições imperiosas da sobrevivência espiritual dos homens. Todos os interditos que ela contém são uma proteção que impede o homem de cair no precipício do mal e no fosso do pecado e da morte.

Uma vida esclarecida pelo amor de Deus não tem necessidade de se pôr ao abrigo de barreiras moralizadoras que são muitas vezes a expressão de medos não declarados. A moral é fundamentalmente uma consequência da fé cristã.

Como a Igreja pode ultrapassar as montanhas de incompreensão que se levantaram depois da encíclica Humanae vitae *de Paulo VI, publicada em 1968? A oposição entre a moral cristã e os valores dominantes das sociedades ocidentais é ainda transponível?*

É importante situar esse antagonismo no contexto da secularização e da descristianização: o afastamento de setores inteiros da sociedade moderna em relação ao ensinamento moral da Igreja juntamente com a ignorância e a rejeição de sua doutrina ou de sua herança cultural. Há um conjunto complexo que devemos ter em conta, uma indiferença diante de Deus que excede o simples problema das regras morais. Penso que os sacerdotes e os bispos devem expandir tesouros de pedagogia, tendo o cuidado de não se refugiar em apresentações dogmáticas demasiado sábias, para que se compreenda que as questões sexuais não resumem a mensagem da Igreja; hoje, o modelo de Francisco deveria grandemente ajudá-los.

Por isso, a Igreja deve permanecer vigilante diante do desregramento dos valores, que leva à confusão entre o bem e o mal; em nossas sociedades relativistas, o bem se torna o que agrada e convém ao indivíduo. Desde quando incompreendido ou desprezado, o ensinamento moral da Igreja é rejeitado como a emanação de um falso bem. As mídias contribuem muitas vezes em desacreditar voluntariamente a posição da Igreja, em falseá-la ou ficam silenciosas. O discurso dominante procura sem cessar apresentar a ideia de uma Igreja atrasada e medieval – como ignoram a Idade Média! – que recusaria se adaptar à evolução do mundo, hostil às descobertas científicas e engelhada nos velhos ideais. Diante dessas torrentes de lama, é preciso estar firme e lúcido, não ser ingênuo, ser irrepreensível, orar e permanecer em união com Deus.

Como não agradecer a Paulo VI pela sua coragem com a encíclica *Humanae vitae*? Esse texto foi profético ao desenvolver uma moral que possa defender a vida. Apesar das múltiplas pressões no seio da mesma Igreja, o papa via se delinear o horizonte funesto do que João Paulo II nomeou "a cultura da morte". Não esqueço as violentas críticas das quais foi objeto, ao recusar abdicar dos princípios elementares da vida. Em seguida, João Paulo II prodigalizou um ensinamento muito rico sobre o corpo humano e a sexualidade. Apesar do respeito do qual era objeto, particularmente depois de suas intervenções decisivas para libertar os povos da Europa do Leste do jugo da ditadura comunista, quantas críticas acerbas não se levantaram contra sua visão da moral? Ele compreendera que a Igreja não devia dar-se por vencida. Com sua firmeza, obedecia a Jesus que disse a Pedro: "E tu, quando tiveres voltado, confirma os teus irmãos" (Lc 22,32).

Creio que a história dará razão à Igreja, porque a defesa da vida é a da humanidade. Hoje, tantas organizações e grupos professam a libertação da mulher para que ela seja senhora de seu corpo e de seu destino... De fato, explora-se o corpo da mulher e utiliza-se em numerosas circunstâncias, muitas vezes para fins comerciais e publicitários, por ser apenas uma simples mercadoria e um objeto de prazer. Em uma sociedade supererotizada, que pretende fazer crer que o homem não se realiza plenamente senão por uma "sexualidade aberta", parece-me que a dignidade da mulher conhece grandes retrocessos. O Ocidente é o continente que mais vergonhosamente humilha e despreza a mulher, desnudando-a publicamente e utilizando-a para fins comerciais hedonistas.

Mas é louvável que muitas mulheres possam acessar uma educação superior. Igualmente, o direito de votar foi-lhe dado demasiado tarde na Europa. É importante também que a mulher possa exercer um trabalho compatível com a maternidade.

No entanto, o Ocidente se engana em suas ilusões quando acredita que o liberalismo moral permite um progresso da civilização; como pretender que a pornografia de livre acesso, mediante os novos meios de comunicação, e sua visão abjeta da sexualidade – no entanto santa em si – difundindo-se em toda a sociedade, inclusive entre os mais jovens, seja exemplo de um mundo avançado? Como compreender que as grandes agências da ONU, que dizem lutar pelos direitos do homem, não se batam vigorosamente contra a poderosa indústria do sexo da Europa e dos Estados Unidos? Todas essas trevas são a expressão de um mundo que vive longe de Cristo. Sem o Filho de Deus, o homem está perdido e a humanidade não tem mais futuro.

Hoje, a Igreja deve combater contra a corrente, com coragem e esperança, sem temor de levantar a voz para denunciar os hipócritas, os manipuladores e os falsos profetas. Em dois mil anos, a Igreja afrontou muitos ventos contrários, mas no fim dos caminhos mais áridos, conquistou-se sempre a vitória.

AS PEDRAS ANGULARES E OS FALSOS VALORES

O senhor considera, portanto, que o mundo se deixa hipnotizar pelo modelo ocidental?

Com o risco de chocar, penso que o colonialismo ocidental prossegue hoje, na África e na Ásia, com mais vigor e perversão, com a imposição violenta de uma falsa moral e de valores mentirosos. Não nego que a civilização europeia pôde trazer grandes benefícios, em particular com seus missionários que foram frequentemente grandes santos. Ela propagou em toda a parte a palavra dos Evangelhos, assim como as belas expressões culturais forjadas pelo cristianismo.

É com razão que Bento XVI sublinha, em seus últimos votos para a Cúria, que "a identidade europeia se manifesta no casamento e na família. O casamento monogâmico, a estrutura fundamental da relação entre esposa e esposo, assim como a família concebida como célula de formação para a comunidade social, é o que foi modelado a partir da fé bíblica". Pelo contrário, existem tentativas repetidas para implantar uma nova cultura que nega a herança cristã.

No que diz respeito ao meu continente de origem, quero denunciar com força uma vontade de impor falsos valores ao se utilizar argumentos políticos e financeiros. Em alguns países africanos, os ministérios dedicados à teoria de gênero receberam em troca apoios econômicos! Alguns governos africanos, felizmente minoritários, já cederam às pressões em favor de um acesso universal aos direitos sexuais e reprodutivos. Constatamos com grande sofrimento que a saúde reprodutiva tornou-se uma "norma" política mundial, contendo o que o Ocidente tem de mais perverso a oferecer ao resto do mundo em busca de um desenvolvimento integral. Como chefes de Estado ocidentais podem exercer tal pressão sobre seus homólogos de países muitas vezes frágeis? A ideologia de gênero tornou-se a condição perversa para a cooperação e o desenvolvimento.

No Ocidente, pessoas homossexuais reclamam que sua vida comum seja juridicamente reconhecida, para ser assimilada ao casamento; ecoando suas reivindicações, organizações exercem fortes pressões para que esse modelo seja reconhecido também pelos governos africanos sob o título do respeito dos direitos humanos. Nesse caso preciso, esquecemos, em minha opinião, a história moral da humanidade. Em outros casos, pude constatar a existência de programas internacionais que impõem o aborto e a esterilização das mulheres.

Essas políticas são tão hediondas que a maior parte das populações africanas está sem defesa, à mercê de ideólogos ocidentais fanáticos. Os pobres pedem um pouco de ajuda, e homens são suficientemente cruéis para envenenar seus espíritos. A África e a Ásia devem absolutamente proteger sua cultura e seus valores. As agências internacionais não têm direito algum de praticar esse novo colonialismo malthusiano e brutal. Por ignorância ou cumplicidade, os governos africanos e asiáticos seriam culpáveis de deixar que seus povos fossem eutanasiados. A humanidade perderia muito se esses continentes caíssem no grande magma indistinto da globalização, voltado para um ideal desumano que é realmente uma horrenda barbárie oligárquica.

A Santa Sé deve desempenhar seu papel. Não podemos aceitar a propaganda e os grupos de pressão dos lobbies LGBT – lésbicas, gays, bissexuais e transgêneros. O processo é tanto mais inquietante quanto rápido e recente. Por que esta vontade desenfreada de impor a teoria de gênero? Uma visão antropológica desconhecida há alguns anos, fruto de um pensamento estranho de alguns sociólogos e escritores, como Michel Foucault, tornar-se-ia o novo eldorado do mundo? Não é possível permanecer inerte diante de tal fraude, imoral e demoníaca.

O papa Francisco tem razão em criticar a ação do demônio que obra para minar os fundamentos da civilização cristã. Por trás da nova visão prometeica da África ou da Ásia, existe a marca do diabo.

Os primeiros inimigos das pessoas homossexuais são os lobbies LGBT. É um grave erro reduzir um indivíduo aos seus comportamentos, notadamente os sexuais. A natureza acaba sempre por se vingar.

O senhor pensa que o combate de João Paulo II contra essa "cultura de morte" é também atual?

No início dos anos 1990, o papa, ao ver os povos da Europa do Leste mergulhar pouco a pouco na opressão do materialismo e do relativismo moral, mais ardiloso ainda que a ideologia soviética, lançou uma grande luta. João Paulo II compreendera que as novas violações da vida tornavam-se um verdadeiro sistema social, um escravagismo servil. Creio que a ideologia malthusiana é também poderosa; sua ideia permanece e seu programa de ação é promover políticas contranatalistas em muitos países pobres. Igualmente, as estatísticas internacionais sobre o aborto são assustadoras. No mundo, em 2014, uma gravidez entre quatro foi interrompida voluntariamente. Isto representa um pouco mais de quarenta milhões de abortos em um só ano. Essa cifra é tanto mais impressionante que o direito ao aborto, isto é, a permissão legal de matar um bebê inocente permanece felizmente muito limitada em três quartas partes dos países.

No sínodo extraordinário sobre a família, em outubro de 2014, mons. Paul Bui Van Doc, arcebispo da Cidade de Ho Chi Minh (antes Saigon), nos explicou que o caso mais dramático no mundo era o do Vietnã. Com efeito, esse país pratica 1.600.000 abortos por ano, dos quais 300.000 são de jovens de quinze a dezenove anos. Trata-se de uma verdadeira catástrofe para o país.

Na França, 220.000 interrupções voluntárias de gestação são praticadas todo ano, a saber, um aborto a cada três nascimentos.

Há uma guerra declarada contra a vida, com meios financeiros gigantescos. Como conceber que tantas crianças sem defesa sejam eliminadas no seio de suas mães sob o pretexto de um direito da mulher à liberdade de seu corpo? A dignidade da mulher é um grande e nobre combate, mas ele não passa pelo assassinato de crianças a nascer. João Paulo II compreendera que generosas intenções escondiam um verdadeiro programa de luta contra a vida. Na África, quando vejo as somas astronômicas que são prometidas pela Fundação Bill e Melinda Gates, que visam aumentar exponencialmente o acesso à contracepção às jovens solteiras e às mulheres, abrindo assim a via para o aborto, não posso senão me insurgir diante de uma vontade de morte.

Quais são as motivações escondidas dessas campanhas de grande amplidão que resultarão em dezenas de milhares de mortes? Haveria um planejamento bem estudado para eliminar os pobres na África e alhures? Deus e a história nos dirão um dia.

Hoje, a eutanásia se tornou o novo combate ideológico da pós-modernidade ocidental. Quando uma pessoa parece ter acabado seu percurso nesta terra, algumas organizações, sob o pretexto de aliviar seu sofrimento, consideram que mais vale dar-lhe a morte. Na Bélgica, esse direito, que não é um, acaba de ser estendido aos menores! Pretextando ajudar uma criança que sofre, é possível dar-lhe friamente a morte. Os mantenedores da eutanásia querem ignorar que os cuidados paliativos estão hoje perfeitamente adaptados para aqueles que não têm mais esperança de cura; a morte glacial e brutal tornou-se a única resposta. A eutanásia é a marca mais arguta de uma sociedade sem Deus, infra-humana, que perdeu a esperança. Fico estupefato quando vejo a que ponto aqueles que propagam essa cultura se protegem na boa consciência, tendo aparências fáceis de heróis de uma humanidade nova. Por uma espécie de estranha inversão dos papéis, os homens que lutam pela vida tornam-se monstros a abater, bárbaros de outro tempo que recusam o progresso. Com ajuda das mídias, os lobos se fazem acreditar que são generosos cordeiros ao lado dos mais frágeis! Mas o plano dos promotores do aborto, da eutanásia, de todas as violações da dignidade do homem é ainda mais perigoso.

Se não saímos da cultura de morte, a humanidade corre para sua ruína. Nesse início do terceiro milênio, a destruição da vida não é mais um fato de barbárie, mas um progresso da civilização; a lei toma o pretexto de um direito à liberdade individual para dar ao homem a possibilidade de matar seu próximo. O mundo poderia tornar-se o verdadeiro inferno. Não se trata mais de uma decadência, mas de uma ditadura do horror, de um genocídio programado do qual são culpadas as potências ocidentais. Esta obstinação contra a vida representa uma nova etapa, determinante, na obstinação contra o plano de Deus. Entretanto, em todas as minhas viagens, constato um despertar das consciências. Os jovens cristãos da América do Norte se movem progressivamente para frente a fim de repelir a cultura de morte. Deus não adormeceu, Ele está verdadeiramente com aqueles que defendem a vida!

O senhor pensa que João Paulo II foi um profeta?

Os santos são todos profetas. Eles nos transmitem fielmente a visão, a vontade, o amor e a esperança de Deus pelo homem. Esse papa extraordinário está hoje inscrito entre os santos da Igreja. Mas penso que não cessamos de compreender a que ponto ele foi um visionário. A maneira pela qual João Paulo II estabeleceu como prioridade de seu pontificado a sacralidade e a inviolabilidade da vida abre um imenso caminho, além de sua presença entre nós. Não fez senão lembrar a santa lei de Deus: "Tu não matarás"; ao mesmo tempo, a grandeza simples de suas palavras, seu poder de convicção foram liberadores para aqueles que viam as trevas avançarem.

A exclamação "Não tenhais medo" é o mais belo prolongamento do qual Paulo VI podia sonhar, ele que tanto sofreu dos críticos que irromperam como uma torrente de ódio, após sua encíclica *Humanae vitae*. João Paulo II não usava de objeções melosas com os mantenedores de um humanismo anticristão. Ele pretendia lançar sementes que permitiriam dar nascimento a uma nova cultura. Esse papa teve uma percepção mais arguta dos problemas que tinha vivido em sua carne, as violações aos direitos mais fundamentais. Por meio das ditaduras nazistas e comunistas, possuía um conhecimento pessoal do verdadeiro combate pela liberdade humana. Eis por que não podia aceitar que os mantenedores da cultura de morte se escondessem atrás de biombos de uma falsa promoção dos direitos do homem para avançar seus planos destruidores. Em 1995, na *Evangelium vitae*, escrevia: "Chega assim a uma viragem de trágicas consequências, um longo processo histórico, o qual, depois de ter descoberto o conceito de "direitos humanos" – como direitos inerentes a cada pessoa e anteriores a qualquer constituição e legislação dos Estados –, incorre hoje numa estranha contradição: precisamente numa época em que se proclamam solenemente os direitos invioláveis da pessoa e se afirma publicamente o valor da vida, o próprio direito à vida é praticamente negado e espezinhado, particularmente nos momentos mais emblemáticos da existência, como são o nascer e o morrer" (18).

João Paulo II quis denunciar a esquizofrenia de nosso mundo que mascara situações abomináveis com bons sentimentos. Ele sabia que a época veria se multiplicar os falsos profetas, os estrategistas do mal e os adivinhos de um futuro sem esperança; mas Karol Wojtyla não procurava ser um herói, porque era simplesmente um mensageiro de Deus. Na França, as manifestações de grande amplidão que se multiplicaram para protestar contra a instituição de um casamento mentiroso entre pessoas do mesmo sexo são também uma resposta ao apelo lançado por João Paulo II, no aeroporto de Bourget, em 1º de junho de 1980, na ocasião de sua primeira viagem a este país França: "Hoje, na capital da história da vossa nação, queria repetir estas palavras que constituem o vosso título de nobreza: Filha primogênita da Igreja. [...]Não existe senão um problema, aquele da nossa fidelidade à aliança com a sabedoria eterna, que é fonte de verdadeira cultura, isto é, do crescimento do homem, e o da fidelidade às promessas do nosso batismo no nome do Pai, e do Filho e do Espírito Santo! E agora, para concluir, permiti-me que vos interrogue: França, Filha primogênita da Igreja, és tu fiel às promessas do teu batismo? Permiti-me perguntar-vos: França, Filha da Igreja e educadora dos povos, tu és fiel, para o bem do homem, à aliança com a sabedoria eterna? Perdoai-me estas perguntas. Coloquei-as como faz o ministro no momento do batismo. Se as fiz, foi por solicitude para com a Igreja da qual sou o primeiro sacerdote e o primeiro servo, e por amor do homem, cuja grandeza definitiva está em Deus, Pai, Filho e Espírito Santo" (8). O papa que veio da Polônia despertou o espírito revolucionário dos santos que percorreram toda história da França.

Em muitos discursos, e neste livro, o senhor denuncia explicitamente a teoria de gênero. Por que esta repetida insistência?

A filosofia africana afirma: "O homem nada é sem a mulher, a mulher nada é sem o homem, e os dois nada são sem um terceiro elemento que é o filho". Fundamentalmente, a visão africana do homem é trinitária. Existe em cada um de nós algo divino; Deus, uno e trino, nos habita e impregna todo nosso ser.

Segundo a ideologia de gênero, não existe diferença ontológica entre o homem e a mulher. As identidades masculina e feminina não estariam inscritas na natureza; tratar-se ia do resultado de uma construção social, um papel que desempenham os indivíduos mediante tarefas e funções sociais. Para os teóricos, o gênero é performativo, e as diferenças homem-mulher não são senão opressões normativas, estereótipos culturais e construções sociais que é necessário cancelar a fim de chegar à igualdade entre o homem e a mulher. A ideia de uma identidade construída nega de fato de maneira irrealista a importância do corpo sexuado. Um homem não se torna nunca uma mulher, e esta não se torna nunca um homem, quaisquer que sejam as mutilações que um ou outro pode aceitar sofrer. Dizer que a sexualidade humana não dependeria mais da identidade do homem e da mulher, mas das orientações sexuais, como a homossexualidade, é um totalitarismo onírico.

Não vejo futuro possível para tal fraude. Minha preocupação é mais sobre a forma como os Estados e as organizações internacionais tentam impor por todos os meios, frequentemente em marcha forçada, a filosofia desconstrutivista chamada de *gênero*. Se a sexualidade é unicamente uma construção social e cultural, nós pomos em causa a maneira pela qual a humanidade se reproduz desde as suas origens. Realmente, é quase difícil tomar a sério uma visão tão descomedida. Se os pesquisadores se prestam a propósitos fantasiosos e perigosos, liberdade para eles; mas nunca aceitarei que essas teorias sejam impostas diretamente ou insidiosamente a populações sem defesa. Como querer que uma pequena criança, ou que um jovem adolescente dos campos africanos remotos possa se defender diante de tais especulações mentirosas?

Uma coisa é respeitar verdadeiramente as pessoas homossexuais, que têm direito a um autêntico respeito, e outra coisa é promover a homossexualidade como um modelo social.

Essa maneira de conceber as relações humanas é de fato uma violação das pessoas homossexuais, vítimas de ideólogos indiferentes à sua sorte. Deve-se certamente ter cuidado de que os homossexuais não sejam objetos de ataques, muitas vezes vergonhosos e insidiosos. No entanto, creio ser absurdo querer estabelecer essa sexualidade como ideologia progressista. Constato uma vontade de algumas estruturas influentes em fazer da homossexualidade a pedra angular de uma nova ética mundial. Todo projeto ideológico extremista leva em si seu próprio fracasso;

eventualmente, eu temo que as pessoas homossexuais sejam as primeiras vítimas de tais excessos políticos.

A cultura africana atribui à família uma grande importância. Como esse modelo pode interessar à Igreja e ao resto do mundo?

A família africana é inicialmente construída em volta de uma vida comum. Para muitos, o dinheiro possui um lugar secundário. Minha família era pobre, mas éramos felizes e unidos. Na Guiné, a família permanece como a primeira célula da sociedade, o lugar em que aprendemos a ser atenciosos com os outros e a servi-los sem ostentação. Creio que a Europa e o Ocidente devem reencontrar o sentido da família, observando as tradições que a África jamais abandonou. Em meu continente, a família constitui o crisol dos valores que irrigam toda cultura, o lugar da transmissão dos costumes, da sabedoria e dos princípios morais, o berço do amor gratuito. Sem a família, não existe mais nem sociedade, nem Igreja. Na família, os pais transmitem a fé. É a família que põe os fundamentos sobre os quais estruturamos o edifício de nossa existência. A família é a pequena igreja em que nós começamos a encontrar Deus, a amá-lo e a tecer as relações pessoais com Ele.

Meu pai me ensinou a amar muito a Virgem Maria. Eu o revejo ainda pôr-se de joelhos, na areia de Ourous, para rezar o ângelus, diariamente, ao meio-dia e à tarde. Jamais esqueci esses momentos em que fechava os olhos para agradecer a Maria. Imitava e recitava minhas orações para a mãe de Jesus, a seu lado.

Os pais são os primeiros educadores do homem. Na família, o homem pode aprender a viver e a manifestar a presença de Deus. Se Cristo constitui o elo de uma família, então esta terá uma solidez indestrutível. Na África, existe um lugar importante reservado aos anciãos; o respeito devido às pessoas idosas é uma das pedras angulares da sociedade africana. Penso que o homem europeu não percebe como os povos da África ficam chocados com o pouco caso que é reservado aos anciãos nos países ocidentais. Essa maneira de esconder a velhice, de mantê-la à parte, é o sinal de um egoísmo preocupante, de uma ausência de coração, ou para melhor dizer, de um endurecimento. Certamente, as pessoas idosas têm todo o conforto e os cuidados físicos necessários. Mas falta-lhes o calor, a proximidade e a afeição humana de seus próximos, muito ocupados com suas obrigações profissionais, seu lazer e suas férias.

De fato, a família é um espaço em que o homem aprende a estar a serviço da sociedade. Na África, a família jamais esteve fechada em si mesma, ela tem lugar no amplo tecido social. A etnia e a aldeia são geralmente o prolongamento natural da família; a etnia traz a cultura, protege e transmite as tradições mais antigas. "É necessária toda uma aldeia para educar uma criança", diz um provérbio africano. Cada um recebe e, num mesmo movimento, participa da sobrevivência do grupo; eu falo de sobrevivência, porque nada é fácil. Certamente, não ignoro que esse sentimento de pertença pode ser objeto de graves perversões, particularmente quando as etnias caem na lógica do orgulho, do ódio e do desprezo dos outros.

No entanto, nada substitui a família na qual podemos compreender a profundidade do dom e do amor. Aprendi de meus pais a dar. Tínhamos o hábito de receber, o que imprimiu em mim a importância da acolhida e da gratuidade. Para meus pais, e todos habitantes de minha aldeia, o fato de receber os outros implicava que nós procurássemos torná-los felizes. A harmonia familiar pode ser o reflexo da harmonia do céu. Eis o verdadeiro tesouro da África!

Outras regiões do mundo estariam em grave perigo se viessem a perder essa "fonte do dom". Desde novembro de 1981, em sua exortação apostólica *Familiaris consortio*, João Paulo II sentiu a urgente necessidade de escrever que "a situação em que se encontra a família apresenta aspectos positivos e aspectos negativos: sinal, naqueles, da salvação de Cristo operante no mundo; sinal, nesses, da recusa que o homem faz ao amor de Deus. Por um lado, de fato, existe uma consciência mais viva da liberdade pessoal e uma maior atenção à qualidade das relações interpessoais no matrimônio, à promoção da dignidade da mulher, à procriação responsável, à educação dos filhos; há, além disso, a consciência da necessidade de que se desenvolvam relações entre as famílias por uma ajuda recíproca espiritual e material, a descoberta de novo da missão eclesial própria da família e da sua responsabilidade na construção de uma sociedade mais justa. Por outro lado, contudo, não faltam sinais de degradação preocupante de alguns valores fundamentais: uma errada concepção teórica e prática da independência dos cônjuges entre si; as graves ambiguidades acerca da relação de autoridade entre pais e filhos; as dificuldades concretas, que a família muitas vezes experimenta na transmissão dos valores; o número crescente dos divórcios; a praga do aborto; o recurso cada vez mais frequente à esterilização; a instauração de uma verdadeira e própria mentalidade contraceptiva" (6).

Sei que a família africana tem ainda um magnífico horizonte que se abre a ela. Gostaria de não duvidar que tais promessas existem também para as famílias europeias, americanas, asiáticas e oceânicas. O combate pela perenidade das raízes da humanidade é talvez o maior desafio que nosso mundo conheceu desde suas origens.

6
QUESTÕES DO MUNDO PÓS-MODERNO

"Não se compreende absolutamente nada da civilização moderna, se não se admite inicialmente que ela é uma conspiração universal contra toda vida interior."

George Bernanos, *La France contre les robots*

NICOLAS DIAT: Um certo número de pensadores considera que a Igreja deve agora enfrentar a conjunção dos dois desafios representados pelo ateísmo da filosofia das Luzes e pelo liberalismo moral fruto da revolução social dos anos 1960. Como o senhor julga o que o filósofo Alberto Methol Ferré, amigo do papa Francisco, chamava de ateísmo libertino?

CARDEAL ROBERT SARAH: Hoje, o Ocidente vive como se Deus não existisse. Como países de antigas tradições cristãs e espirituais puderam se apartar de suas raízes a esse ponto? As consequências aparecem de tal modo dramáticas, que é indispensável compreender a origem do fenômeno.

O Ocidente decidiu distanciar-se em relação à fé cristã sob a influência dos filósofos das Luzes e das correntes políticas que surgiram deles. Se existem comunidades cristãs sempre vivas e missionárias, a maior parte das populações ocidentais não vê mais em Jesus senão uma forma de ideia, e não um acontecimento, e ainda menos uma pessoa que os apóstolos e numerosas testemunhas do Evangelho encontraram, amaram e à qual eles consagraram toda a sua vida.

O afastamento de Deus não é o fato de um raciocínio, mas de uma vontade de se desligar dEle. A orientação ateia de uma vida é quase sempre uma opção da vontade. O homem não quer mais refletir sobre sua relação com Deus, porque ele entende tornar-se Deus. Seu modelo é Prometeu, o personagem mitológico da raça dos Titãs que roubou o fogo sagrado para comunicá-lo aos homens; o indivíduo assumiu uma lógica de apropriação de Deus e não mais de adoração. Antes do movimento dito das "Luzes", se o homem pretendeu tomar o lugar de Deus, de ser seu igual, ou de eliminá-lo, tratava-se de fenômenos individuais minoritários.

O ateísmo encontra sua origem principal no individualismo exacerbado do homem europeu. O indivíduo-rei, que aspira sempre mais a uma forma de autonomia ou de independência absoluta, tende para o esquecimento de Deus. No plano moral, essa busca da liberdade absoluta implica progressivamente uma rejeição sem distinção de regras e princípios éticos. O universo individualista torna-se unicamente centrado sobre a pessoa, que não admite mais nenhum constrangimento. Desde então, Deus é considerado como aquele que cria obstáculos para aprisionar nossa vontade, impondo-lhe leis; Deus se torna o inimigo da autonomia e da liberdade. Ao se querer totalmente livre, o homem recusa o que considera como um constrangimento e caminha até repelir toda forma de dependência em relação a Deus. Rejeita a autoridade de Deus, que, entretanto, nos criou livres a fim de que, pelo exercício racional de nossa liberdade, pudéssemos superar nossos impulsos selvagens e dominar tudo o que há de instintivo em nós, assumindo plenamente a responsabilidade de nossa existência e de nosso crescimento.

O ateísmo representa assim uma vontade de ignorar a razão que nos relacionaria a nosso Criador, luz verdadeira que deveria nos iluminar, nos orientar e nos mostrar os caminhos da vida. Nessa lógica, alguns filósofos não falam mais de Deus como de um Pai, mas como um grande arquiteto do universo.

A rejeição a Deus tem lugar no movimento de conquista científica e técnica que marca a Europa no final do século XVIII. O homem entende dominar a natureza e tomar sua independência. A técnica lhe dá impressão de ser o mestre do mundo. Ele se torna, portanto, o único regente de um espaço sem Deus. A ciência não deveria, no entanto, afastar o homem de Deus. Pelo contrário, ela deveria aproximar o homem do amor divino.

Certamente o grande mistério do mal pode impelir algumas pessoas à dúvida e ao ateísmo. Com efeito, se Deus é nosso Pai, como pode permitir que tantas pessoas inocentes sofram? É supérfluo insistir sobre a quantidade insondável de males dos quais a humanidade é afligida. Na África, nós temos infelizmente pago um pesado tributo às guerras, às fomes e às epidemias. No *Cor unum*, testemunhei tantos sofrimentos que tentamos aliviar com meios derrisórios em relação à amplidão das necessidades.

Não poderei jamais esquecer o trabalho que realizamos no Haiti. Como Deus pôde permitir que povos já tão pobres, desprovidos de tudo, pudessem sofrer infelicidade sobre infelicidade, tal foi o gigantesco tremor de terra de 2010, seguido de inundações e de epidemias? Como poderia apagar de minha memória os campos de refugiados da Jordânia e o rosto de tantas mulheres que perderam seus maridos, suas casas, seus bens? Elas deviam cuidar sempre mais de seus filhos e de seus equilíbrios afetivos tão maltratados.

E a questão do mal, que atravessa as eras permanece o mesmo: como Deus pode aceitar que provas e sofrimentos tão horríveis sejam impostos a inocentes? A esse propósito, gosto de citar Albert Camus. Como filósofo, procurava certezas razoáveis para viver. Via na fé um "salto no irracional" que desvia o espírito da realidade, com o qual o homem nega sua razão, sua "consciência lúcida". Mas o que tornava ainda mais firme a posição do pensador em seu ateísmo era a existência do mal que ele não alcançava, seguindo as Luzes, associar à onipotência e à sabedoria divinas. Não sabia aceitar "o paradoxo de um Deus onipotente e malfeitor, ou beneficente e estéril", como descreve em *L'Homme révolté*[8]. Como crer em Deus quando crianças inocentes sofrem?

Entretanto, ignoramos como provocamos a maior quantidade de males desta terra. Quantas guerras e chacinas poderiam ser evitadas? Frequentemente, os países ocidentais que se orgulham de títulos de artífices e de promotores da paz, são os primeiros produtores ou os mais importantes traficantes de armas de destruição massiva. Com uma hipocrisia cínica, eles as vendem aos pobres e as trocam por seus recursos minerais ou petrolíferos. O mundo está hoje invadido de ódio, de violência e de barbárie, e tantos inocentes pagam um pesado tributo por causa daqueles que detêm o poder.

Observem o caos e o desastre no Iraque, na Síria, na Líbia, na Palestina, em Israel, no Egito, no Afeganistão, na República Democrática do Congo, no Mali... Angola conheceu durante trinta anos uma situação semelhante. Mas, em vastas regiões do mundo, o sofrimento não fez perder a fé. Pelo contrário, Deus é uma luz que permite aos homens que nada mais têm continuar a esperar. Vejo ainda os rostos pacíficos e a voz serena dos filipinos que me confiavam em 2013: "O tufão Haiyan tudo arrasou, tudo destruiu em sua passagem, exceto nossa fé que permanece firmemente plantada como um rochedo no meio de um mar agitado!".

As afirmações de Nietzsche, em *A Gaia Ciência*, resumem o problema do ateísmo que acabo de descrever. Ele põe em cena um insensato que, em pleno dia, com uma lanterna na mão, percorre a cidade gritando: "Procuro Deus! Onde está Deus?... Já lhes direi! Nós o matamos, vocês e eu. Somos todos assassinos! Mas como fizemos isso? Como conseguimos beber inteiramente o mar? Quem nos deu a esponja para apagar o horizonte? Que fizemos nós, ao desatar a Terra do seu Sol? Para onde se move ela agora... Como vagamos como que através de um nada infinito? Não sentimos na pele o sopro do vácuo? Não se tornou ele mais frio? Não anoitece eternamente? Não temos que acender lanternas de manhã? Não ouvimos o barulho dos coveiros a enterrar Deus? Não sentimos o cheiro da putrefação divina? Também os deuses apodrecem! Deus está morto! Deus continua morto! E nós o matamos!". Friedrich Nietzsche acaba seu relato escrevendo: "Conta-se também que no mesmo dia o homem louco irrompeu em várias igrejas, e em cada uma entoou o seu *Requiem aeternam Deo*. Levado para fora e interrogado, limitava-se a responder: "O que são ainda essas igrejas, senão os mausoléus e túmulos de Deus?"' (A Gaia Ciência, Tradução, Notas e Prefácio de Paulo César de Souza, 2ª reimpressão, São Paulo: Companhia das Letras, 2012. nº 125, pp. 137-138)

Desde que pretendemos ter celebrado os funerais de Deus, como se surpreender que o mundo sem a presença divina se tornou um inferno? A moral, o amor, a liberdade, a técnica e a ciência nada são sem Deus. O homem pode construir as mais belas obras, porém elas não passam de castelos de areia e quimeras instáveis se elas não se referem a Deus. Nietzsche tinha vinte anos quando escreveu seu poema ao Deus desconhecido: "Eu quero te conhecer, desconhecido, tu que estás nas profundezas de mim".

O senhor parece induzir em sua reflexão que a filosofia ateia seria por natureza militante e combativa?

DEUS OU NADA

Hoje nos países ricos e poderosos, o eclipse de Deus conduz o homem a um materialismo prático, um consumo desordenado ou abusivo e à criação de falsas normas morais. O bem material e a satisfação imediata tornam-se a única razão de viver. Ao fim desse procedimento, não se trata mais de combater Deus; Cristo e o Pai são ignorados. A causa está decidida: Deus não interessa mais a ninguém. Morreu e sua partida nos deixa indiferentes. Passamos de um materialismo ateu a uma *new age* líquida. Os mantenedores desse mundo não têm mais necessidade de combater; eles atingiram uma outra etapa que consiste essencialmente em criar o homem novo. Alguns pesquisadores falam de um "transumanismo", uma passagem tecnológica que iria "além" do homem ser humano. Que orgulhosa quimera!

Para a Igreja e os cristãos, o perigo torna-se ainda mais ameaçador. O homem ocidental parece ter tomado seu próprio partido; ele se libertou de Deus, vive sem Deus. A nova regra consiste em esquecer o céu para que o homem seja plenamente livre e autônomo. Mas a morte de Deus provoca o sepultamento do bem, do belo, do amor e da verdade; se a fonte não jorra mais, se esta água se transformou pela lama da indiferença, o homem desmorona. O bem se torna o mal, o belo é feio, o amor consiste na satisfação de alguns instintos sexuais primários, e as verdades são todas relativas. Não se deve surpreender, dizia Bento XVI em 2008, numa *Carta à Diocese de Roma*, que hoje nós duvidamos "do valor da pessoa humana, do próprio significado da verdade e do bem, em síntese, da bondade da vida".

O ateísmo moderno, herdeiro de um movimento agressivo contra Deus e o cristianismo, procura doravante ignorar Deus, para tornar o mundo ignorante dEle. As leis do Pai, a palavra do Evangelho foram escondidas sob montanhas de artifícios que procuram cinicamente confundir o homem. Com uma hipocrisia consumada, os mesmos que querem desviar o homem de seu Criador dizem orgulhosamente: Deus não escuta os nossos sofrimentos, está ausente, esta terra é um vale de lágrimas em que cada um não pode contar senão consigo mesmo...

Que seja militante ou ainda no estado de larva, o ateísmo sempre leva às mesmas consequências. O homem é tratado como um objeto, apartado de suas raízes espirituais e ofuscado pelas luzes artificiais dos bens ou dos sucessos materiais. Finalmente, todo ateísmo procura mudar a natureza mesma do homem. As perseguições não são mais as dos campos de concentração dos antigos países comunistas, estas prisões horríveis nas quais meu predecessor em Conakry, mons. Tchidimbo, fora isolado, torturado, humilhado, não tendo mesmo o direito de celebrar a missa durante os cinco primeiros anos de sua detenção. Daqui em diante, a perseguição ganhou sutileza.

No mundo pós-moderno, Deus se tornou uma hipótese supérflua, cada vez mais afastada das diferentes esferas da vida. Penso que os homens que querem guardar a presença de Deus em sua existência devem ser conscientes das sutilezas que podem conduzi-los tão facilmente ao ateísmo prático e à dessalinização da fé; poderiam tornar-se, eles também, como os pagãos de outrora, esses homens "sem esperança e sem Deus neste mundo", descritos por são Paulo para os cristãos de Éfeso (Ef 2,12). Hoje, podemos não ter consciência da maneira com a qual Deus é sistematicamente rejeitado na obscuridade; anestesiados, os homens sobem numa barca que sempre os conduz para mais longe do céu.

O melhor exemplo da desaparição dos combates frontais do passado permanece a Igreja ortodoxa russa. Depois de tantas violências, tantas destruições, ela ainda está no centro dos debates. Ao contrário do movimento de ateísmo insidioso que atingiu praticamente toda a Europa Ocidental, a ortodoxia permitiu à nação russa desmontar as armadilhas para ser hoje um país que deixa a Deus e à fé um belo lugar.

Diante de todas as dificuldades, é preciso voltar aos fundamentos da esperança cristã e afirmar que a vida nesta terra não é senão parte de nossa existência, que conhecerá seu prolongamento e seu término na eternidade. A tempo e a contratempo, a Igreja deve lembrar que a vida não pode se resumir na satisfação dos prazeres materiais, sem regras morais. No término de um caminho sem Deus, não há senão a infelicidade de uma criança privada de seus pais. Sim, a esperança reside somente em Deus!

Numa época em que o relativo é a regra, como a Igreja pode ainda fazer compreender os dogmas que constituem um dos seus fundamentos mais importantes?

O subjetivismo é um dos traços mais significativos de nosso tempo. O sentimento e o desejo pessoal constituem a única norma. Muitas vezes, o homem moderno considera os valores tradicionais como arqueologismos.

Desde as revoluções sociais dos anos 1960 e 1970, é habitual opor a liberdade individual e a autoridade. Nesse contexto, mesmo entre os fiéis pode parecer que a experiência pessoal se torna mais importante que as regras estabelecidas pela Igreja. Se o indivíduo é o centro de referência, cada um pode interpretar a palavra da Igreja à sua maneira, pondo-a de acordo com suas próprias ideias. Lamento que numerosos cristãos se deixem influenciar por esse individualismo ambiente; às vezes pode ser difícil para eles encontrar-se em sua casa no interior da Igreja, em sua forma tradicional, com seus dogmas, seu ensinamento, suas leis, suas exortações e seu magistério. Certamente, o distanciamento é mais importante para as questões morais.

Doravante, não é errado considerar que existe uma forma de recusa dos dogmas da Igreja, ou uma distância crescente entre os homens, os fiéis e os dogmas. Sobre a questão do matrimônio, existe um fosso entre um certo mundo e a Igreja. A questão torna-se, portanto, demasiado simples: o mundo deve mudar de atitude ou a Igreja sua fidelidade a

Deus? A distância entre essas duas realidades é defensável no tempo, com o risco de ver as incompreensões se aprofundar? Porque se os fiéis amam ainda a Igreja e o papa, sem praticar sua doutrina, nada mudando em suas vidas, mesmo depois de ter vindo a Roma para escutar o sucessor de Pedro e Paulo, como considerar o futuro?

Muitos fiéis se alegram quando ouvem falar da misericórdia divina, e esperam que a radicalidade do Evangelho poder-se-ia amainar até a favor daqueles que escolheram viver rompidos com o amor crucificado de Jesus. Eles não avaliam o preço pago por Ele na Cruz, que libertou cada um de nós do jugo do pecado e da morte. Julgam que por causa da infinita bondade do Senhor tudo é possível, mesmo com a decisão de nada mudar em suas vidas. Para muitos, é normal que Deus derrame sobre eles sua misericórdia embora permaneçam no pecado.

Ora, o pecado me aniquila: como será possível implantar energias divinas sobre o nada? Apesar dos múltiplos apelos de são Paulo, não imaginam que a luz e as trevas não podem coexistir: "Que diremos, pois? Será preciso permanecer no pecado para que a graça se torne abundante? Por certo que não! Visto que estamos mortos para o pecado, como viver ainda no pecado? Ou ignorais que nós todos, batizados em Jesus Cristo, é na sua morte que fomos batizados? [...] E então, vamos pecar porque não estamos mais sob a Lei, mas sob a graça? Não, decerto!" (Rm 6,1-3,15).

Tal confusão exige respostas rápidas. A Igreja não pode avançar mais como se a realidade não existisse; não é mais possível que ela se contente com entusiasmos efêmeros, que duram o tempo de grandes encontros ou de assembleias litúrgicas, por belas e ricas que elas sejam. Não poderemos durante muito tempo economizar uma reflexão prática sobre o subjetivismo enquanto raiz da maioria dos erros atuais. Para que serve saber que a conta twiter do papa é seguida por centenas de milhares de pessoas, se os homens não mudam em concreto suas vidas? Para que serve alinhar cifras maravilhosas de multidões que se apressam diante dos papas se não estamos certos de que as conversões são reais e profundas, e se ignoramos como Jesus e seu Evangelho são a referência e o guia de nossos fiéis? Assim sendo, as Jornadas mundiais da juventude permitiram belas e generosas respostas ao apelo de Deus.

Diante da onda do subjetivismo que parece levar o mundo, os homens da Igreja devem estar atentos em negar a realidade que se inebria de aparências e glória enganosas. Certamente, há acontecimentos que provocam retornos íntimos e verdadeiras conversões. Por exemplo, estou certo de que as exéquias de João Paulo II e as cerimônias de sua canonização, assim como a de João XXIII, animaram muito numerosos fiéis; a multidão imensa reunida ao redor do altar do Senhor pôde aprofundar a mensagem de Karol Wojtyla e o apelo universal à santidade suscitado pelo concílio Vaticano II que os dois papas encarnaram em suas vidas cotidianas. Para comprometer uma mudança radical da vida concreta, o ensinamento de Jesus e da Igreja deve atingir o coração do homem. Há dois milênios, os apóstolos seguiram Cristo. Abandonaram tudo e suas existências jamais foram as mesmas. Ainda hoje o caminho dos apóstolos é um modelo.

A Igreja deve reencontrar sua visão. Se o seu ensinamento não é compreendido, não deve ter medo de retomar cem vezes sua tarefa na obra. Não se trata de suavizar as exigências do Evangelho ou de mudar a doutrina de Jesus e dos apóstolos para se adaptar aos modismos passageiros, mas de repormos em causa a maneira como vivemos o Evangelho de Jesus e apresentamos o dogma.

A incompreensão parece atingir tal nível que a herança filosófica do cristianismo é negada. Por exemplo, poucos pensadores recordam-se da contribuição fundamental da Igreja para a construção do humanismo. Além disso, não assistimos doravante à emergência de um humanismo que não conhece mais Cristo?

Efetivamente, a religião cristã pôs o homem no centro de todas suas preocupações, contrariamente às crenças pagãs que a precederam. A esperança da salvação anunciada por Cristo se dirige à humanidade inteira. Mas é unicamente Cristo Jesus, o Homem Deus, que manifesta plenamente o homem a si mesmo e lhe descobre a sublimidade de sua vocação. E se é verdade que Cristo revela plenamente o homem, é também justo que se rejeitamos Cristo, ou se ofuscamos sua face, as consequências se manifestem ao cêntuplo na confusão do que é o homem.

O pecado macula o rosto do homem. Ora, Cristo não veio somente para salvar o homem, mas para reparar o que foi danificado pelo pecado, para extirpar do homem tudo aquilo que o desfigura, a fim de dar ao destino humano toda sua amplidão e seu acabamento.

Seguindo santo Irineu e santo Atanásio de Alexandria, santo Tomás de Aquino afirma que o Filho único de Deus assumiu nossa natureza a fim de divinizar os homens. Atanásio diz "para nos fazer Deus". *A contrario,* a filosofia das Luzes quis descristianizar o humanismo. Mas desde o momento em que Deus não é mais o Criador, o homem se anula. No Gênesis, diz-se que Deus tem um plano para o homem, ao qual esse deve ser fiel. Se o homem quer se libertar de Deus, perde sua estrutura trinitária e se desumaniza. O humanismo que quer ignorar Cristo esvazia-se de sua substância e torna-se simplesmente um materialismo.

O materialismo, ao preservar algumas raízes espirituais pobres, às vezes pode iludir. Mas nada tem mais em comum com o humanismo forjado pelo cristianismo, que situa no centro de todas as coisas o rosto do homem, reflexo único de Deus. Sem um verdadeiro humanismo fundamentado em Cristo, o homem não se compreende mais. Ele não pode nem sequer amar verdadeiramente, ou, se ele amar, amará com muito egoísmo e rigidez.

O homem, para se realizar plenamente, está ligado, quase ontologicamente, a Deus por Jesus Cristo. Existe em relação vital com Deus.

A impossibilidade de separar doravante o homem de Jesus, o Homem Deus, levava Paulo VI a dizer na conclusão do concílio Vaticano II: "O caminho para Deus passa pelo homem. A descoberta de Deus passa pela descoberta do homem. O serviço de Deus passa pelo serviço do homem".

Qual o significado da expressão "estrutura trinitária" do homem?

Como definir a Trindade? É um só Deus em três pessoas. O Filho é do Pai, e o Espírito é com o Pai e o Filho; ele é o *Vinculum caritatis* entre o Pai e o Filho, o elo de amor entre o Pai e o Filho. A Trindade é uma comunhão de conhecimento e de amor. Precisamente, o homem é um ser de relação. É impelido para Deus e para seu semelhante. Se o homem perde esta orientação, ele só tem que olhar para si mesmo ao infinito, num egocentrismo que pode tomar diferentes formas.

Fora de sua natureza trinitária, na qual realiza plenamente sua vocação de união a Deus, o homem se encerra em si mesmo. O outro se torna um problema e não mais um prolongamento de si. A consequência última do abandono da Trindade se produz quando o homem procura divinizar sua natureza própria, numa busca confusa e desesperada de si, longe de Jesus Cristo.

Santo Irineu, em seu *Traité contre les hérésies,* desenvolve uma antropologia cristã próxima da de são Paulo. Encontra-se ali como num espelho o desígnio divino, a fim de remodelar o homem à sua imagem. Para Irineu de Lyon, o homem foi modelado à semelhança divina pelo Espírito Santo: "Recebemos presentemente uma parte do Espírito que nos aperfeiçoa e nos prepara para a incorruptibilidade, e nos habitua pouco a pouco a receber Deus". E Cristo é arquétipo do homem novo. Assim Irineu pode escrever: "Pois a glória de Deus é o homem vivo, e a vida do homem é a visão de Deus. Com efeito, se a manifestação de Deus, através da criação, dá a vida a todos os seres da terra, muito mais a manifestação do Pai, por meio do Verbo, dá a vida a todos os que veem a Deus!".

Afastando-se de Deus Trindade, o homem esquece a verdadeira ordem das coisas, porque Deus se fez homem para que o homem se tornasse Deus. Realmente, a eliminação de Deus provoca uma grande violência. Sem o Pai, o homem se encontra exclusivamente limitado a pequenos negócios pessoais, que induzem à grande solidão. Sem Cristo, o homem torna-se um lobo para o homem, e não sabe mais amar como Jesus. Sem o Espírito, a inteligência do homem se contempla sempre mais e acaba por retroceder; com o Espírito, a razão espera e rejubila-se.

Bento XVI não cessou de apelar por um diálogo frutuoso entre a fides *e a* ratio, *a fé e a razão. Hoje, grande parte da reflexão filosófica parece se distanciar de toda transcendência. Como o senhor julga essa evolução?*

O encontro da filosofia grega e do cristianismo foi um momento único na história da humanidade. Esse diálogo tão poderoso, Deus o quis.

Como definir a filosofia? Penso que não se trata apenas do amor da sabedoria, mas de uma busca incessante da verdade, e de um conhecimento contemporâneo das causas profundas das coisas pela inteligência humana. Essa busca conheceu muitos obstáculos, e ela se fortaleceu verdadeiramente com Sócrates, para atingir um altíssimo nível com Platão e Aristóteles.

Ao encontrar a fé cristã, com santo Agostinho, santo Tomás de Aquino, e outros mais, a inteligência humana, moldada por pensadores não cristãos, vai amar não apenas a sabedoria natural, mas a sabedoria eterna, a sabedoria encarnada, Cristo, que declarou: "Eu sou a Verdade". Assim, a filosofia grega vai receber o batismo cristão e será purificada para se tornar na Igreja a serva da teologia.

DEUS OU NADA

Incontestavelmente, santo Tomás de Aquino foi o homem que deu sua vida para preparar esse encontro providencial. É ele que abençoará os consentimentos da união entre a sabedoria grega e a sabedoria eterna...

Ao fim de uma longa busca, bela, honesta e paciente, os filósofos gregos, como Aristóteles, compreenderam a essência da natureza, da matéria, da vida e do espírito. Apesar da perfeição do pensamento que pôde elaborar, com uma visão ordenada do universo e do homem, Aristóteles, que desempenhou um dos maiores papéis na história da reflexão filosófica, reconhecia seus limites. Na *Ética a Nicômaco*, está escrito: "Ó meus amigos... não existem amigos!". Essa confissão amarga poderia ser traduzida em outros termos: "Não existe comunhão!" É um reconhecimento doloroso de que a sede do homem jamais foi saciada somente pela inteligência humana. Sozinha, a filosofia é incapaz de conduzir o homem até seu fim definitivo, até o seu encontro com a verdade eterna, ainda que "as perfeições invisíveis..., que existem desde a criação do mundo, são visíveis em suas obras, para a inteligência" (Rm 1,20).

A ideia de uma criação "a partir do nada" não se esboça no espírito de Aristóteles. Assim, a sabedoria grega nos adiantou bem perto da verdade. No entanto, em sua mais alta expressão, ela fica longe de conceber um Deus que se humilharia para se ocupar do homem. Seu pensamento continua sem compreender os fundamentos da pessoa humana. Essa ignorância explica a incapacidade de perceber a igualdade radical de todos os homens, e de conhecer a graça inefável da adoção filial divina que é sobrenatural. Nós nos tornamos irmãos não por natureza, mas pela graça de Deus. A sabedoria grega não pode explicar o mal, nem o sofrimento, nem a redenção, nem a esperança. Mas esta sede de amizade divina permanece, entretanto, uma maravilhosa espera e uma preparação para Revelação, para o *logos*.

Enquanto muitos textos aristotélicos pareciam se afastar frontalmente da doutrina cristã, e apesar de todas as lacunas da sabedoria grega, santo Tomás de Aquino tenta compreender Aristóteles para acolher seu pensamento com a vontade de melhorá-lo tendo em vista o ensinamento, porque a abordagem do filósofo lhe parece adotar o método correto de busca da verdade. Além disso, santo Tomás considerava esse método como um instrumento útil para o estudo da doutrina da fé. Ele não quis, como outros teólogos de sua época, rejeitar a sabedoria pagã por causa de suas carências ou de suas expressões filosóficas parcialmente errôneas, mas ele se serviu delas após tê-las purificado de seu sabor pagão...

Antes dele, são Basílio, em sua luta contra a cultura grega de seu tempo, se confrontou com uma tarefa semelhante. Em suas catequeses consagradas aos Padres da Igreja, Bento XVI evoca uma passagem do autor do *Traité du Saint-Espirit* em que ele se esforça por retomar uma apresentação que o profeta Amós lhe dá: "Amós respondeu a Amasiá: "Eu não era profeta, nem filho de profeta; era vaqueiro, cultivava sicômoros"" (Am 7,14). A tradução grega desse livro do profeta, a Setenta, dá a última expressão mais concreta da seguinte maneira: "Era um vaqueiro que parte os frutos do sicômoro". Essa tradução repousa sobre o fato de que os frutos do sicômoro devem ser partidos antes da colheita, e assim eles amadurecem ao fim de poucos dias. Em seu comentário, Basílio pressupõe essa prática, uma vez que escreve: "O sicômoro é uma árvore que dá muitos frutos. Eles não têm, entretanto, nenhum gosto a não ser que sejam partidos com cuidado e deixados a fluir seus sucos, pelo qual adquirem um bom gosto. O fluir do suco parece sugerir o processo de purificação, de transformação total, a transformação que não destrói a substância, mas que lhe dá a qualidade que lhe falta. Porque nós pensamos que o sicômoro é o símbolo para o conjunto dos pagãos: ele tem suco em abundância, mas é insípido. Isto provém da vida nos hábitos pagãos. Quando se chega a partir pelo *logos*, torna-se saboroso e útil". Assim, o *logos* deve partir nossas culturas e seus frutos, a fim de que o que não é comível seja purificado e se torne bom. Porque é o *logos* unicamente e seu Evangelho que podem conduzir nossas culturas às suas maturidades verdadeiras; o *logos* se serve de seus servidores, aqueles que tratam os sicômoros"⁹.

Esse texto simboliza de algum modo o papel do Evangelho no espaço da cultura e do pensamento filosófico. O Evangelho não está somente voltado para o indivíduo; ele irradia a cultura, acompanhando o crescimento e o desenvolvimento da pessoa, sua maneira de pensar, sua fecundidade para Deus e o mundo. O Evangelho é um "entalhe", uma purificação que conduz ao amadurecimento e à cura. É evidente que esse "entalhe" não é algo de um momento, mas de um encontro paciente entre o *logos* e a cultura.

Hoje, após encontros tão férteis, como o da Grécia antiga e do Evangelho, a sede da filosofia não foi mitigada. A filosofia, mesmo sem a Revelação, pode atingir a transcendência e chegar a Deus como causa criadora e final. Mas a recusa de Deus encerra novamente a filosofia num questionamento sobre a matéria unicamente. Jesus Cristo, o homem perfeito, engrandece toda busca sobre a natureza do homem. Por que querer a qualquer preço se comprometer em uma forma de regressão e recusar uma descoberta do homem? A filosofia contemporânea se interessa por ele de maneira muito superficial. Essa nova sabedoria não toca finalmente senão os fenômenos exteriores ao homem. Muitas vezes, trata-se mais de uma sociologia do que de uma filosofia! Não chegou o tempo de recolocar no seu lugar algumas ciências humanas?

Deixemos de lado a questão cultural para abordar a política no sentido amplo do termo. O senhor diria igualmente que a democracia é uma invenção do cristianismo?

Incontestavelmente, existe uma concepção cristã da igualdade entre os homens. Cristo concede igual dignidade a cada um; sua salvação não conhece barreira alguma. Somente Cristo garante o respeito e a proteção dos direitos fundamentais de toda pessoa humana. Somente Ele exige de todo homem e de toda mulher o dever de assegurar plenamente suas responsabilidades diante de sua consciência e da sociedade, para promover a justiça, a liberdade e o bem comum. Cristo põe no centro das sociedades o primado do amor fraterno e do serviço aos outros. Esses são alguns elementos que devem ser tidos em conta na constituição de uma verdadeira democracia.

Essa última não é exatamente o governo da maioria, mas a ela se assemelha. Uma maioria merece ainda esse nome quando esmaga, com a ajuda de leis opressivas, as minorias raciais, religiosas e políticas? Em *Deus caritas est,* Bento XVI lembrava que "a justa ordem da sociedade e do Estado é dever central da política. Um Estado, que não se regesse segundo a justiça, reduzir-se-ia a uma grande banda de ladrões, como disse Agostinho uma vez: '*Remota itaque iustitia quid sunt regna nisi magna latrocinia'?*" (*De Civitate Dei*, IV, 4). Essas são situações e realidades que não são raras hoje. É bom que todo poder seja equilibrado por contrapoderes. Também a democracia, que é um ideal e uma prática, é reconhecida como o sistema político menos mau. Mas se a democracia exclui a religião, explicitamente ou não, ela não é mais um bem para o povo; a partir disso, não existe mais o estado de direito.

A mensagem cristã é revolucionária: todos os homens são irmãos e possuem o mesmo Pai. Somos iguais em dignidade, porque todos criados à imagem de Deus. Entretanto, a verdadeira democracia não pode ser o reino arbitrário da maioria. Por que a maioria é forçosamente justa? É evidente que a resposta é negativa. Muitas vezes, são as minorias que detêm a verdade...

Estou convencido de que uma democracia que contribui para o desenvolvimento integral do homem não pode subsistir sem Deus. Quando um chefe de Estado sabe que Deus está acima dele, é mais facilmente chamado por sua consciência à humildade e ao serviço. Sem referência cristã, na ignorância de Deus, uma democracia torna-se uma espécie de oligarquia, um regime elitista e não igualitário. Como sempre o eclipse do divino significa a humilhação do humano.

Segunda-feira, 18 de abril de 2005, na Missa Pro eligendo Romano Pontifice, *algumas horas antes de sua eleição para o trono de Pedro, o cardeal Ratzinger escolhera denunciar a ditadura do relativismo. O senhor parece considerar que esses discursos guardaram toda sua acuidade.*

Sim, inicialmente gostaria de citar uma longa passagem dessa homilia. O cardeal Joseph Ratzinger declarava então: "Quantos ventos de doutrina conhecemos nesses últimos decênios, quantas correntes ideológicas, quantas modas do pensamento... A pequena barca do pensamento de muitos cristãos foi muitas vezes agitada por estas ondas lançadas de um extremo ao outro: do marxismo ao liberalismo, até a libertinagem, ao coletivismo radical; do ateísmo a um vago misticismo religioso; do agnosticismo ao sincretismo e por aí adiante. Cada dia surgem novas seitas e realiza-se quanto diz São Paulo acerca do engano dos homens, da astúcia que tende a levar ao erro (Ef 4,14). Ter uma fé clara, segundo o Credo da Igreja, muitas vezes é classificado como fundamentalismo. Enquanto o relativismo, isto é, deixar-se levar 'aqui e além por qualquer vento de doutrina', aparece como a única atitude à altura dos tempos hodiernos. Vai-se constituindo uma ditadura do relativismo que nada reconhece como definitivo e que deixa como última medida apenas o próprio eu e as suas vontades. Ao contrário, nós temos outra medida: o Filho de Deus, o verdadeiro homem. É Ele a medida do verdadeiro humanismo. 'Adulta' não é uma fé que segue as ondas da moda e a última novidade; adulta e madura é uma fé profundamente radicada na amizade com Cristo. É esta amizade que nos abre a tudo o que é bom e nos dá o critério para discernir entre verdadeiro e falso, entre engano e verdade. Devemos amadurecer esta fé, para esta fé devemos guiar o rebanho de Cristo. E é esta fé, só esta fé que gera unidade e se realiza na caridade. São Paulo oferece-nos a este propósito em contraste com as contínuas peripécias dos que são como crianças batidas pelas ondas uma bela palavra: praticar a verdade na caridade, como fórmula fundamental da existência cristã. Em Cristo, coincidem verdade e caridade. Na medida em que nos aproximamos de Cristo, também na nossa vida, verdade e caridade fundem-se. A caridade sem verdade seria cega; a verdade sem caridade seria como 'um címbalo que retine' (1Cor 13,1)".

Em um sistema relativista, todos os caminhos são possíveis, como os fragmentos múltiplos de uma marcha do progresso. O bem comum seria o fruto de um diálogo contínuo de todos, de um encontro de diferentes opiniões privadas, de uma torre de Babel fraterna, em que cada um possui uma parcela de verdade. O relativismo moderno pretende até ser a encarnação da liberdade. Nesse sentido, essa última torna-se a obrigação agressiva de crer que não existe verdade alguma superior; nesse novo éden, se o homem recusa a verdade revelada por Cristo, torna-se livre. A convivência toma a forma de um horizonte insuperável, em que cada indivíduo pode dispor de sua visão moral, filosófica e religiosa. Por isso, o relativismo leva o homem a criar sua própria religião, povoada de divindades múltiplas, mais ou menos patéticas, que nascem e morrem a critério das pulsões, num mundo que é uma reminiscência das religiões pagãs antigas.

Nesse jugo totalitário, a Igreja perde seu caráter absoluto; seus dogmas, seu ensinamento e seus sacramentos são quase proibidos ou diminuídos em seu rigor e sua exigência. A Esposa do Filho de Deus é marginalizada, com um desprezo que gera a cristianofobia, porque é um obstáculo permanente. A Igreja torna-se uma entre outras, e o objetivo final do relativismo filosófico é sua morte por dissolução progressiva;

os relativistas esperam com impaciência esta grande noite, e o príncipe desse mundo com eles. Trabalham para o advento do reino das trevas.

João Paulo II e Joseph Ratzinger, como prefeito da Congregação para a doutrina da fé, apreenderam a importância do perigo mortífero das teorias relativistas. A declaração *Dominus Iesus* é em grande parte uma resposta ao relativismo. Na introdução, que nada perdeu de sua acuidade, Joseph Ratzinger escreve com acerto: "O perene anúncio missionário da Igreja é hoje posto em causa por teorias de índole relativista, que pretendem justificar o pluralismo religioso, não apenas *de fato*, mas também *de iure* (ou de princípio). Daí que se considerem superadas, por exemplo, verdades como o caráter definitivo e completo da revelação de Jesus Cristo, a natureza da fé cristã em relação com a crença nas outras religiões, o caráter inspirado dos livros da Sagrada Escritura, a unidade pessoal entre o Verbo eterno e Jesus de Nazaré, a unidade da economia do Verbo Encarnado e do Espírito Santo, a unicidade e universalidade salvífica do mistério de Jesus Cristo, a mediação salvífica universal da Igreja, a não separação, embora com distinção, do Reino de Deus, Reino de Cristo e Igreja, a subsistência na Igreja católica da única Igreja de Cristo. Na raiz destas afirmações encontram-se certos pressupostos, de natureza tanto filosófica como teológica, que dificultam a compreensão e a aceitação da verdade revelada. Podem indicar-se alguns: a convicção de não se poder alcançar nem exprimir a verdade divina, nem mesmo através da revelação cristã; uma atitude relativista perante a verdade, segundo a qual, o que é verdadeiro para alguns não o é para outros; a contraposição radical que se põe entre a mentalidade lógica ocidental e a mentalidade simbólica oriental; o subjetivismo de quem, considerando a razão como única fonte de conhecimento, se sente 'incapaz de levantar o olhar para o alto e de ousar atingir a verdade do ser' (João Paulo II, Carta Enc. *Fides et ratio*, n. 5, 1999); a dificuldade de ver e aceitar na história a presença de acontecimentos definitivos e escatológicos; o vazio metafísico do evento da encarnação histórica do Logos eterno, reduzido a um simples aparecer de Deus na história; o ecletismo de quem, na investigação teológica, toma ideias provenientes de diferentes contextos filosóficos e religiosos, sem se importar da sua coerência e conexão sistemática, nem da sua compatibilidade com a verdade cristã; a tendência, enfim, a ler e interpretar a Sagrada Escritura à margem da Tradição e do Magistério da Igreja. Na base desses pressupostos, que se apresentam com matizes diferentes, por vezes, como afirmações e outras vezes, como hipóteses, elaboram-se propostas teológicas, em que a revelação cristã e o mistério de Jesus Cristo e da Igreja perdem o seu caráter de verdade absoluta e de universalidade salvífica, ou ao menos se projeta sobre elas uma sombra de dúvida e de insegurança".

O relativismo é um mal difuso e não é fácil combatê-lo. A tarefa se torna ainda mais complexa porque arbitrariamente constitui uma espécie de carta de estilo de vida comunitária. O relativismo procura acabar o processo do desaparecimento social de Deus. Ele orienta o homem com uma lógica atraente que se revela um sistema totalitário perverso. A Igreja prossegue hoje a luta de Bento XVI contra a liquidação de Deus. E é uma luta a favor do homem.

Se seguimos o raciocínio de Bento XVI, a liberdade está ameaçada de não mais ser uma escolha mas uma obrigação, como eco da palavra do revolucionário Saint-Just: "Não há liberdade para os inimigos da liberdade" (Au Citoyen Roger)...

Deus criou o homem livre; este possui a liberdade porque ele vem de Deus, que é a fonte de toda a liberdade. São João escreve: "Se, portanto, é o Filho que vos liberta, sereis realmente homens livres" (Jo 8,36). Uma pessoa que vive numa condição de cativeiro ainda possui uma riqueza que o mais cruel dos ditadores não poderá lhe retirar, porque Deus deu a cada ser a liberdade interior.

Mas a liberdade não consiste numa emancipação de todos os limites ou normas. Tal liberdade é um mito. Porque a liberdade deve sempre se orientar para a verdade; ela está intrinsecamente ligada à nossa natureza de criatura. A liberdade de um indivíduo deve, além disso, ter em conta a de seu próximo. Hoje, creio que a liberdade de uns foi imposta aos outros. Recentemente as grandes manifestações francesas contra uma desnaturalização do casamento puderam prová-lo. Essa falsa liberdade é o prolongamento de um igualitarismo sem Deus.

O homem tem o direito de se expressar segundo sua consciência, sem que ele seja obrigado a sofrer pressões exteriores. Assim, a liberdade interior deve ser absolutamente uma conquista e uma construção constante. A liberdade sem verdade é mentirosa; a ausência da ligação moral entre liberdade e verdade não pode produzir senão uma forma de anarquia. A liberdade permanece real quando realiza verdadeiramente o bem supremo da existência humana que é viver na verdade de Deus.

Hoje, todas nossas liberdades estão ameaçadas. As pressões econômicas, políticas e midiáticas não cessam de tornar mais ínfima a ligação entre a liberdade e a verdade. Mas eu creio também que não é preciso cruzar os braços diante desse combate cotidiano para conquistar sua verdadeira liberdade. Porque o homem, algemado e jogado numa prisão, material ou simbólica, é um ser livre. No cativeiro, tem o poder prodigioso de decidir por si mesmo, de escolher e de orientar sua vida para o bem. Possui ainda as capacidades vertiginosas de amar seus torturadores; tal é a mensagem inefável e eterna do Evangelho. Mas a liberdade exige uma disciplina interior, escolhas e renúncias para conduzir nossa vida para aquilo que nos dispõe a estar a serviço dos outros. Essa luta é coletiva; não é imaginável batalhar na solidão. O homem tem necessidade da Igreja, da oração pessoal e comunitária para ser conduzido à verdade.

O evangelista João expõe perfeitamente esse problema quando escreve: "Jesus disse, pois, aos judeus que haviam acreditado nele: 'Se permaneceis na minha palavra, sois verdadeiramente meus discípulos, conhecereis a verdade e a verdade fará de vós homens livres'. Eles lhe replicaram: 'Nós somos descendência de Abraão e nunca ninguém nos reduziu à servidão; como podes tu pretender que nós venhamos a nos tornar homens livres?' Jesus lhes respondeu: 'Em verdade, em verdade, eu vos digo, aquele que comete um pecado é escravo do pecado. O escravo não permanece sempre na casa; o filho, porém, nela permanece para sempre. Se, portanto, é o Filho que vos liberta, sereis realmente homens livres. Eu sei que sois a descendência de Abraão; mas porque a minha palavra não penetra em vós, procurais me fazer morrer. Eu, eu digo o que vi junto do meu Pai, ao passo que vós fazeis o que ouvistes junto do vosso pai'. Eles replicaram: 'O nosso pai é Abraão'. Jesus lhes disse: 'Se sois filhos de Abraão, fazei então as obras de Abraão. Ora, agora vós procurais matar-me, a mim que vos disse a verdade que ouvi junto de Deus; isso Abraão não fez. Mas vós fazeis as obras do vosso pai'. Eles lhe responderam: 'Nós não nascemos da prostituição! Temos um só pai, Deus.' Jesus lhes disse: 'Se Deus fosse o vosso pai, vós me tereis amado, pois é de Deus que eu saí e que eu venho; eu não vim por mim mesmo, foi Ele quem me enviou'" (Jo 8,31-42).

De seu lado, santo Agostinho testemunha com vigor que o entrave para a liberdade do homem é o pecado. A liberdade nos foi dada quando escolhemos Deus livremente.

Sim, Deus criou o homem livre, dotado de livre-arbítrio. Pode escolher entre o bem e o mal. Entretanto, o homem não será plenamente ele mesmo a não ser escolhendo bem e submetendo-se filialmente a Deus. Mas o Pai foi deixado de fora dessa "liberdade dos filhos de Deus", como diz são Paulo, pelo pecado original.

Penso muitas vezes nesta reflexão realista de santo Agostinho em seu estudo sobre a mentira: "Os homens estão de tal modo cegos que, se nós lhes afirmamos que há mentiras isentas de pecado, eles não se contentariam com isso, quereriam que em alguns casos houvesse pecado para não mentir".

Toda a vida do homem é uma luta contra os entraves do mal, contra a escravidão do pecado, para reencontrar a verdadeira liberdade.

É evidente que Bento XVI consagrou seu pontificado e uma grande parte de sua obra teológica ao diálogo entre a fé e a razão. Hoje, como o senhor vê a importância dessa maneira de pensar?

Efetivamente, Bento XVI nunca se cansou de voltar a esse grande tema porque lhe parecia essencial que pudéssemos compreender as fontes de nossa crença. Considerava que o verdadeiro trabalho do teólogo consiste em entrar na Palavra de Deus para compreendê-la de modo racional, na medida do possível, e para partilhá-la diretamente com os homens de seu tempo. E que o teólogo também deve elaborar respostas às nossas grandes questões humanas. Os batizados têm o dever de crer não somente com o coração, mas igualmente com a inteligência. Para Bento XVI, a religião não devia se fechar sobre si nem prescindir da ajuda da razão. Igualmente, parecia-lhe muito importante não cair na armadilha daqueles que procuram dissociar a razão da fé, na esteira da filosofia das Luzes; alguns consideram que a razão não pode senão regredir em contato com a fé. Pelo contrário, fé e razão são como duas luzes que se reclamam uma à outra.

Cada crente possui em seu coração um tesouro, ele tem a possibilidade de aprofundar a sua fé igualmente por intermédio da razão. Essa maravilhosa complementaridade é um dom de Deus. Nenhum rigor científico deve repelir os cristãos. Porque a pesquisa científica é sempre um avanço na compreensão da Revelação e do mundo. As barreiras que algumas pessoas quiseram estabelecer entre a fé e a razão não têm fundamento porque são artificiais: não pode haver contradição nisso em Deus.

QUESTÕES DO MUNDO PÓS-MODERNO

João Paulo II e Bento XVI realizaram um trabalho excepcional sobre essa questão na história da Igreja. Como esquecer a encíclica *Fides et ratio*, publicada em setembro de 1998? Eu não me canso de citar as primeiras linhas desse texto: "A fé e a razão (fides et ratio) constituem como que as duas asas pelas quais o espírito humano se eleva para a contemplação da verdade".

Nosso mundo, que não quer mais ouvir falar de Deus, pensando não ter necessidade Dele, pode encontrar grandes riquezas no diálogo entre a fé e a razão. Os homens poderão compreender então que a mais bela inteligência humana nada é sem a luz do céu da qual o Pai nos dá uma fagulha mediante a fé.

Nesse sentido, é sempre importante meditar esta passagem de *Fides et ratio*: "Na carta encíclica *Veritatis splendor*, chamei a atenção para 'algumas verdades fundamentais da doutrina católica que, no contexto atual, correm o risco de serem deformadas ou negadas'. Com esse novo documento, desejo continuar aquela reflexão, concentrando a atenção precisamente sobre o tema da verdade e sobre o seu fundamento em relação com a fé. De fato, não se pode negar que esse período, de mudanças rápidas e complexas, deixa sobretudo os jovens, a quem pertence e de quem depende o futuro, na sensação de estarem privados de pontos de referência autênticos. A necessidade de um alicerce sobre o qual construir a existência pessoal e social faz-se sentir de maneira premente, principalmente quando se é obrigado a constatar o caráter fragmentário de propostas que elevam o efêmero ao nível de valor, iludindo assim a possibilidade de se alcançar o verdadeiro sentido da existência. Desse modo, muitos arrastam a sua vida quase até a beira do precipício, sem saber o que os espera. Isto depende também do fato de, às vezes, quem era chamado por vocação a exprimir em formas culturais o fruto da sua reflexão, ter desviado o olhar da verdade, preferindo o sucesso imediato ao esforço de uma paciente investigação sobre aquilo que merece ser vivido. A filosofia, que tem a grande responsabilidade de formar o pensamento e a cultura através do apelo perene à busca da verdade, deve recuperar vigorosamente a sua vocação originária. É por isso que senti a necessidade e o dever de intervir sobre esse tema, para que, no limiar do terceiro milênio da era cristã, a humanidade tome consciência mais clara dos grandes recursos que lhe foram concedidos, e se empenhe com renovada coragem no cumprimento do plano de salvação, no qual está inserida a sua história".

A investigação científica e a Igreja podem caminhar no mesmo sentido?

Certamente, uma vez que a verdade é uma só. Em alguns casos, homens da Igreja puderam ser imprudentes e não respeitosos com os cientistas. No seu discurso aos participantes da sessão plenária da Academia pontifícia das ciências, em 31 de outubro de 1992, João Paulo II reconheceu claramente os erros cometidos a respeito de Galileu. Seu propósito era tanto mais fundamentado que ele não hesitava em sublinhar como Galileu saíra de seu domínio confundindo, como a maior parte dos seus adversários, "a abordagem científica dos fenômenos naturais e a reflexão sobre a natureza, de ordem filosófica, que ela geralmente exige". João Paulo II explicava assim: "É por isso que ele rejeitou a sugestão de que ele tinha sido dado para apresentar o sistema de Copérnico como uma hipótese, desde que não foi confirmada pela prova irrefutável. Essa foi, no entanto, uma exigência do método experimental de que ele foi o fundador inspirado. Além disso, a representação geocêntrica do mundo era comumente admitida na cultura da época como concordando plenamente com o ensino da Bíblia, de que certas expressões, tomadas literalmente, pareciam afirmar o geocentrismo. O problema colocado pelos teólogos da época, portanto, era a da compatibilidade entre o heliocentrismo e a Escritura. Assim, a nova ciência, com seus métodos e a liberdade de investigação que ela implicou, obrigava os teólogos a examinar os seus próprios critérios de interpretação da Escritura. A maioria não poderia fazê-lo. Paradoxalmente, Galileu, um crente sincero, mostrou-se mais perspicaz sobre esse ponto do que seus adversários teólogos. "Se a Escritura não pode errar, ele escreveu para Benedetto Castelli, alguns de seus intérpretes e comentaristas o podem, e de várias maneiras" (Carta de 21 de dezembro, 1613, na edição nacional das obras de Galileu Galilei, dir. A. Favaro, edição de 1968, vol. V, p. 282). Conhece-se também sua carta a Christine de Lorena (1615), que é como um pequeno tratado de hermenêutica bíblica. [...] A maioria dos teólogos não reconheceu a distinção formal entre a Sagrada Escritura e sua interpretação, e isso levou-os indevidamente a transpor para o campo da doutrina da fé uma questão que de fato era relevante para a investigação científica". Bento XVI tratou igualmente de Galileu em um grande discurso à Cúria Romana, em 22 de dezembro de 2005.

De fato, não é honesto generalizar quando se trata de exemplos determinados. Porque os mais implacáveis opositores da Igreja chegaram a criar um mito, como se esta empregasse todas suas forças em combater a ciência! Poderosos grupos midiáticos têm agora uma grande responsabilidade na construção da imagem de uma Igreja atrasada e obscurantista. Trata-se de um julgamento de bruxas tão mais grave do que quando a Igreja, para dar um exemplo da atualidade, combate algumas pesquisas como os trabalhos sobre as células-tronco, ela se exprime argumentando com um corpus ético particularmente seguro e tendo em conta as descobertas mais recentes.

De fato, a Igreja se envolveu muitas vezes em um grande número de pesquisas científicas, seja de forma institucional, seja na pessoa de numerosos pesquisadores, cristãos ou não; sua atitude sempre foi motivada pelo bem do homem e pela melhora das condições de vida, particularmente no plano médico.

A Igreja não quer absolutizar os resultados da ciência como objetos de novos dogmas. Existem pesquisas científicas que colocam graves problemas morais para o futuro do homem e de sua dignidade, ou para o respeito da vida. Os papas, ajudados principalmente nesses últimos decênios pela Academia pontifícia de ciências e por numerosos católicos do mundo inteiro, trabalham para que os governantes estabeleçam limites éticos a alguns programas de pesquisa. A Igreja tem o direito de dizer até onde nós podemos ir, e a ciência tem a obrigação de respeitar o bem da pessoa humana; ela não pode arruinar o ser mesmo do homem em nome de uma marcha infinita em direção do progresso.

A Igreja crê no progresso ou, antes, na esperança?

Ela encoraja os dois... Ela é favorável ao progresso se ele contribui para o bem real do homem; quanto à esperança, ela nasce da fé: é, como dizia Péguy, a "fé que ama".

De fato, o progresso não é a esperança do céu. Ele parece imantado por preocupações essencialmente materiais. O homem aspira a uma vida melhor, a um domínio sobre a natureza, a técnicas mais sofisticadas, a comunicações mais rápidas, a uma economia com maior desempenho... O que está errado é fechar-se numa visão materialista e absolutizar o progresso. Nas sociedades ocidentais, e em numerosas grandes cidades do mundo, um progresso espiritual que abre para a esperança é muito frequentemente quase proibido.

Somente Cristo permite a realização plena e inteira do homem. Jesus faz com que o homem que crê Nele entre na comunhão trinitária. O verdadeiro progresso permite ao ser humano assumir suas origens reencontrando Deus; é a marcha para o Pai. O verdadeiro progresso conduz nosso olhar, nossos esforços e nossa esperança para as coisas da eternidade!

O homem não é feliz acumulando os bens materiais; ele se expande se configura toda sua vida ao ensinamento de Cristo. A riqueza pode conduzir à solidão e à tristeza, enquanto Cristo sempre dá a alegria. O progresso sem Deus é uma falsa felicidade.

O papa Francisco considera que a "miséria espiritual" é o maior drama do homem. Em sua mensagem da quaresma do ano de 2014, escreveu: "Não menos preocupante é a miséria moral, que consiste em tornar-se escravo do vício e do pecado. Quantas famílias vivem na angústia, porque algum dos seus membros – frequentemente jovens – se deixou subjugar pelo álcool, pela droga, pelo jogo, pela pornografia! Quantas pessoas perderam o sentido da vida; sem perspectivas de futuro, perderam a esperança! E quantas pessoas se veem constrangidas a tal miséria por condições sociais injustas, por falta de trabalho que as priva da dignidade de poderem trazer o pão para casa, por falta de igualdade nos direitos à educação e à saúde. Nesses casos, a miséria moral pode-se justamente chamar um suicídio incipiente. Esta forma de miséria, que é causa também de ruína econômica, anda sempre associada com a miséria espiritual, que nos atinge quando nos afastamos de Deus e recusamos o seu amor. Se julgamos não ter necessidade de Deus, que em Cristo nos dá a mão, porque nos consideramos autossuficientes, vamos a caminho da falência. O único que verdadeiramente salva e liberta é Deus. O Evangelho é o verdadeiro antídoto contra a miséria espiritual: o cristão é chamado a levar a todo o ambiente o anúncio libertador de que existe o perdão do mal cometido, de que Deus é maior que o nosso pecado e nos ama gratuitamente e sempre, e de que somos feitos para a comunhão e a vida eterna. O Senhor convida-nos a sermos jubilosos anunciadores desta mensagem de misericórdia e esperança. É bom experimentar a alegria de difundir esta boa nova, partilhar o tesouro que nos foi confiado para consolar os corações dilacerados e dar esperança a tantos irmãos e irmãs imersos na escuridão. Trata-se de seguir e imitar Jesus, que foi ao encontro dos pobres e dos pecadores como o pastor à procura da ovelha perdida, e fê-lo cheio de amor. Unidos a Ele, podemos corajosamente abrir novas vias de evangelização e promoção humana".

O senhor denuncia frequentemente o drama moderno do igualitarismo fanático, ideológico ou social. Qual a significação dessa denúncia?

O comunismo soviético mostrou a que ponto podia conduzir a humanidade à infelicidade com a promessa de uma igualdade absoluta. Em meu país, vivemos um verdadeiro inferno sob Sékou Touré, que pretendia realizar as promessas de Marx com a luta de classes. O mito da igualdade se traduzia por uma ditadura sanguinária. Deus quis que os seres humanos fossem complementários, para se ajudar e se levar mutuamente. A igualdade não é uma criação de Deus.

Hoje a teoria de gênero parece divertir-se com o mesmo combate ilusório pela igualdade. O sonho, a quimera e os paraísos artificiais se transformarão muito depressa em pesadelo. O homem e a mulher formam uma unidade no amor; a negação de suas diferenças é uma utopia destruidora, uma pulsão de morte nascida no mundo separado de Deus.

O igualitarismo é uma ideologia que prospera no esquecimento do religioso. Todas as ideologias acabam por desaparecer, como o comunismo. Assim, a queda das ideologias é inevitável na medida em que elas não são senão simples produto do homem sem Deus. Mas a que preço!

Em abril de 2014, o papa Francisco denunciou os desvios iníquos da ideologia igualitária de gênero para o desenvolvimento da criança. Diante de uma delegação do Bureau internacional católico da infância, afirmava sem rodeios, com a linguagem direta que é a sua, "o direito que as crianças têm de crescer numa família, com um pai e com uma mãe, capazes de criar um ambiente propício para o seu desenvolvimento e amadurecimento, continuando a amadurecer na relação, no confronto com aquilo que representa a masculinidade e a feminilidade de um pai e de uma mãe, e assim preparando a maturidade afetiva". Ele acrescentava que: "Elas não são cobaias de laboratório! Os horrores da manipulação educativa que vivemos nas grandes ditaduras genocidas do século XX não desapareceram; conservam a sua atualidade sob outras aparências e propostas que, com a pretensão de modernidade, impelem as crianças e os jovens a percorrer o caminho ditatorial do 'pensamento único'. Há pouco mais de uma semana, um grande educador disse-me: 'Às vezes não sabemos se com esses programas – referindo-se a projetos concretos de educação – mandamos uma criança para a escola ou para um campo de reeducação'. Trabalhar pelos direitos humanos pressupõe que mantenhamos sempre viva a formação antropológica, sejamos bem preparados a respeito da realidade da pessoa humana e saibamos responder aos problemas e aos desafios das culturas contemporâneas e da mentalidade propagada através dos meios de comunicação. Obviamente, não se trata de nos refugiarmos, de nos escondermos em ambientes protegidos, que nos dias de hoje são incapazes de dar vida, que estão ligados a culturas já ultrapassadas... Não, isto não funciona! Mas devemos enfrentar com os valores positivos da pessoa humana os novos desafios que nos apresenta a nova cultura. Para vós, trata-se de oferecer aos vossos dirigentes e agentes uma formação permanente sobre a antropologia da criança, porque é ali que os direitos e deveres encontram o seu fundamento. Dela depende a imposição dos programas educativos, que obviamente devem continuar a progredir, a amadurecer e a adaptar-se aos sinais dos tempos, contudo, sempre respeitando a identidade humana e a liberdade de consciência".

Assim, quando uma advogada dos direitos das mulheres, no recinto da ONU, em outubro de 2014, interpela os membros do Planning familial international para denunciar a distribuição de contraceptivos obsoletos, perigosos para a saúde, às mulheres africanas, pobres e sem defesa, ela se une plenamente ao combate do papa Francisco.

Abandonando Deus, o homem perde a razão e se torna cego. A busca ideológica da igualdade é um caminho irreal que alimenta as piores tragédias.

O senhor pensa que o homem moderno se perde em divertimentos enganosos para não olhar de frente os verdadeiros problemas?

Uma sociedade sem Deus, que tem por letra morta um questionamento espiritual, mascara o vazio de seu materialismo enganador do tempo para melhor esquecer a eternidade. Mais a matéria estende seu domínio, mais o homem tem prazer em diversões sofisticadas, narcisistas e perversas; mais o homem esquece Deus, e mais ele se observa a si mesmo. Olhando-se, vê as deformações e a feiura que suas devassidões incrustaram em sua face. Então, para se dar à ilusão que permanece ainda o ser luminoso do esplendor original da criatura de Deus, ele se maquia. Mas o mal escondido se assemelha à brasa viva sob a cinza.

Sem Deus, o homem constrói seu inferno na terra. As diversões e os prazeres podem se tornar verdadeiros flagelos para a alma quando o afundam na pornografia, na droga, na violência e em todas as perversões possíveis.

Há uma grande tristeza em querer prazeres sem limites, quando a mais bela alegria é permanecer simplesmente com Deus, deixando que Ele nos envolva de luz e de pureza.

Em seus *Pensées,* Blaise Pascal escreve sobre o divertimento: "Nas ocasiões em que tratei de considerar as diferentes agitações humanas e os riscos e os castigos a que se expõem os homens, na corte e na guerra, provocando tantas lutas, tantas paixões, tantas realizações ousadas, e muitas vezes funestas, descobri que toda a infelicidade dos homens provém de uma coisa só, que é a de serem incapazes de permanecer quietos em um quarto. O homem que possui bens o bastante para viver, se soubesse ficar em casa com alegria, dela não sairia para ir ao mar ou ao círculo de uma praça: apenas se buscam as conversas e os passatempos dos jogos porque não se sabe ficar em casa com alegria. [...] O divertimento é algo tão necessário para as pessoas do mundo que elas são miseráveis sem isso. Às vezes, um acidente acontece com elas, às vezes elas pensam naquelas coisas que lhes podem acontecer, ou mesmo quando elas não pensassem nisso, não teriam nenhum assunto de tristeza, o tédio de sua própria autoridade não deixaria de sair do fundo do coração, onde existe uma raiz natural, e de preencher todo o espírito com seu veneno. O conselho que se dava a Pirro para tomar o repouso, que ele procuraria por tantas fadigas, encontrou muitas dificuldades. Dizer a um homem que ele está em repouso, é dizer-lhe que vive feliz. É aconselhá-lo a ter uma condição plenamente feliz, que possa ser considerada como lazer, não encontrando aí alguma aflição. Também os homens que naturalmente sentem sua condição nada evitam tanto como o repouso, e tudo fazem para encontrar a agitação. Assim, começamos a culpar o mal; a culpa deles não está no tumulto que procuram. Se eles procurassem isso apenas como divertimento, o mal está em que eles procurem o divertimento como se a posse das coisas que buscam os tornaria verdadeiramente felizes, e é por isso que é justo acusar sua procura de vaidade, de maneira que em tudo isso não só aqueles que condenam, mas também aqueles que são condenados, não entendem a verdadeira natureza do homem. A vaidade: o prazer de mostrá-la aos outros". (Cf. Pascal, Vida e Obra, Editora Nova Cultural Ltda., Os pensadores, pp. 65-67 e Os Pensamentos de Blaise Pascal, São Paulo: Martins Fontes, 2001, pp. 50-52)

    Segundo o filósofo, não podendo curar a morte, a miséria e a ignorância, os homens foram aconselhados, para se tornarem felizes, a não pensarem nisso. Essa definição de divertimento está de fato ligada a muitos conceitos pascalinos: a miséria, porque é para esquecê-la que se diverte; a vaidade, porque não há pior prova de vaidade do que esse remédio para os males humanos; o soberano bem, porque é a ignorância de seu verdadeiro bem que leva o homem a perseguir bens ilusórios.

O divertimento tem uma dupla origem. Ele lembra a diversão de Montaigne, que consiste em saber desviar o pensamento dos males que sofre para suportá-los melhor; mas ele se inspira também na ideia de Agostinho, segundo a qual o homem é capaz de afastar seu pensamento de seu fim último e de Deus. Santo Agostinho tem razão: a busca dos diferentes prazeres liga-se ao abandono de Deus.

O homem que ignora Deus e que transforma seus instintos em medidas divinas de todas as coisas corre para sua ruína. Confrontamo-nos hoje com um dos últimos estádios da civilização do divertimento. A alternativa é simples; se a humanidade se reformar, ela viverá, mas se a fuga para a frente perdurar, a civilização tornar-se-á um inferno.

O senhor poderia dizer que uma sociedade que rejeita Deus acaba sempre procurando formas supletivas em ritos mágicos e superstições diversas? Sua experiência pessoal não conheceu uma sociedade tradicional ainda amplamente construída sobre fundamentos pagãos sem esperança cristã?

Há muito tempo penso que a superstição nasce do medo e que a verdadeira serenidade vem de Deus. Se não conhecemos nosso Pai, ou se ninguém não nos ensinou, existe uma situação de angústia mais ou menos gestante. Para atenuar o medo, encontram-se ritos, seres ou objetos investidos de poderes sagrados. O paganismo pode ter lugar nas sociedades tradicionais ou nos países modernos: as manifestações são idênticas. Para estrangular a depressão, o rito torna-se um tranquilizante.

Na África, o paganismo repousava muitas vezes no sacrifício de animais oferecidos a forças invisíveis, ou na veneração das árvores e das montanhas sagradas, supostas portadoras da presença das divindades e dos gênios. Por isso, os cultos procuram amenizar a violência das forças negativas. Mas a superstição deixa as pessoas angustiadas, ignorantes e duvidosas. Na Guiné, eu vim a perceber que o medo emanado do animismo se transmitia de geração em geração; tornou-se cultural. Mesmo os cristãos, salvos da morte do medo por Jesus, dificilmente se libertam do paganismo.

Resulta disso um *continuum* irracional em que a sociedade se perde constantemente em libações e em sacrifícios de todas as formas para apaziguar os espíritos. Se o homem se abre para o conhecimento de Deus, a superstição tende a desaparecer. Não ignoro que muitos cristãos podem permanecer ligados por antigos medos. O animismo, que vê os espíritos regerem o mundo, permanece poderoso. Alguns cristãos, enfraquecidos por uma fé superficial, são tentados a oferecer sacrifícios pagãos aos espíritos para atrair seus favores.

O segundo tipo de superstição liga-se ao abandono de Deus. Quando o homem se desvia de suas raízes fundamentais, tem necessidade de se abandonar a outras forças. Paradoxalmente, as sociedades materialistas modernas repousam nas crenças mágicas. Os homens fabricam falsos deuses. A busca de poder sem Deus gera uma maior permeabilidade à sede de ilusões libertadoras. Nesse contexto, é significativo que as primeiras palavras de João Paulo II após sua eleição, repetindo o convite de Jesus – "Não tende medo!" –, procuram aproximar o homem de Deus para lhe devolver sua verdadeira liberdade.

Em muitas de suas reflexões, o senhor denuncia a escalada da violência – simbólica ou física – contra os cristãos...

Trata-se de uma realidade que atravessa toda a história do cristianismo, que começa com Cristo, desde o seu nascimento até o dia de sua crucificação. Os apóstolos foram o objeto de grandes violências. O Filho de Deus anunciara aos seus discípulos que eles nunca estariam em paz nesta terra. A única maneira de vencer esse grande combate é a união com Deus. Os cristãos não chegarão a superar os desafios lançados pelo mundo apelando a instrumentos políticos, aos direitos do homem ou ao respeito da liberdade religiosa. A única rocha verdadeira do batizado é a oração e o encontro com Jesus Cristo. Os homens fortes na oração são insubmersíveis. Jesus iniciou seu ministério público com quarenta dias de oração no deserto e acabou sua vida com um clamor que é uma última oração: "Pai, perdoa-lhes, eles não sabem o que fazem" (Lc 23,34).

A violência contra os cristãos não é simplesmente física; ela é também política, ideológica e cultural: "Não temais os que matam o corpo, mas não podem matar a alma; temei muito mais aquele que pode fazer perecer a alma e o corpo na geena" (Mt 10,28). Tantos cristãos, na Nigéria, no Paquistão, no Oriente Médio e em outros lugares, sofrem diariamente, com coragem e para serem fiéis a Cristo, esse martírio físico, sem jamais abdicar a liberdade de alma.

A perseguição é mais refinada quando ela não destrói fisicamente, mas demole o ensinamento de Jesus e da Igreja, portanto os fundamentos da fé, perturbando os corações. Pela violência, alguns querem abalar e despersonalizar os cristãos, para dissolvê-los numa sociedade líquida, sem religião e sem Deus. Não há maior desprezo que a indiferença. Essa guerra ardilosa provém de um ódio diabólico contra Jesus Cristo e contra suas verdadeiras testemunhas. Ainda ouço o eco poderoso da voz de João Paulo II em Lyon, prevenindo-nos do perigo de um ambiente que pode nos prender na amnésia, nos desviar da fé e nos deixar sem defesa diante dos vapores sorrateiros da idolatria: "Claro, hoje vocês não são entregues às feras, não tentam matá-los por causa de Cristo. Mas não se pode negar que outra forma de prova insidiosamente pesa sobre os cristãos? Escolas de pensamento, estilo de vida e as leis, às vezes, até leis opostas ao verdadeiro sentido do homem e de Deus, minam as bases da fé cristã na vida dos indivíduos, das famílias e da sociedade. Os cristãos não são maltratados, desfrutam mesmo de todas as liberdades; mas talvez haja um risco real de ver sua fé prisioneira de um ambiente que tende a relegá-la ao domínio exclusivo da vida privada do indivíduo? A grande indiferença de muitos diante do Evangelho e do comportamento moral que ele exige não é hoje, pouco a pouco, uma maneira de sacrificar a esses ídolos que são o egoísmo, o luxo, o gozo e o prazer procurados a qualquer custo e sem limites? Essa forma de pressão ou sedução poderia matar a alma sem atacar o corpo. O espírito do mal que se opunha a nossos mártires está sempre em ação. Por outros meios, procura desviar da fé" (Rencontre "cuménique dans l'Amphithéâtre des Trois Gaules, 4 de outubro de 1986).

No Ocidente, essa violência é cada vez mais ardilosa, visto que ela se guarda de revelar sua verdadeira face. No Evangelho de João, as Palavras de Cristo são claras: "Se o mundo vos odeia, sabei que ele me odiou primeiro. Se fosseis do mundo, o mundo amaria o que lhe pertence; mas vós não sois do mundo: fui eu que vos separei do mundo, e eis por que o mundo vos odeia. Lembrai-vos da palavra que eu vos disse: 'O servo não é maior do que o seu senhor'; se eles me perseguiram, também vos perseguirão; se eles observaram a minha palavra, observarão também a vossa. Tudo isso, eles vo-lo farão por causa do meu nome, porque não conhecem aquele que me enviou. Se eu não tivesse vindo, se não lhes tivesse dirigido a palavra, eles não teriam nenhum pecado; mas agora o pecado deles não tem defesa. Quem me odeia, odeia também a meu Pai. Se eu não tivesse feito no meio deles estas obras que nenhum outro fez, eles não teriam nenhum pecado; mas agora que eles as viram, continuam a nos odiar tanto a mim como a meu Pai; para que assim se realize a palavra que está escrita na Lei deles: *Eles me odiaram sem razão*" (Jo 15,18-25).

Doravante, os refinamentos do mal são sem cessar mais insidiosos. O homem que dorme um instante deve guardar-se de não cair numa armadilha que é tão agradável quanto mais terrível.

DEUS OU NADA

Ao término dessa reflexão, como compreender a evolução da secularização moderna?

Algumas vezes tenho o sentimento de que a parte ocidental do mundo entende definitivamente tudo encerrar no secular, numa rejeição agressiva das relações transcendentais. A separação torna-se tão radical entre a terra e o céu, que o religioso torna-se um objeto estranho, uma ilha perdida onde viveriam indivíduos de outra época. Esta atitude oligárquica dos promotores do ateísmo não somente depende de dados simplistas, mas também é perigosa.

A dimensão do homem permanece dupla, celeste e terrestre. Ele é constituído para esta vida e para o além. Aqui, é importante harmonizar os dois, dando respostas às necessidades corporais e espirituais, sem negligenciar umas ou outras. Uma sociedade que esquece Deus tem fome, sem o saber, dos alimentos espirituais sem os quais o homem não pode passar. Porque o processo de secularização que devolve o religioso à porção conveniente causa uma divisão do homem, privando-o de um dos seus pulmões. O homem está na terra como no céu; mas as únicas raízes do homem estão no céu! Sem suas ramificações, o humano perde sua força. Em 3 de abril de 2014, numa homilia de sua missa da manhã em Santa Marta, o papa Francisco partiu do diálogo entre Moisés e Deus, no monte Sinai, para abordar a grande questão da prece: "Sua oração é uma verdadeira luta com Deus, explica Francisco, uma luta do chefe do povo para salvar o seu povo, que é o povo de Deus. Moisés fala livremente diante do Senhor. E fazendo assim ensina-nos a rezar: sem medo, livremente, até com insistência".

A oração deve ser uma "negociação com Deus", com "argumentos", aconselhava Francisco. Para ele, "a oração muda o nosso coração. Faz-nos entender melhor como é o nosso Deus". Assim, é importante falar normalmente com Ele, como com um amigo, não hesitando até em "repreender um pouco o Senhor dizendo 'O Senhor me prometeu isso, mas não cumpriu...'", falar face a face. Quando Moisés desce da montanha, volta de lá mudado, porque acreditava que o Senhor destruiria e puniria seu povo por sua idolatria do bezerro de ouro. O papa acrescenta também: "Como Moisés pretende convencer Deus durante a sua oração, lembra-se de sua promessa, e então recorda a memória de seu povo e assim encontra a misericórdia de Deus. Ele compreendeu que Deus é misericordioso, e que sabe perdoar". Moisés desce cheio de energia, afirmando que conhece melhor o Senhor. É, pois, na oração que Moisés encontra a força para conduzir seu povo para a Terra Prometida.

A oração é revigorante porque ela é uma luta com Deus, como a de Jacó, que dura toda a noite até o amanhecer. Se nos mantivermos firmes, teremos a mesma experiência: "Um homem lutou com ele. Ele viu que não tinha condições de vencê-lo, e o homem atingiu Jacó na curva do fêmur, que se deslocou enquanto rolava com ele no pó". Em seguida, ele dá um novo nome a Jacó e o abençoa (Gn 32,23-33). São Paulo considera também a oração como uma luta: "Saúda-vos Epafras, vosso conterrâneo; esse servo de Jesus Cristo não cessa de travar por vós o combate da prece, a fim de que permaneçais firmes, perfeitos, dando pleno consentimento a toda vontade de Deus" (Cl 4,12). O apóstolo está certo de que o trabalho espiritual não tem nenhuma importância se ele não se encontra sustentado pela oração de interseção. E aos Romanos, mas a nós igualmente, são Paulo escreve: "Eu vos exorto, irmãos, por nosso Senhor Jesus Cristo e pelo amor do Espírito, a combaterdes comigo com as orações que dirigis a Deus por mim, a fim de que eu escape aos incrédulos da Judeia e que a ajuda que levo a Jerusalém seja bem acolhida pelos santos" (Rm 15,30-31).

7
PARA ESTAR NA VERDADE

"A oração era de alguma maneira a liga que permitiu à minha liberdade tomar forma."

James Foley, jornalista americano assassinado na Síria, em 19 de outubro de 2014

NICOLAS DIAT: Qual definição o senhor daria à palavra "fé"?

CARDEAL ROBERT SARAH: A fé se assemelha à resposta de dois noivos. Para o sim que vai comprometer toda a sua vida, dois seres consagram seu amor. Esse sentimento amoroso repousa sobre uma fé mútua, que dá crédito ao outro e conta com sua fidelidade para o futuro. Assim, os dois se tornam uma só carne. No amor, cada um se esvazia humildemente diante do outro, se expande e cresce no outro. "O amor cresceu em mim!", dizia, tímida e vigorosamente, santa Teresa de Lisieux. Na fé e no amor, Deus cresce em mim e Ele me eleva até Ele. Mas a fé é também um dom de Deus, porque o homem responde sempre livremente ao apelo do céu. Não se trata de uma resposta teórica, mas de uma experiência pessoal de Deus, tal como Ele é.

Ao responder a Deus, nós unimos nele nossa vida, e o Pai põe em nós sua esperança. Deus sempre quer configurar o homem à sua imagem e semelhança. É importante compreender que a fé é uma aliança de amor, que nos torna um só e mesmo ser com a pessoa amada.

Em seu livro, *Le Signe de Jonas*[10], Thomas Merton se perguntava se era possível afirmar que "pelo amor, a alma recebe a mesma 'forma' de Deus". Na língua de São Bernardo, essa forma que se poderia se associar a uma semelhança divina constitui a identidade pela qual somos criados. Podemos dizer também: "*Caritas haec visio, haec similitudo est*", "a caridade é esta visão, esta semelhança". Pelo amor, nós nos assemelhamos imediatamente a Deus, e pelo amor místico, nós o "vemos" aqui, no sentido de que temos já a experiência de Deus tal como é nEle.

A fé é a mais bela experiência de Deus. Um exemplo extraordinário foi dado por Abraão. Após ter ouvido um apelo, ele se pôs a caminho confiante. Somos os filhos de Abraão, nosso pai na fé, e pertencemos à linhagem dos descendentes espirituais do povo do Êxodo, caminhando através do deserto. Igualmente, os cristãos são também os filhos dos discípulos de Jesus, aqueles que caminhavam em seu seguimento. Assim, a fé pode ser definida como uma marcha espiritual conduzida e guiada unicamente pela voz de Deus. De outra maneira, diria que a fé é a adesão a uma palavra considerada vinda de mais longe e de mais alto que eu. Toda a Bíblia não cessa de amplificar esse dado providencial.

A fé é também um ato que nos transforma progressiva e definitivamente. Como Abraão aceitou sacrificar seu filho Isaac, o filho da promessa, a fé é um ato que nos torna radicalmente outro. Após a prova do sacrifício de seu filho, nem Abraão nem Isaac são mais os mesmos; Isaac não é mais o mesmo filho para Abraão. Ele foi dado e remitido a Deus, ele se tornou um sinal de outra filiação. Igualmente, Abraão não vive mais somente como um homem que recebeu um dom de Deus: o dom de seu filho Isaac. Ele é aquele que aceitou a expropriação desse dom e sua recuperação como herança espiritual.

De fato, a fé é sempre um itinerário pascal em busca da vontade do Pai, na linhagem da fidelidade de Abraão e de sua obediência até o altar do sacrifício de seu filho Isaac. São Paulo define a fé como a obediência ao Pai (Rm 1,5;16,25). Mas devemos compreender que nossa obediência pode conduzir para a montanha do sacrifício. Assim, a rota da fé é a do consentimento do homem à vontade de Deus. Os mandamentos do Pai são sempre uma carta de vida que nos pede um consentimento de amor. A fé consiste em querer o que Deus quer, em amar o que Deus ama, mesmo se isto nos conduz até a Cruz.

Em Jesus Cristo, pomos nossa fé. NEle nós nos apoiamos porque "é o iniciador da fé, que a conduz à realização" (Hb 12,2). É por ele que nós dizemos "*Amém*" a Deus para sua glória (2Cor 1,20). A palavra *Amém*, em hebraico, se refere a um elemento sólido e digno de confiança. Essa palavra exprime, portanto, a resposta da fidelidade do homem à fidelidade de Deus em Jesus Cristo. Podemos nos apoiar sobre Deus como sobre um rochedo, com a convicção e a segurança de que embora situado à beira de um abismo, ele não desmoronará. Numa relação de fé, Deus é minha cidadela, minha fortaleza e meu rochedo.

A fé não supõe garantias. Aquele que crê caminha na noite, como um peregrino que busca a luz. O que ele sabe, ele não o sabe a não ser na penumbra da tarde, caminhando com ajuda de um "*cognitio vespertina*" e não ainda com uma "*cognitio matutina*", um conhecimento na visão clara, segundo a bela terminologia de santo Agostinho e de santo Tomás.

Se eu me refiro a uma etimologia medieval muito sugestiva, não posso esquecer que o verbo crer, *credere*, significaria também *cor-dare*, "dar seu coração", e o repor sem condição nas mãos de Outro.

O homem que crê consente, como Abraão, a tornar-se prisioneiro do Deus invisível; aceita ser possuído pelo Pai na escuta da obediência, na docilidade de seu coração e nas luzes de sua inteligência. O caminho para Deus é um consentimento e um abandono, sem esperar os benefícios de garantias tranquilizadoras. São Paulo nos dava este magnífico programa: "Mas arremeto para tentar alcançá-lo, porque eu mesmo fui alcançado por Jesus Cristo" (Fl 3,12).

Em 8 de abril de 2014, o papa Francisco lembrava numa homilia em Santa Marta que "o cristianismo não é uma doutrina filosófica, não é um programa de vida para sobreviver, para ser educado, para fazer a paz. Estas são as consequências. O cristianismo é uma pessoa, uma pessoa levantada na Cruz, uma pessoa que aniquilou a si mesma para nos salvar; Ele se fez pecado. E, assim como o pecado foi levantado no deserto, aqui foi levantado Deus feito homem e feito pecado por nós. E todos os nossos pecados estavam lá. Não se entende o cristianismo sem se entender esta profunda humilhação do Filho de Deus, que humilhou a si mesmo transformando-se em servo até a morte e morte de Cruz, para servir". O Santo Padre acrescentava: "O coração da salvação de Deus 'é o seu Filho, que tomou sobre si todos os nossos pecados, as nossas soberbas, as nossas seguranças, as nossas vaidades, os nossos desejos de ser como Deus'. Por isso, 'um cristão que não sabe se gloriar em Cristo crucificado não entendeu o que significa ser cristão'. As nossas chagas, 'as chagas que o pecado deixa em nós, só podem ser curadas com as chagas do Senhor, com as chagas de Deus feito homem, humilhado, aniquilado'".

Gosto muito dessa reflexão do papa, porque mostra como a fé é um compromisso de nosso ser inteiro. A fé levada a seu último grau é um despojamento absoluto em Deus. Na terra, penso que os monges cartuchos, filhos de são Bruno, que põem toda sua esperança em Deus, são um dos mais belos exemplos de vida dada integralmente a Deus. Nos seus eremitérios, nada mais conta além da esperança divina.

Precisamente, como evocar essa esperança?

A esperança nada mais é que o otimismo cristão. Ela permite ao homem permanecer sólido na fé, plenamente assegurado pelas promessas de Deus. Na esperança, Deus é o penhor de meu futuro e de minha serena estabilidade. Os cristãos devem permanecer otimistas e alegres, mas trata-se de um sentimento que nasce da fé no poder de um Deus que não perde jamais uma batalha para que o homem conheça a paz e a glória junto a Ele. A fé é o fundamento da esperança, nova dimensão do homem que o conduz para a divindade. Também, na sua Carta aos Romanos, são Paulo escreve: "Assim, pois, justificados pela fé, nós estamos em paz com Deus, por nosso Senhor Jesus Cristo; por ele, temos acesso, pela fé, a esta graça na qual estamos estabelecidos e nos orgulhamos na esperança da glória de Deus. Não só, mas nos orgulhamos até em nossas tribulações, sabendo que a tribulação produz a perseverança; a perseverança, a fidelidade provada, a fidelidade provada, a esperança; e a esperança não engana, pois o amor de Deus foi derramado em nossos corações pelo Espírito Santo que nos foi dado" (Rm 5,1-5).

Uma vez que a nossa fé e a nossa esperança repousam em Deus, nada temos a temer. O cristão pode dizer com segurança: "Sendo assim, o que esperar, Senhor? Minha esperança está em ti. Fechei a boca, não a abrirei mais, pois tu és quem age" (Sl 39,8-10).

Em 2007, em sua encíclica *Spe salvi*, Bento XVI escreveu palavras luminosas sobre a esperança: "Esta é, de fato, uma palavra central da fé bíblica, a ponto de, em várias passagens, ser possível intercambiar os termos 'fé' e 'esperança'. Assim, a Carta aos Hebreus liga estreitamente a 'plenitude da fé' (10,22) com a 'imutável profissão da esperança' (10,23). De igual modo, quando a Primeira Carta de Pedro exorta os cristãos a estarem sempre prontos a responder a propósito do logos – o sentido e a razão – da sua esperança (3,15), 'esperança' equivale a 'fé'. Quão determinante se revelasse para a consciência dos primeiros cristãos o fato de terem recebido o dom de uma esperança fidedigna, manifesta-se também nos textos onde se compara a existência cristã com a vida anterior à fé ou com a situação dos adeptos de outras religiões. Paulo lembra aos Efésios que, antes do seu encontro com Cristo, estavam 'sem esperança e sem Deus no mundo' (Ef 2,12). Naturalmente, ele sabe que eles tinham seguido deuses, que tiveram uma religião, mas os seus deuses revelaram-se discutíveis e, dos seus mitos contraditórios, não emanava qualquer esperança. Apesar de terem deuses, estavam 'sem Deus' e, consequentemente, achavam-se num mundo tenebroso, perante um futuro obscuro. *'In nihil ab nihilo quam cito recidimus'* (No nada, do nada, quão cedo recaímos - *Corpus Inscriptionum Latinarum*, Vol. VI, n. 26003.) diz um epitáfio daquela época; palavras nas quais aparece, sem rodeios, aquilo a que Paulo alude. Ao mesmo tempo, diz aos Tessalonicenses: não deveis 'entristecer-vos como os outros que não têm esperança' (1 Tessalonicenses 4,13). Aparece aqui também como elemento distintivo dos cristãos o fato de esses terem um futuro: não é que conheçam em detalhe o que os espera, mas sabem em termos gerais que a sua vida não acaba no vazio. Somente quando o futuro é certo como realidade positiva, é que se torna vivível também o presente. Sendo assim, podemos agora dizer: o cristianismo não era apenas 'boa nova', ou seja, uma comunicação de conteúdos até então ignorados. Em linguagem atual, dir-se-ia: a mensagem cristã não era só 'informativa', mas 'performativa'. Significa isto que o Evangelho não é apenas uma comunicação de realidades que se podem saber, mas uma comunicação que gera fatos e muda a vida. A porta tenebrosa do tempo, do futuro, foi aberta de par em par. Aquele que tem esperança vive de maneira diferente; foi-lhe dada uma vida nova".

Desde então, por que a alegria cristã não é mais compreendida?

Para são Paulo, a alegria é a característica do cristão. Lembrem-se de como ele gostava de exortar os cristãos dizendo-lhes: "Alegrai-vos no Senhor o tempo todo; eu repito, alegrai-vos. Seja vossa bondade reconhecida por todos os homens. [...] Não vos inquieteis com nada, mas, em toda ocasião, pela oração e pela súplica acompanhadas de ação de graças apresentai a Deus os vossos pedidos" (Fl 4,4-6). Sem oração, não há alegria verdadeira. Igualmente, Paulo exclamava: "Cristo é anunciado. E eu me alegro com isso; e apesar de tudo continuarei a me alegrar. Pois, sei que isto resultará na minha salvação graças a vossa oração" (Fl 1,18-19). A oração é a fonte de nossa alegria e de nossa serenidade porque ela nos une a Deus. Ele que é a nossa força. Um homem triste não é um discípulo de Cristo. Aquele que conta com suas próprias forças está sempre entristecido quando elas declinam. *A contrario*, o homem que crê não pode estar na tristeza porque sua alegria não vem senão de Deus. Mas a alegria espiritual depende da Cruz. Quando começamos a esquecer de nós mesmos para o amor de Deus, nós O encontramos, ao menos obscuramente. E Deus sendo a nossa alegria, esta é proporcionada à nossa abnegação e à nossa união com Ele.

Jesus nos convida para uma vida plena de generosidade, de dom, mas também de alegria. O papa Francisco fala muito da felicidade simples do Evangelho. Em sua exortação apostólica *Evangelii gaudium*, a alegria do Evangelho, escreve: "Com Jesus a alegria nasce e renasce sempre". O Santo Padre mostra que é necessário orar diariamente para não perder essa doce plenitude. Numerosas solicitações do mundo podem constranger a alegria cristã. Pode-se dizer que as satisfações mundanas não compreendem a alegria cristã. É necessário permanecer feliz no seguimento de Cristo em todas as circunstâncias. A batalha revela-se sempre rude, porque as dores não faltam. Não é inato o sorriso quando enfrentamos o sofrimento e a decepção. Se Deus nos possui verdadeiramente, se Cristo permanece em nós, a alegria sempre retorna.

De fato, a alegria não se encomenda; ela jorra espontaneamente de uma fonte interior que é Deus. Seu amor ocasiona constantemente a verdadeira felicidade. Assim, os povos dos países ricos que abandonaram Deus, estão sempre tristes, enquanto as nações pobres e que creem irradiam uma alegria verdadeira; elas nada têm, mas Deus é uma luz constante porque mora em seus corações. Pude constatá-lo em minha última viagem às Filipinas, com o papa, em janeiro de 2015.

Do mesmo modo, muitos observadores tendem a sublinhar que Francisco pôs seu pontificado sob a palavra-chave da misericórdia. O que o senhor pensa sobre isso?

Segundo a etimologia, a misericórdia consiste em lançar seu coração na miséria de outrem, em amar o outro no cerne de sua miséria. Mas a misericórdia exige, antes de nos submergir em sua benevolência, a verdade, a justiça e o arrependimento. Em Deus, a misericórdia se faz "perdão". Estamos no centro da mensagem evangélica.

O perdão é a face mais significativa do amor de Deus para o homem. Assim, são Pedro perguntou a Jesus: "'Senhor, quando meu irmão cometer uma falta a meu respeito, quantas vezes lhe hei de perdoar? Até sete vezes?' Jesus lhe disse: 'Eu não te digo até sete vezes, mas até setenta vezes sete'" (Mt 18,21-22). Em outras palavras, incansavelmente...

De fato, devemos amar como Deus. Deus conhece as degradações e as grandes fraquezas do homem, mas Ele lança seu coração na nossa miséria. Deus se alegra em nos perdoar. O perdão consiste em recomeçar a amar mais gratuita e generosamente quando o amor se comportou mal.

Sem a graça de Deus, sem um olhar fixado no crucifixo de onde nos chega a voz de Jesus que ora por seus carrascos, e se não abrirmos a fenda de nossos corações para enxertá-los no coração traspassado que transborda de amor dAquele que vem queimar nossos pecados, será difícil para nós perdoar, porque esse ato exige dar plenamente. É necessário ser superabundante de amor para acessar a verdade do perdão. A melhor imitação de Jesus é o perdão. No Evangelho, o filho pródigo, a mulher adúltera, Maria Madalena são exemplos maravilhosos do perdão que Cristo nos dá para imitar.

Deus é perdão, amor e misericórdia; a novidade radical do cristianismo se situa aqui e em nenhuma outra parte. Os homens devem perdoar como Deus perdoa incansavelmente. Fomos moldados por Deus, e basta que nos lembremos de nossas origens divinas para ter acesso sem obstáculos à sua vontade que nos pede que sejamos perfeitos como nosso Pai celeste é perfeito na misericórdia. O perdão sempre permite uma recriação do homem, porque se trata de uma oportunidade vinda do céu...

Quem é esse Deus de perdão?

O livro de Jonas afirma que esse Deus é "um Deus clemente e misericordioso, lento na cólera e pleno de benevolência, que volta atrás de sua decisão de fazer o mal" (Jn 4,2).

Quanto a Jeremias, ele nos revela um Deus estremecido de ternura por Efraim: "Efraim será para mim um filho querido, uma criança que me delicia? Toda vez que falo dele, sempre e sempre tenho de repetir seu nome; e em meu coração, que emoção por ele! Eu o amo, sim, eu o amo – oráculo do Senhor" (Jr 31,20).

Para o profeta Isaías, Deus nos gravou na palma de suas mãos. O Pai supera e submerge a ternura de todas as mães do mundo: "Porventura a mulher se esquece da sua criança de peito, se esquece de mostrar sua ternura ao filho da sua carne? Ainda que elas os esquecessem, eu não te esquecerei! Eis que nas palmas das minhas mãos eu te gravei; as tuas muralhas estão constantemente sob os meus olhos" (Is 49,15-16).

Enfim, Jesus revela um Deus cujo amor é insondável. Quando seus filhos pródigos voltam para casa, Ele os abraça longamente e lhes devolve a dignidade de filhos do céu.

Deus é bom e belo, e suas criaturas são todas à sua imagem; o Gênesis, como relato do nascimento do mundo, transpira magnificamente a beleza de Deus. Essa beleza resplandece para o homem. Deus nada faz para si; toda a criação foi constituída na intenção de sua descendência.

A beleza de Deus que se reflete na Criação e que pode ser danificada pelo homem, é sempre suscetível de renascer graças ao perdão. Se o homem rejeita o perdão, ele se separa de Deus e cai numa vida infra-humana na qual a indignidade, a mentira e o mal dominam. Se ele aceita o perdão, o bem renasce.

Como compreender a busca do universal que atravessa a história inteira do cristianismo?

O homem sempre procura se encontrar num conjunto mais amplo que ele, para consolidar e desenvolver sua vida. Ora, desde as suas origens, a Igreja desejou integrar cada homem nesta grande comunidade de batizados querida por Deus. Ele quer reuni-los numa dignidade comum, num destino igual. Nisso, a Esposa de Cristo ecoa magnificamente uma busca que é inerente a cada homem. Trata-se sempre de um enriquecimento que se volta para o outro. O Espírito Santo une e suscita carismas diversos: há uma diversidade na unidade. O outro é sempre um tesouro que me é oferecido por Deus para enriquecer minha humanidade e me ajudar a crescer em minha vocação. Quanto a mim, por mais pobre que eu seja, devo promover as riquezas e as especificidades do outro. Sou também um dom – por modesto que ele seja – para o outro. Formamos uma só família humana, cada um trazendo sua riqueza própria, num maravilhoso mosaico de culturas e tradições. Há tesouros da humanidade que não são palavras vãs.

Também o universal não deve destruir a identidade particular. Pelos séculos, a Igreja teve o cuidado de dar um lugar preponderante às expressões locais. O mais antigo exemplo foi dado pelos ritos litúrgicos específicos, como o rito ambrosiano, o rito lionês, ou o rito moçárabe.

A Igreja é única e diferente em cada ponto da terra.

Hoje, para numerosos cristãos, é difícil às vezes confiar no futuro...

Numa vida cristã, as dúvidas afloram às vezes, mas a confiança sempre retorna. O melhor sinônimo da palavra confiança é a palavra fé! Realmente, a confiança representa a mais bela manifestação do homem voltado para Deus. Sua Palavra não pode me enganar e me desencaminhar. A confiança do cristão consiste em se abandonar totalmente à fidelidade eterna de Cristo. Hoje, uma literatura está deslumbrada com o problema da transparência; parece que tudo deve ser transparente para que a sinceridade exista. Mas a verdadeira transparência é Cristo. A confiança nasce dessa luz da verdade que jamais se esgota. As circunstâncias podem tornar-se difíceis, os ventos maltratar nossa existência, as tempestades destruir nossas referências humanas, Jesus permanece sempre conosco: "Bendito o homem que confia no Senhor: o Senhor torna-se sua segurança. Como uma árvore plantada à beira da água que estende suas raízes para a corrente, não sente o calor, sua folhagem continua verde" (Jr 17,7-8).

Em suas meditações, santa Teresa de Ávila escreveu magníficas linhas sobre a verdadeira confiança no Filho de Deus: "*Nada te turbe, nada te espante, todo se pasa, Dios no se muda; la paciencia todo lo alcanza; quien a Dios tiene, nada le falta, sólo Dios basta*".

Os monges, pela via exigente e pura de suas vidas, mostram uma esperança sem volta na Palavra de Deus. Possuem abundantemente a confiança simples, bela e exemplar das crianças. Confiam porque verdadeiramente só Deus lhes basta. Sabem que Deus não os enganará. A chave de um tão grande despojamento na vida cotidiana é a confiança, a oração e o amor absoluto por Deus. O amor é um fogo, esse braseiro os arde de um desejo que não está orientado imediatamente para a ação, mas antes somente para Deus.

A vida inteira dos monges é consagrada à oração. Como definir com precisão a oração?

Se o homem não possui poços, não pode tirar a água. Igualmente, sem a oração, o homem se desidrata porque não tem mais nem profundidade, nem interioridade, nem uma fonte para irrigar sua vida. A oração abre um oásis sem limites. Ela não consiste fundamentalmente em falar com Deus. Certamente, é normal que dois amigos queiram falar para se conhecer. Desse ponto de vista, Moisés é um bom exemplo, que falava com Deus face a face; o Antigo Testamento nos diz que quando saía desses colóquios íntimos, seu rosto estava iluminado. Não podemos encontrar realmente Deus sem que a sua luz brilhe em nós. Pela oração, deixamos Deus gravar em nosso rosto o esplendor de sua face.

De fato, a oração consiste finalmente em se calar para escutar Deus que nos fala e para ouvir o Espírito Santo que fala em nós. Creio ser importante dizer que não sabemos e não podemos orar sozinhos: é o Espírito Santo que ora em nós e por nós. São Paulo nos diz: "Esse Espírito é quem atesta ao nosso espírito que somos filhos de Deus". Ele prossegue: "Do mesmo modo, também o Espírito vem em socorro da nossa fraqueza, pois nós não sabemos rezar como convém; mas o próprio Espírito intercede por nós com gemidos inexprimíveis. Aquele que sonda os corações sabe qual é a intenção do Espírito" (Rm 8,16.26).

Seguramente, não se deve duvidar que os homens devam falar com Deus; mas a verdadeira oração deixa Deus livre de vir a nós segundo a sua vontade. Devemos saber esperá-lo no silêncio. É preciso demorar no silêncio, no abandono e na confiança. Orar é saber se calar durante longo tempo; estamos muitas vezes surdos, distraídos por nossas palavras... Infelizmente, não é evidente que saibamos escutar o Espírito Santo que ora em nós. Quanto mais perseverarmos no silêncio, mais teremos a oportunidade de ouvir o murmúrio de Deus. Lembremo-nos de que o profeta Elias permaneceu durante longo tempo escondido numa gruta, antes de ouvir o doce murmúrio do céu. Sim, repito, a oração consiste inicialmente em permanecer longo tempo silencioso. Devemos muitas vezes nos aconchegar junto da Virgem do silêncio para lhe pedir que nos obtenha a graça do silêncio do amor e da virgindade interior, isto é, uma pureza de coração e uma disponibilidade de escuta que bane toda presença que não seja a de Deus. O Espírito Santo está em nós, mas estamos muitas vezes ocupados com orquestras que cobrem a sua voz...

A oração é um longo tempo de deserto e de aridez, quando desejamos alcançar alegrias fáceis do mundo em vez de esperar Deus. Enquanto tantos pensamentos nos afastam de Deus, importa não esquecer que o Espírito Santo está presente. Os maiores santos duvidaram de suas vidas de oração, de tal modo a secura era às vezes rude; santa Teresinha do Menino Jesus se perguntava se ela acreditava nas palavras que dizia em suas orações cotidianas.

Creio que a oração pede de algum modo a ausência de palavras, porque a única linguagem que Deus ouve verdadeiramente é o silêncio do amor. A contemplação dos santos se alimenta exclusivamente de um face a face com Deus no abandono. Não há fecundidade espiritual senão em um silêncio virginal, que não esteja misturado com muitas palavras e ruídos interiores. Deve-se saber desnudar-se diante de Deus, sem disfarces. A oração necessita da honestidade do coração sem mancha. A virgindade é a essência do absoluto em que Deus nos guarda.

Deus cobriu com sua luz inefável a pobreza de Moisés. Ele descarregou seu coração de todas as dificuldades. Moisés despojou-se para escutar verdadeiramente a esperança de Deus. A verdadeira oração ocasiona uma forma de desaparecimento de nossa desordem pessoal.

Quando João Paulo II orava, estava imerso em Deus e tomado por uma presença invisível, como uma rocha que parecia totalmente estranha ao que se passava ao redor dele. Karol Wojtyla sempre estava de joelhos diante de Deus, imóvel, petrificado, e como morto no silêncio diante da grandeza de seu Pai. Pensando nesse santo sucessor de Pedro, lembro frequentemente esta frase de são João da Cruz na *Subida do Monte Carmelo*: "Para gozar da união divina, tudo que está na alma, grande ou pequeno, pouco ou muito, deve morrer".

Deus jamais comunica plenamente senão a um coração que se assemelharia à luz pura de uma manhã de verão de muitas belas promessas.

Não ignoro que o corpo nos afasta constantemente da oração. O homem é também imaginação, que é hábil para nos ocasionar longas viagens distante de Deus...

Assim, penso desde muito tempo que a oração não pode se formar senão na noite. Na obscuridade, não somos iluminados a não ser por Deus. Como Jacó, e a exemplo dos monges, é importante aprender a rezar em plena noite, enquanto toda criação busca dormir. A oração da noite nos mergulha nas trevas da morte de Jesus Cristo, que comemoramos durante as celebrações da noite pascal. Então, segundo Thomas Merton em *Le Signe de Jonas*[11], "a obscuridade será como uma fonte de onde sairemos lavados e iluminados, não mais separados, mas unidos em Cristo ressuscitado".

Pela oração, o homem é recriado na imensidade de Deus; ela é uma pequena dissipação da eternidade. Pela oração, assemelhamo-nos a Cristo que amava recolher-se toda noite: "Naqueles dias, Jesus foi à montanha para orar e passou a noite orando a Deus" (Lc 6,12).

Para se situar em outro nível, como definir a contemplação?

Na *Ética a Nicômaco*, Aristóteles fala da contemplação admiravelmente. Para ele, a atividade contemplativa é por si mesma a ação mais elevada do homem nesta terra. Assim, a contemplação constitui exatamente o contrário da atividade prática; por definição, ela é o momento mais importante da vida humana. Ele especifica que a sabedoria do contemplativo comporta prazeres maravilhosos, tanto pela pureza quanto pela solidez. O sábio, mesmo abandonado a si mesmo, pode ainda se entregar à contemplação. Quanto mais a sabedoria é grande, mais a contemplação ocupa um lugar importante na vida. Aristóteles diz que o sábio tem o dever de preparar outras pessoas para a atividade contemplativa. Ele anuncia os Padres do deserto e todos contemplativos que decidiram consagrar suas vidas a Deus, sabedoria e fonte de toda sabedoria. Certamente, as realidades divinas das quais fala Aristóteles estão muito longe de nosso Deus e de Cristo. O filósofo tratava simplesmente da elevação do espírito e do coração.

De fato, há entre os homens uma espécie de nostalgia da companhia de Deus. Temos em nós um desejo profundo e uma vontade de estar face a face com o divino. No âmbito cristão, a contemplação é efetivamente um coração a coração com Deus no silêncio e na solidão. Ela é impossível na agitação do mundo, ainda mais nas dispersões do ruído interior. Os tumultos mais difíceis para enquadrar são as nossas próprias tempestades interiores.

Com Cristo, a contemplação se assemelha à alegria de dois amantes que se olham silenciosamente. Penso muitas vezes nesse pequeno camponês que vinha cada dia à igreja de Ars. Ele permanecia longos momentos, totalmente imóvel, diante do tabernáculo. Um dia, o santo Cura lhe perguntou "Que fazes aí, caro amigo?" Então, ele lhe respondeu: "*Je l'avise, et il m'avise*" [Eu olho para Ele, e Ele olha para mim]. O pequeno camponês nada dizia, porque não tinha necessidade de falar para dizer a Cristo que ele o amava; em retorno, não tinha necessidade da manifestação do Filho de Deus, porque se sabia verdadeiramente amado. No amor, a palavra não é necessária. Quanto mais a vida de silêncio é densa, tanto mais a alma está só com Deus. E quanto mais a alma é virgem, tanto mais ela se retira do mundo agitado.

Entretanto, não devemos crer que a contemplação de Deus não seja possível senão no silêncio de um mosteiro, de uma igreja ou na solidão do deserto. João Paulo II exortava os cristãos a ser "contemplativos na ação". No comentário de santo Tomás sobre são João se encontra uma passagem particularmente esclarecedora. Jesus se volta para André e João que lhe perguntaram: "Rabbi – o que quer dizer Mestre – onde moras?" E Ele lhes responde: "Vinde e vede". Santo Tomás dá assim um sentido místico às palavras que significam efetivamente que apenas o encontro e a experiência pessoal podem nos fazer conhecer Cristo. Esse conhecimento experimental de Deus em nós é o coração da contemplação. A santa humanidade de Cristo é sempre o caminho para chegar a Deus: deixá-lo falar no silêncio, diante do Santíssimo Sacramento, diante de um crucifixo, na presença de um doente que é outro Cristo, o Cristo em pessoa. Cada alma certamente tem o seu caminho. João Paulo II dizia que se às vezes se sentia maduro para pedir coisas a Deus, em outras ocasiões isto não era o caso.

Para santo Tomás, não há praticamente contradição entre a contemplação e a atividade. Assim, um monge pode enfrentar uma tempestade espiritual em sua cela ou na igreja do mosteiro, e encontrar Deus após trabalhar nos campos... O sacrifício, a obediência, a mortificação são suscetíveis de devolvê-lo ao Pai. Um intenso trabalho intelectual ou manual purifica o espírito das preocupações que tornam impossível a união consciente com Deus. "*Ora et labora*" resume as duas vias para a contemplação oferecidas não somente aos monges, mas a todos os discípulos de Cristo.

A contemplação nos prepara para o divino num movimento sem volta. O homem que contempla e reencontra seu Criador jamais será o mesmo; ele poderá cem vezes cair, cem vezes pecar, cem vezes negar Deus, uma parte de sua alma já alcançou definitivamente o céu.

Seria lamentável que a oração se transformasse em longos palavrórios indistintos que nos afastam da contemplação autêntica. A oração volúvel não permite ouvir Deus. Trata-se de um perigo da vida moderna em que o silêncio se faz às vezes constrangedor. Temos necessidade sem cessar de ouvir o ruído do mundo: hoje, a logorreia é uma forma de regra imperiosa, e o silêncio se refere a um fracasso...

A contemplação representa um momento precioso do encontro entre o homem e Deus. A luta é constante, mas a vitória, soberba, tem esse preço.

Talvez seja um desafio, mas o senhor poderia resumir em algumas palavras a busca por Deus da qual fala tão frequentemente?

O salmo 42,1-3 diz: "Como uma corsa anela pelas torrentes de água, minha alma anela por ti meu Deus. Tenho sede de Deus, do Deus vivo. Quando entrarei para comparecer diante de Deus?". Penso que essas frases exprimem o desejo que está no fundo de nós de maneira permanente; o homem tem necessidade absoluta de Deus como um recém-nascido necessita de sua mãe.

O Pai nos fez para ele, mas nosso coração está angustiado, dividido por uma surda inquietação. De fato, ele espera simplesmente repousar em Deus; somente Ele pode nos satisfazer. Eis por que, conscientemente ou não, estamos constantemente em busca do Pai.

Não é preciso temer buscá-lo sempre, porque Deus está escondido por tantos acontecimentos em nossa vida, tantas tentações, tantas falsas luzes que nos cegam; nós podemos perdê-lo facilmente.

Entretanto, o desejo de Deus permanece inscrito no coração do homem. Sim, o homem foi criado por Deus, para Deus, e Deus não cessa de atraí-lo. É apenas em Deus que o homem encontrará a verdade e a felicidade que busca febrilmente. Santo Agostinho falou magnificamente desta atração confusa do homem pela cidade de Deus, ao contrário de todos os encantos perecíveis da cidade terrestre.

O homem deseja o excepcional, que é Deus, mas jamais o encontrou verdadeiramente. No nosso tempo de indiferença religiosa, a procura é ainda mais viva. Porque as coisas do tempo são coniventes com a eternidade. Se a secura da época parece excessiva, não se deve esquecer que a fonte divina permanece mais presente do que nunca. O homem pode procurar sem saber por que, ou mesmo recusar o caminho para Deus; mas sua busca existe em profundidade. Como saber detectar essa sede interior, para ajudar a humanidade a superar o véu das aparências sensíveis?

Penso que o homem jamais será indiferente diante de Deus. Ele pode querer esquecê-lo, por modismo ou por ideologia. Mas essa retirada tímida é circunstancial. Nesse sentido, o ateísmo não existe. Paradoxalmente, o fato de não crer já é a proclamação de uma fé reprimida.

A Igreja fala da felicidade sobrenatural. O que significa essa expressão?

Para os teólogos, a bem-aventurança consiste em ver e possuir Deus. Na terra, não vemos Deus: sabemos que existe, mas não o vemos. Segundo santo Tomás, a visão de Deus no céu será imediata.

Na terra, quereríamos amar de todo nosso coração, mas não chegamos a isso. Por quê? Porque nós não vemos Deus. No céu, nossa alma estará silenciosa, perfeitamente dócil e transparente à luz. A alma estará imóvel. A perpétua inquietação do homem na terra o conduz à procura de aparências fugidias. No céu, possuiremos o ser.

A promessa de uma transformação e de uma ressurreição não cessa de surpreender desde mais de dois mil anos. É certamente difícil se preparar nesta terra para a felicidade do céu. O único método seguro é permanecer unido a Deus presente em nosso coração. A visão da eternidade não nos é dada durante nossa vida presente, mas temos a fé que é uma posse nas trevas.

Neste mundo, a certeza da perfeição de Deus deve nos bastar. Santo Agostinho expressou esse sentimento numa fórmula paradoxal e célebre. Numa frase atribuída a Agostinho, bispo de Hipona, ele teria afirmado: "Meu Deus, se me propondes mudar, que eu me torne Deus e Vós Agostinho, eu diria: Não! Prefiro que vós sejais Deus e eu Agostinho ou nada importa, e o que isso acrescenta? Sois Vós que sois minha felicidade, não sou eu".

Os cristãos sabem que nos fins dos tempos Cristo voltará em glória. Segundo a Bíblia, será escoltado por todos os anjos, e diante dele se reunirão os povos. Ele separará os homens, como o pastor separa as ovelhas dos bodes. Ele colocará uns à sua direita para viver com ele na eternidade e os outros, que escolheram suas posições, permanecerão afastados de sua luz. A cidade terrestre não é nossa verdadeira pátria; ela é um momento transitório. Nascemos para fazer uma grande viagem para a cidade de Deus e nos tornar "concidadãos dos santos, habitantes da casa de Deus" (Ef 2,19).

Apesar desse destino sublime, somos chamados aqui a sermos artesãos de Deus, para que gotas da eternidade desçam já neste mundo. A visão do céu não pode nos fazer esquecer de que devemos combater as potências do mal que buscam sem descanso corromper a humanidade criada por Deus. O reino de Deus deve começar *hic et nunc*.

Na terra, temos o tesouro da oração, que é a língua do céu.

Nessa língua, todas as palavras não traduzem senão um só pensamento, uma só verdade que logo invade a alma e a penetra inteiramente para dirigi-la e enobrecê-la; esta verdade, Cristo a anuncia: eu sou o amor infinito; tudo que é meu eu vos dou de maneira que sejamos unidos como o Pai e o Filho são unidos (Jo 17,22-23).

O latim diz: "Soli Deo". Somente Deus sempre deve magnetizar o homem?

O homem não deve voltar-se para si mesmo. É a orientação exatamente inversa que lhe assegura o equilíbrio e a vida. É preciso que o homem se desligue de si mesmo. Enquanto estiver fechado em seu ego, sua própria prisão interior permanecerá um verdadeiro inferno.

Deus unicamente é a via aberta pela qual podemos nos desligar de nós mesmos.

É somente o pensamento em Deus que pode nos dar ao mesmo tempo a liberdade e a pureza, e o equilíbrio entre uma e outra. Não é tomando modelo dos homens, mesmo dos melhores, que nós saberemos o que devemos fazer, mas voltando-nos para Deus; é Ele que nos mostrará quais são os sacrifícios que nos foram pedidos, e é Ele somente que nos dará a força para fazê-los.

Quando estamos na obscuridade e não chegamos mais a ver Deus, nem mesmo o seu ideal, é necessário ter um pouco de coragem permanecendo pacientemente voltados para Ele. Nestas horas sombrias, avançamos mais rapidamente para o fim. Os túneis da fé são atalhos para Deus; distrair-se, então, é perder grandes graças. Tantos santos fizeram a experiência disso...

Se formos fiéis em dirigir sempre pacientemente nossa alma para a luz divina, tornar-nos-emos luminosos ao nosso redor, como as flores tomam a aparência do sol.

A orientação normal produzirá a ordem, o equilíbrio, a tranquilidade e a paz. Então, estaremos no caminho da santidade que consiste em se concentrar em Deus mais que em si mesmo e em viver de sua beleza eterna.

Trata-se do pensamento espiritual de Madre Teresa de Calcutá, que podia escrever no fim de sua vida: "Esforçai-vos por caminhar na presença de Deus, de ver Deus em todos aqueles que encontrardes, particularmente nas ruas, irradiai a alegria de pertencer a Deus, de viver com Deus, e de ser dEle.

8
O MISTÉRIO DA INIQUIDADE E AS GRANDES DÚVIDAS

"Exceto os próprios pecados, numerosos projetos de desumanização do homem são obras de Satanás, simplesmente porque ele odeia o homem."

Papa Francisco
Homilia da segunda-feira, 29 de setembro de 2014

NICOLAS DIAT: Como o senhor reage diante do escândalo dos sacerdotes pedófilos?

CARDEAL ROBERT SARAH: Se crianças são confiadas a um sacerdote a fim de que as conduza para Deus, e esses pequenos seres frágeis são objeto de violências sexuais, trata-se de um comportamento iníquo e criminoso de grande gravidade. A pedofilia constitui um dos desvios morais mais abomináveis.

DEUS OU NADA

Os bispos que esconderam voluntariamente esses escândalos são uma pequena minoria. É, contudo, incontestável que suas más gestões prejudicaram muito a Igreja. Entretanto, não esqueçamos que muitos sacerdotes ou religiosos predadores estabeleceram estratégias sutis para que os seus atos delituosos permanecessem secretos. Muitas vezes, infelizmente, muitas vítimas não denunciaram essas situações porque elas se encontravam em sofrimentos psicológicos terríveis. Tenho clareza de que o respeito pela figura do sacerdote pôde igualmente desempenhar um papel no estabelecimento de uma cultura do silêncio.

Sob o pontificado de João Paulo II, Joseph Ratzinger foi muito corajoso em sua vontade de não fechar os olhos diante de tais crimes. É importante recordar esta Palavra sem concessão de Cristo: "Quem Acolhe em meu nome uma criança, como esta, acolhe a mim mesmo. Mas todo aquele que causa a queda de um só desses pequenos que creem em mim, é preferível para ele que lhe pendurem ao pescoço uma grande mó e o precipitem no abismo do mar" (Mt 18,5-6). É essencial lembrar que Jesus é impiedoso e que não perdoa o escândalo causado às crianças, como não tolera a tibieza de nossa fé: "Conheço tuas obras: não és frio nem quente. Oxalá fosses frio ou quente! Mas porque és morno, nem frio nem quente, estou para vomitar-te da minha boca" (Ap 3,15-16).

Os bispos que transferiram sacerdotes pedófilos de paróquia em paróquia para dissimular suas agressões tiveram um comportamento abjeto. Como imaginar que esses crimes iam cessar por encantamento?

Essa prática foi claramente utilizada na Irlanda. Nesse país, os abusos sexuais atingiram níveis excepcionais. A carta de Bento XVI aos católicos irlandeses, publicada em março de 2010, não quis camuflar a amplidão dos dramas vividos por causa da traição de membros do clero.

Quando era arcebispo em Conakry, não tive problema algum de pedofilia em minha diocese, e é incontestável que esse escândalo pouco tocou a África. Em outro nível, tive de enfrentar sacerdotes que mantinham ligações clandestinas com mulheres; os fiéis ficavam muito chocados com esses excessos de seus pastores. Além disso, a situação dos sacerdotes que levam uma vida dupla com mulher e filhos não é menos grave, porque profanam assim a imagem do grande sacerdote Jesus Cristo e a graça sacerdotal. "Não vos iludais, diz são Paulo, Deus não se deixa ludibriar; pois o que o homem semeia, ele o colherá. Quem semeia para a carne colherá o que produz a carne: a corrupção. Quem semeia para o espírito colherá o que produz o espírito: a vida eterna" (Gl 6,7-8).

Realmente, creio que muitos bispos não estavam preparados para afrontar problemas tão pesados. Além disso, ignoramos muitas vezes a complexidade do acompanhamento médico dos pedófilos. Os dirigentes de um número de dioceses entraram em relação com as equipes médicas adequadas, o que também representava uma soma de dificuldades consideráveis.

Hoje, penso que a Igreja afrontou com grande coragem e verdadeira eficácia o problema dos predadores sexuais. É importante compreender que João Paulo II ignorava realmente essa questão. A doença o impediu de tomar consciência da amplidão da traição de alguns homens. Com grande lucidez, Joseph Ratzinger abriu uma nova via. Bento XVI, depois Francisco adotaram métodos radicais para matar as raízes desse horror.

Em numerosos países, as instituições civis que devem afrontar semelhantes problemas poderiam se inspirar na transparência da Igreja. Não temo dizer que agimos de tal maneira que o tratamento dado pela Igreja é agora um modelo.

Qual a melhor maneira de compreender a sentença de Francisco, por ocasião da conferência de imprensa na viagem à Terra Santa, comparando os atos dos padres pedófilos a missas de magia negra?

O papa refletiu com maturidade sobre a amplitude de tal comparação. Francisco decidiu pronunciar essa frase porque pensa que a pedofilia é um ato satânico. Eu subscrevo categoricamente a acusação do Santo Padre. Como um sacerdote que pôde agredir com violência inaudita uma criança inocente pôde em seguida celebrar a santa missa?

Após ter cometido um crime sexual de tal gravidade, um sacerdote não pode mais levar em suas mãos a hóstia consagrada. Se ele escolhe continuar celebrando a missa, seu desrespeito ao Filho de Deus tornou-se tão grande que ele se encontra numa situação, consciente ou não, de pacto com o diabo. Um sacerdote pedófilo que celebra a missa comete um sacrilégio.

Um ato pedófilo atinge ontologicamente o ser mesmo do sacerdote; em consequência, o elo sacerdotal que o liga a Cristo é posto por terra. A ruptura é tão forte que ele não pode mais entrar em comunhão com Jesus.

Como um sacerdote pode chegar a tal perversão e esquecer as palavras sagradas, graves e prenhes de consequências, de sua ordenação sacerdotal: "Recebei a oferenda do povo santo para apresentá-la a Deus. Tende consciência daquilo que fareis, imitai em vossa vida o que realizareis por esses ritos, e conformai-vos ao mistério da Cruz do Senhor"?

Francisco quis denunciar as missas de magia negra para repudiar o diabo e pôr suas más ações em plena luz. O ato pedófilo representa um aviltamento da inocência, a negação da criação de Deus; o combate contra a pureza divina é a essência daquilo que agrada o diabo. O corpo de uma criança é virgem, e Satanás não pode suportar esta virgindade.

Deve-se agradecer a Francisco com gratidão pela sua coragem. Porque o diabo procurará se vingar.

Como falar sem polêmica e inutilmente, mas com objetividade, da traição de alguns homens da Igreja?

Nos seminários, uma pequena minoria de homens escondeu problemas que os colocavam em profundo desacordo com a vocação sacerdotal.

Não posso compreender que eles tenham aceitado a ordenação para se encontrar em seguida numa situação de profanar os sacramentos.

Em sua carta pastoral aos católicos da Irlanda, Bento XVI encontrara palavras muito severas contra os sacerdotes e os religiosos que abusaram das crianças. Ele escrevia: "Traístes a confiança que os jovens inocentes e os seus pais tinham em vós. Por isto deveis responder diante de Deus onipotente, assim como diante de tribunais devidamente constituídos. Perdestes a estima do povo da Irlanda e lançastes vergonha e desonra sobre os vossos irmãos. Aqueles de vós que sois sacerdotes violastes a santidade do sacramento da Ordem Sagrada, no qual Cristo se torna presente em nós e nas nossas ações. Juntamente com o enorme dano causado às vítimas, foi perpetrado um grande dano à Igreja e à percepção pública do sacerdócio e da vida religiosa. Exorto-vos a examinar a vossa consciência, a assumir a vossa responsabilidade dos pecados que cometestes e a expressar com humildade o vosso pesar. O arrependimento sincero abre a porta ao perdão de Deus e à graça do verdadeiro arrependimento. Oferecendo orações e penitências por quantos vos ofenderam, deveis procurar reparar pessoalmente as vossas ações. O sacrifício redentor de Cristo tem o poder de perdoar até o pecado mais grave e de obter o bem até do mais terrível dos males. Ao mesmo tempo, a justiça de Deus exige que prestemos contas das nossas ações sem nada esconder. Reconhecei abertamente a vossa culpa, submetei-vos às exigências da justiça, mas não desespereis da misericórdia de Deus".

O homem da Igreja que comete tais pecados mente a si mesmo e trai a Deus. Cristo lhe deu todos os meios para realizar seu sacerdócio, mas preferiu pactuar com as forças das trevas. Assim, a graça dada no dia da sua ordenação foi gravemente posta a serviço do mal. Um seminarista jamais é forçado a se tornar sacerdote. Assim sendo, como compreender que um homem que conhece tais pulsões mortíferas possa escolher o caminho do sacerdócio? Alguns especialistas nessas questões consideram que um pedófilo se dirige sempre para o meio no qual ele sabe que poderá encontrar crianças. Essa explicação mostra a que ponto a Igreja deve reforçar os controles para detectar esse tipo – certamente minoritário – de indivíduos.

O pedófilo se torna culpável de uma tríplice traição, a si mesmo, à Igreja e ao povo dos batizados, e ele é também o autor de uma contestação radical do ensinamento de Cristo. O maior criminoso guarda sempre a possibilidade do perdão divino, mas o sacerdote pedófilo se põe em uma situação de combate frontal com o Filho de Deus.

Que lição reter do terrível episódio da história do padre Martial Maciel, o fundador dos Legionários de Cristo?

Eu evocava atrás o problema dos bispos que não conhecem os horrores cometidos por alguns padres.

Permita-me contar uma pequena história pessoal. Quando era arcebispo de Conakry, li um livro do padre Martial sobre a formação dos seminaristas e do clero. Considerei sua análise magnífica... De fato, eu ignorava toda sua verdadeira vida e seu comportamento indigno. Além disso, como podia imaginar que aquela obra não tinha sido escrita por sua mão e, pior ainda, que passagens inteiras tinham sido roubadas de outros tratados de espiritualidade?

Antes de minha ida a Roma, meu conhecimento dessa congregação era limitado. Além disso, jamais encontrei o padre Martial. Mais tarde, quando trabalhei na Congregação para a propagação da fé [o mesmo que Congregação para a evangelização dos povos], surpreendi-me com o luxo das casas de formação e dos centros espirituais da Legião; nesse contexto, eu me interroguei muitas vezes sobre sua capacidade para ir a países pobres de missão.

Entretanto, estava impressionado pelo número importante de vocações sacerdotais que eles suscitavam. Por ocasião de um congresso de teologia no Ateneu pontifício *Regina Apostolorum*, que depende da Legião de Cristo, admirei a boa conduta de todos esses seminaristas vindos essencialmente da América Latina. Eles eram um símbolo da nova evangelização desejada por João Paulo II. Minha admiração por esses jovens da Legião de Cristo jamais foi manchada. Porque Deus faz muitas vezes coabitar a cizânia e o bom grão até a colheita. Podemos admirar o dom generoso de suas vidas e de seus compromissos no seguimento de Cristo.

Seguramente, uma questão queima ainda os lábios. Como um homem tão corrompido como o padre Maciel pôde abusar durante tantos anos das autoridades romanas e dos papas? Penso que o fundador da Legião de Cristo traiu as graças que o céu lhe dera. Ou o diabo se apoderou pouco a pouco de sua alma e lhe inspirou todas as abjeções que conhecemos agora. Não creio possível imaginar que esse homem nunca tivesse um só dia em relação com Jesus Cristo. Parece evidente que ele rejeitou sem cessar a ajuda que o Filho de Deus podia lhe dar.

Segundo as revelações que a pesquisa sobre sua vida exumou, muito jovem ainda, Martial Maciel cometeu atos abomináveis. Sua duplicidade é tão mais impressionante que ele conseguiu pôr o governo da Legião a serviço de todos os seus desvios. O mistério permanece porque ele fundou uma família religiosa florescente. O padre Maciel instituiu uma obra para o bem da Igreja não abandonando jamais seu próprio pecado.

De fato, esse homem construiu uma obra de Deus ao mesmo tempo em que carregavam em sua própria pessoa os germes da destruição. Houve um combate entre o bem e o mal; Deus deu muito, enquanto ações secretas e maléficas não cessavam de difundir seus venenos diabólicos. Enquanto Deus construía uma obra magnífica, o demônio se obstinava de maneira sempre mais abominável em arruinar a obra até em suas fundações.

Não se deve esquecer de que os legionários de Cristo contribuíram enormemente para a Igreja no decorrer dos últimos cinquenta anos. O olhar que João Paulo II depositava na Legião era, inicialmente, de apreciação sobre seu autêntico trabalho missionário.

Após tantas dificuldades e assaltos do Maligno, estou certo de que o melhor triunfará. Devemos guardar uma lembrança reconhecida pela maneira como Joseph Ratzinger soube olhar com coragem e lucidez um problema tão complexo que outros pareciam não ver. A esse respeito, Bento XVI salvou a Legião de Cristo de um grande caos.

Realmente, o que é o mal?

Deus é amor e liberdade. Ele deixa cada um livre de amar ou não; seu amor a ninguém constrange. O mal é, pois, a oposição e o contrário de Deus. São João escreve que o mal representa fundamentalmente uma luta contra Deus. Nosso Pai é o bem supremo e o mal representa totalmente o que Deus não é.

Quais são as raízes do mal? Penso que ele vem da capacidade de cada ser criado de se decidir livremente pelo bem ou pelo mal. Segundo a Revelação, o mal vem do Maligno, de Satanás, que se rebelou contra Deus e que incitou nossos "primeiros pais" a se afastar da vontade de Deus. O mal é fundamentalmente uma rebelião contra Deus. Contra o bem e contra o amor.

Paradoxalmente, enquanto ninguém quer o mal, não hesitamos em cooperar com ele. "Certamente, sabemos que a lei é espiritual; eu, porém, sou carnal, vendido como escravo ao pecado. Efetivamente eu não compreendo nada do que faço: o que eu quero, não o faço, mas o que odeio, faço-o. Ora, se faço o que não quero, estou de acordo com a lei e reconheço que ela é boa; não sou eu, pois, quem age assim, mas o pecado que habita em mim. Pois eu sei que em mim – quero dizer em minha carne – o bem não habita: querer o bem está ao meu alcance, não, porém, praticá-lo, visto que não faço o bem que quero, e faço o mal, que não quero. Ora, se faço o que não quero, não sou eu quem age, mas o pecado que habita em mim [...] Infeliz que eu sou! Quem me livrará desse corpo que pertence à morte?", escrevia são Paulo que procurava repelir o mal (Rm 7,14-20.24). Na Carta aos Romanos, o apóstolo descreve assim em termos particularmente realistas a luta que habita todo homem. Não ignoramos o interdito; entretanto, pecamos. De fato, o interdito não exclui a falta, muito pelo contrário. Tudo se passa como se a lei suscitasse o desejo de transgredi-la.

Finalmente, o mal não se pode diferir senão em relação ao bem. Sem Deus, a falta não tem sentido pleno, porque é impossível apreciar de uma maneira segura a natureza do bem e do mal. Assim, quando o homem procura suprimir Deus, tem a vontade de estabelecer as fronteiras do bem e do mal. Eis o drama do homem contemporâneo. Se o homem se torna um deus, ele se afunda numa noite escura na qual os valores não têm sentido, uma vez que o bem e o mal não existem mais. A humanidade poderia assim se precipitar numa forma de caos, porque sem fronteiras entre o bem e o mal, as raízes da justiça se dissipam perigosamente.

No plano divino, o mal permanece para nós um grande mistério. Após a morte, poderemos compreender tantas coisas difíceis de aceitar aqui.

Desde o início de seu pontificado, Francisco sempre fala da existência do demônio. Não se trata de um assunto pouco compreensível?

A Revelação nos ensina, com certeza, a existência de espíritos maus que se opõem a Deus, recusando servi-lo, e que impelem os homens a se rebelar contra Deus. O demônio é aquele que divide, que opõe os homens entre si.

A existência do demônio não se compreende tão bem a não ser por suas obras. Como todos os espíritos, ele não é visível. Além disso, Satanás nada ama tanto quanto a obscuridade na qual ele se encontra; quanto mais o diabo está escondido, mais é eficaz.

O príncipe deste mundo se reconhece igualmente por todas as tentações nas quais caímos. Pelas Escrituras, sabemos que tentou Cristo. São Lucas escreveu assim: "Jesus, repleto do Espírito Santo, voltou do Jordão e estava no deserto, conduzido pelo Espírito, durante quarenta dias, e era tentado pelo diabo. Não comeu nada durante aqueles dias e, decorrido esse tempo, sentiu fome. Ora, o demônio lhe disse: 'Se tu és Filho de Deus, ordena a esta pedra que se transforme em pão'. Jesus lhe respondeu: 'Está escrito: *Não só de pão viverá o homem*'. O diabo o conduziu mais alto, mostrou-lhe num instante todos os reinos da terra, e lhe disse: 'Eu te darei todo este poder com a glória destes reinos, porque é a mim que ele foi entregue e eu o dou a quem eu quiser. Tu, portanto, se me adorares, tudo isto será teu'. Jesus lhe respondeu: 'Está escrito: *Adorarás ao Senhor, teu Deus, e só a Ele prestarás culto*'. O diabo o conduziu a Jerusalém; levou-o para a Cumeeira do Templo e lhe disse: 'Se és Filho de Deus, joga-te daqui para baixo, pois está escrito: *Ele dará a teu respeito ordem aos seus anjos de te guardarem*, e ainda: *Eles te carregarão nas mãos para que não contundas o pé em alguma pedra*'. Jesus lhe respondeu: 'Está escrito: *Não porás à prova o Senhor, teu Deus*'. Tendo então esgotada toda tentação possível, o diabo afastou-se dele até o momento fixado" (Lc 4,1-13).

Eu gostaria igualmente de citar um texto de Paulo VI, de 29 de junho de 1972, na ocasião de uma missa na basílica de São Pedro. O papa não escondia sua dor e suas angústias: "Referindo-se à situação da Igreja de hoje, temos o sentimento de que, por alguma fresta, a fumaça de Satanás entrou no povo de Deus. Vemos a dúvida, a incerteza, a problemática, a inquietação, a insatisfação, o confronto. Não existe mais confiança na Igreja. Coloca-se sua confiança no primeiro profeta profano aparecido que vem falar-nos da tribuna de um jornal ou de um movimento social, e corre-se atrás dele para lhe perguntar se ele possui a fórmula da verdadeira vida, sem pensar que estamos já na posse dela, e que dela somos mestres. A dúvida entrou em nossas consciências, e entrou pelas janelas que deveriam estar abertas à luz. A crítica e a dúvida vieram da ciência, que, entretanto, é feita para nos dar verdades que não somente não nos afastam de Deus, mas que nos fazem procurá-lo ainda mais e celebrá-lo mais intensamente. Os sábios são aqueles que curvam a cabeça, que se interrogam dolorosamente. Acabam por dizer: "Não sei, nós não sabemos, nós não podemos saber". O ensinamento torna-se fonte de confusão e de contradições às vezes absurdas. Celebra-se o progresso para poder em seguida demoli-lo por revoluções as mais estranhas e as mais radicais, para renegar todas as conquistas, para voltar a ser primitivos após tanta exaltação dos progressos do mundo moderno. Na Igreja igualmente reina esse estado de incerteza. Acreditava-se que após o concílio o sol teria brilhado na história da Igreja. Mas no lugar do sol, tivemos as nuvens, a tempestade, as trevas, a busca, a incerteza. Pregamos o ecumenismo e nós nos separamos sempre mais uns dos outros. Procuramos abrir abismos em vez de inteirá-los. Como isto pôde se produzir? Uma potência diversa interveio cujo nome é o diabo, esse ser misterioso ao qual são Pedro faz alusão em sua carta. Quantas vezes, no Evangelho, Cristo não nos fala desse inimigo dos homens! Cremos na ação de Satanás que se exerce hoje no mundo precisamente para perturbar, para sufocar os frutos do concílio ecumênico e para impedir que a Igreja cante sua alegria de ter retomado plenamente consciência de si mesma. É por isso que nós quereríamos, hoje mais do que nunca, ser capazes de exercer a função, confiada por Deus a Pedro, de confirmar nossos irmãos na fé. Quereríamos vos comunicar esse carisma da certeza que o Senhor dá àquele que o representa nesta terra, qualquer que seja sua indignidade. A fé nos dá a certeza, a segurança, quando se funda na Palavra de Deus, aceitada e reconhecida como conforme à nossa razão e à nossa alma humana".

São João Maria Vianney dizia com razão que "é o Espírito Santo que persegue as brumas que o demônio coloca diante de nós para que percamos o caminho do céu".

Assim, é importante que as dioceses possuam sacerdotes exorcistas, solidamente preparados, envoltos de santidade e protegidos pelo manto virginal de Maria. As manifestações do demônio são hoje muito importantes e largamente difundidas. Sob sua influência, os pecados de ontem tornaram-se virtudes. O diabo está finalmente na festa porque ele acrescenta ganhos substanciais. Não devemos, entretanto, ter dúvida alguma, porque a vitória definitiva será para Deus somente. São Mateus relata esta frase magnífica de Cristo a Pedro: "E eu digo que tu és Pedro e sobre esta pedra edificarei a minha Igreja, e a Potência da morte não terá força contra ela" (Mt 16,18).

Deus nos prometeu a vitória sobre as forças do mal. Nossa esperança deve ser inteira.

"Há em todo homem, a toda hora, duas postulações simultâneas, uma para Deus, a outra para Satanás. A invocação para Deus ou espiritualidade é um desejo de subir em graduação, a de Satanás ou animalidade é uma alegria de descer". Esse pensamento de Charles Baudelaire em Les Fleurs du mal *lhe parece esclarecedor?*

Esse grande poeta registra as observações de são Paulo sobre a dificuldade em fazer o bem. Lembre-se de que o apóstolo dizia: "Eu me comprazo na lei de Deus, enquanto homem interior, mas em meus membros descubro outra lei que combate contra à lei que a minha inteligência ratifica; ela faz de mim o prisioneiro da lei do pecado que está nos meus membros" (Rm 7,22). Existe no homem uma nostalgia de Deus, uma aspiração e um afeto conatural para ir para o Pai. Entretanto, o homem permanece duplo, dividido entre sua procura do bem e o poder das trevas. O diabo procura diariamente nos enredar nas malhas da tentação. O homem olha para o céu, mas a inércia do diabo o atrai sem cessar. Desse ponto de vista, a oração, acompanhada pela penitência, é um ato de resistência, um sinal de não submissão ao príncipe desse mundo. Acredito que a filósofa cristã Simone Weil tinha razão de escrever em seu livro *La Pensateur et la Grâce*[12]: "A criação: o bem posto em pedaços e espalhado mediante o mal. O mal é sem limites, mas não é infinito. Só o infinito limita o ilimitado". Essa reflexão apresenta a verdade de nossa condição terrestre. Igualmente, ela concluía justamente por esta promessa sobre o resultado de nosso combate: "Dizer que o mundo nada vale, que esta vida nada vale, e dar como prova o mal é absurdo, porque se isto nada vale, do que se nega o mal?".

Na história da humanidade, Deus nos prometeu que o mal não escreveria a última palavra. Mediante as tribulações dessa grande luta, necessitamos não permanecer sozinhos. Sem o socorro da graça, somos crianças perdidas; o homem é um cipó que procura subir para o sol, mas ele necessita de uma árvore sólida. Para a humanidade, a Igreja é esta árvore; e para a Igreja, esta árvore sobre a qual se enrolar para subir seus filhos para o céu, é Cristo.

Finalmente, existe o inferno ou se trata de uma fábula assustadora e ultrapassada?

O inferno marca uma separação definitiva entre Deus e o homem. Mas Deus não envia jamais ao inferno; a condenação é o resultado de uma livre escolha. Assim, o inferno existe por uma vontade irredutível de se apartar de Deus.

Entretanto, se ninguém procura o sofrimento, a decisão de não reconhecer Deus ocasiona consequências inelutáveis. A separação do Pai é um ato grave porque o homem se aparta de Deus do qual é filho. O inferno representa o contrário do desabrochar em Deus. Esse sofrimento é comparado a um fogo ardente porque nada existe mais terrível do que matar seus pais, fazê-los desaparecer definitivamente de seu coração e de seus olhos.

Hoje, o inferno constitui um problema que está perfeitamente apagado da reflexão autorizada; Satanás tornou-se uma forma de representação unicamente romanesca. Desde então, o diabo exulta porque seus atos são esquecidos e escondidos.

Entretanto, a visão do inferno por grandes santos da Igreja é assustadora. Gostaria de citar as palavras de são Marcos que são particularmente claras: "Se tua mão te leva à queda, corta-a; mais vale entrares na vida maneta, do que ir parar com ambas as mãos na geena, no fogo que não se apaga. Se teu pé te leva à queda, corta-o; mais vales entrares na vida coxo do que seres lançado na geena com ambos os pés. E se teu olho te leva à queda, arranca-o; mais vale entrares no reino de Deus caolho, do que seres lançado com ambos os olhos na geena, onde o verme não morre e o fogo não se apaga. Pois cada um será salgado no fogo" (Mc 9,43-49).

O inferno é uma realidade, e não uma ideia. As representações do Juízo final, nos tímpanos das catedrais, são explícitas. No Ocidente, decidimos orgulhosamente eliminar a questão do inferno. Mas, na África, acreditamos na nocividade das forças do mal. A ninguém viria a ideia de negar sua existência, seus malefícios e seus métodos.

A astúcia suprema do demônio sempre é a de fazer crer que ele não existe. Entretanto, o papa Francisco não teve medo de falar de Satanás em sua primeira missa após sua eleição para a Sede de Pedro, em 14 de março de 2013, na Capela Sistina, declarando: "Quando não se confessa Jesus Cristo, faz-me pensar nesta frase de Léon Bloy: "Quem não reza ao Senhor, reza ao diabo". Quando não confessa Jesus Cristo, confessa o mundanismo do diabo, o mundanismo do demônio".

No Evangelho, Cristo diz explicitamente que não é possível repelir o diabo a não ser pela oração e pelo jejum. A Igreja não pode passar em silêncio um ensinamento tão forte.

Como definir o purgatório?

Não ignoro que se trata de uma noção muito difícil para ser compreendida. Santos falaram muito dessa questão, como Catarina de Siena. No *Le Livre des dialogues,* escrevia: "Se os pobres homens pudessem suspeitar o que são o purgatório e o inferno, prefeririam morrer dez vezes do que sofrer tais suplícios um só dia". Igualmente, santo Agostinho não hesitava tratar desse assunto, em seus sermões: "O apóstolo diz: ... será salvo, todavia, como pelo fogo... (1Cor 3,15) Despreza-se esse fogo por causa das palavras 'será salvo'. É certo, no entanto, que esse fogo salvador será mais terrível que todos os sofrimentos que um homem possa suportar nesta vida". [Santo Agostinho, Contra Epistolam Parmeniani, Libri tres: ML 43,33-108].

Quem diz a verdade? Santo Agostinho ou nós, que consideramos mais ou menos confusamente que o purgatório é uma noção obsoleta sem interesse?

De fato, gostaria de partir de minhas raízes africanas animistas. Entre os meus antepassados pagãos, quando um homem morre de uma doença brutal ou de um acidente trágico, o corpo é interrogado. Pergunta-se diretamente ao falecido o que lhe ocasionou essa morte súbita.

Por exemplo, lembro-me perfeitamente de um homem pagão, originário de uma aldeia vizinha, que falecera em Ourous com queimaduras muito graves. Para entrar em sua casa, o séquito funerário devia atravessar um rio. Mas os costumes proíbem atravessar um rio com um morto. Ele foi, pois, sepultado não longe de Ourous, num pequeno bosque. No momento das exéquias, vi os que carregavam seu corpo avançar e recuar, para ir subitamente à direita e à esquerda. Perguntei à minha mãe as razões desses movimentos estranhos. Ela me explicou que era necessário interrogar o morto, que respondia pelas indicações dos movimentos que ele dava aos que o carregavam... Fiquei muito duvidoso, mas minha mãe me repetiu que se tratava do poder da morte que explicava esses gestos. Eu lembro que o mestre de cerimônias questionava diversamente o defunto: a qualidade de sua relação com sua mulher, o respeito dos costumes, a honestidade no trabalho, ou o respeito aos antepassados. De fato, a crença animista considera que a alma vai errar na miséria e no sofrimento, obrigada a trabalhos servis humilhantes, até que ela seja lavada de todas as faltas terrenas. Em seguida, após esse período de purificação, ela poderá alcançar a aldeia dos antepassados, que representa o equivalente do paraíso. Sem esse ritual, que é momento de verdade, a alma é suscetível de se abater no tédio, isolada, sem ligação com seus irmãos. Quando a alma é andarilha, pode prejudicar a quietude e os negócios dos vivos; os sacrifícios e as libações no pé das estelas sagradas destinam-se a ajudar essas almas a alcançarem a aldeia dos antepassados.

Em muitas religiões primitivas, o purgatório é o momento de divagação antes do "paraíso", que o homem pode conhecer se sua alma se purificou, segundo as regras tradicionais. Os animistas não conheceram a Revelação durante muitos séculos, mas tiveram a intuição natural da necessidade de um lugar de transição.

Santo Agostinho cresceu numa cultura pagã e depois fez a escolha de converter-se ao cristianismo. Sua visão do purgatório é, portanto, particularmente interessante. Em diversos lugares de sua obra, precisa essa crença. Sua influência parece ter sido grande, sobretudo em dois pontos. De um lado, Agostinho fixa o tempo da prova do purgatório no além: ela tem lugar entre o julgamento individual após a morte de cada homem e o julgamento coletivo, ou Juízo final, no fim dos tempos. De outro lado, ele sublinha que essa prova que conduz obrigatoriamente ao paraíso não deve ser considerada como uma facilidade de salvação porque ela é muito temível.

Para os cristãos, o paraíso é o lugar onde os homens viverão em comunhão perfeita com Deus. Não é possível alcançar essa luz enquanto a nossa alma carrega as manchas das faltas terrestres. O purgatório é, pois, um tempo de purificação, um momento de preparação para a grande viagem para Deus. Como durante as longas travessias em navios, trata-se de um tipo de quarentena para as almas doentes.

Não podemos nos aproximar de Deus sem possuir uma alma completamente purificada; devemos estar completamente queimados com o fogo de seu amor. Para entrar na luz do Pai, é necessário estar irradiado.

Santa Teresa de Lisieux escreveu frases surpreendentes sobre o purgatório: "Escutai até onde deve ir a vossa confiança! Ela vos deve fazer acreditar que o purgatório não é feito para vós, mas somente para as almas que desconheceram o amor misericordioso, ou que duvidaram de seu poder purificador. Com esses que se esforçam em responder a esse amor, Jesus é 'cego' e não 'conta', ou melhor, não conta, para purificá-los, senão nesse fogo da caridade que 'cobre todas as faltas', e, especialmente, nos frutos de seu Sacrifício perpétuo. Sim, apesar de vossas pequenas infidelidades, podeis esperar ir diretamente para o céu, porque o bom Deus o deseja ainda mais que vós, e ele irá seguramente dar-vos o que esperais de sua misericórdia. É vossa confiança e vosso abandono que ele recompensará; sua justiça, que conhece vossa fragilidade, se dispôs divinamente para isso conseguir. Somente apoiando-vos nesta segurança, certificai-vos de tudo o mais que não se perde em amor!"[13].

Incontestavelmente, o racionalismo ocidental moderno tem grandes dificuldades para compreender a realidade do purgatório. Sobre tal assunto, percebemos a distância que pode existir entre o religioso e algumas sociedades. Essas não podem ver nesses casos senão histórias mágicas.

O homem que não quer compreender o purgatório não chega mais a saber quem é Deus. Se Deus é amor, ele arde desmesuradamente. Quando Moisés encontra Deus, vê um fogo ardente de onde sai uma voz que lhe diz: "Eu sou aquele que sou". Ele lhe pede que não chegue muito perto e que tire suas sandálias cheias de pó.

Nós não podemos ir a Deus como caminhantes românticos em busca de belas emoções no jardim inglês... Deus nos pede uma purificação de todos os estados confusos que desordenam nosso coração e obscureçam nossa alma.

Os santos estão imediatamente na alegria do céu. Mas, para a maior parte dos homens, o purgatório é uma antecâmara difícil e árida para o nosso Criador que quer nos perdoar de nossas faltas temporais. Em Deus não cabe um sentimento de vingança; sua medida não é a dos homens. Também o purgatório constitui uma restauração do homem. O velho homem se vai e o homem novo chega à ternura purificadora de Deus.

O purgatório nasce, pois, do amor divino. É um fogo purificador que alguns identificam com o próprio Deus.

Por que algumas vezes sentimos que Deus adormeceu?

Para responder a essa questão, inicialmente gostaria de citar as palavras de Bento XVI, em sua última audiência da quarta-feira, em 27 de fevereiro de 2013: "E, oito anos depois, posso dizer que o Senhor me guiou verdadeiramente, permaneceu junto de mim, pude diariamente notar a sua presença. Foi um pedaço de caminho da Igreja que teve momentos de alegria e luz, mas também momentos não fáceis; senti-me como São Pedro com os Apóstolos na barca no lago da Galileia: o Senhor deu-nos muitos dias de sol e brisa suave, dias em que a pesca foi abundante; mas houve também momentos em que as águas estavam agitadas e o vento contrário – como, aliás, em toda a história da Igreja – e o Senhor parecia dormir. Contudo sempre soube que, naquela barca, está o Senhor; e sempre soube que a barca da Igreja não é minha, não é nossa, mas é d'Ele. E o Senhor não a deixa afundar; é Ele que a conduz, certamente também por meio dos homens que escolheu, porque assim quis. Esta foi e é uma certeza que nada pode ofuscar. E é por isso que, hoje, o meu coração transborda de gratidão a Deus, porque nunca deixou faltar a toda a Igreja e também a mim a sua consolação, a sua luz, o seu amor".

Colocamos frequentemente esta questão da ausência de Deus quando olhamos a presença massiva do mal em nosso mundo. Quando viajei aos lugares mais desastrados da terra, nas Filipinas após o tufão ou na Jordânia nos campos de refugiados da guerra da Síria, não era inconcebível perguntar-se onde se encontrava verdadeiramente o Senhor. Se eu considero os cristãos perseguidos, acossados, desalojados de suas casas, constrangidos a um exílio em total penúria, abandonados e humilhados em toda a parte do mundo, sei que a desesperança é amplamente compreensível. Como no Antigo Testamento, queremos que Deus bata e aniquile nossos inimigos. Por que Deus não nos responde nesses momentos tão dramáticos?

E, entretanto, noite e dia lhe chega a angústia de nossas vozes: "Por ti nos matam todos os dias, e nos tratam como ovelhas de abate! Acorda, Senhor! Por que dormes?/ Sai do teu sono, não rejeites para sempre! Por que escondes a tua face/ e esqueces nossa desgraça e nossa opressão? Levanta-te! Socorro! /Resgata-nos em nome da tua fidelidade!"(Sl 44,23-25.27).

A grande Palavra de Cristo sobre a Cruz ecoa precisamente nossas dúvidas. Ele pergunta então ao seu Pai: "Senhor, por que me abandonaste?". Mas a súplica de Jesus é um ato de confiança sem retorno, para dizer a Deus que ele conta unicamente com Ele. Não se trata de um grito de revolta, mas de uma queixa filial. Ainda hoje, quando estamos perdidos como as testemunhas da crucifixão, a nossa dúvida permanece uma esperança. Se apelamos a Deus, é porque nele confiamos. A dúvida cristã não é um momento de desespero, mas uma declaração suplementar de amor.

Deus não dorme; ele está presente apesar de nossas buscas às vezes exclusivamente racionais. Somos crianças que choram sem compreender que nosso Pai sempre está a nosso lado.

Os maiores santos fizeram a experiência dos túneis da fé, como santa Teresa de Lisieux ou Madre Teresa de Calcutá...

Sim, santa Teresa teve experiências muito dolorosas. Quando estava no Carmelo, aconteceu-lhe duvidar da existência de Jesus, salvador dos homens. Conheceu esses momentos terríveis de noites escuras em que Deus parece estranhamente silencioso. Entretanto, Teresa sempre soube que não estava só, e que a luz acabaria por aparecer no fim do túnel. Sabia que Deus não a deixaria indefinidamente na obscuridade. Todos os santos conheceram esses momentos de grandes dúvidas. Esse sentimento de abandono assemelha-se ao que atravessou o coração de Jesus na Cruz; o Gólgota sozinho resume todas as nossas noites.

A dúvida é um momento de purificação e de fortalecimento. Desde então, coloca-se uma só questão: sempre cremos quando a noite fica desesperadamente opaca? Guardamos a esperança além dos tempos de facilidade? A fé é confiança ou não é.

Madre Teresa considerava que a dúvida era um meio de descobrir o verdadeiro rosto de Deus. Não se pode compreender Deus na abundância e na felicidade fácil. Após sua revolta contra as provas da pobreza que vivia diariamente, compreendeu que Deus nunca vinha consolar nossos pequenos desesperos ou nossas revoltas egocêntricas. Deus é o amor absoluto; Ele não pode, pois, se revelar senão no amor.

Partindo, tantas vezes, de todas as frentes da guerra, das fomes e dos tremores de terra, continuei a pensar, com Teresa de Lisieux, que a pequena via do abandono sem retorno ao amor divino era a única estrada possível.

Sim, é preciso acreditar apesar do sofrimento e das violências horríveis ligadas à loucura dos homens. Diante de tantas dores, temos dois caminhos. A revolta, que sempre induzirá dificuldades suplementares, e o amor, que nos conduzirá mais perto de Deus.

Madre Teresa viu as piores atrocidades. Mas ela compreendeu também que o sofrimento podia ocasionar novas solidariedades, satisfações inéditas, uma esperança irredutível.

De outra maneira, tornamos, muitas vezes, Deus responsável de muitos males, e não assumimos nossa própria responsabilidade... Sem Deus, o mundo seria um inferno permanente. Com Deus, a graça existe; ela é a ternura e a carícia do céu.

Como continuar a crer, segundo a expressão de são Josemaría, o fundador do Opus Dei, *"apesar dos pesares"?*

A Igreja sempre deve recordar a nossa filiação divina. Graças a ela, gozamos da alegria e da paz que vêm de Deus, e assim nossas debilidades não nos abatem.

Jamais devemos nos esquecer do momento da morte de Jesus. O desespero parece esconder tudo e as trevas superam a luz. Os apóstolos estavam aniquilados. Apesar desse drama infinito, as mulheres não renunciaram. Maria e Maria Madalena, a pecadora de quem Jesus expulsara sete demônios, quiseram cuidar do corpo de Jesus e ocupar-se da dignidade de sua sepultura. Elas não podiam acreditar que o mal tivesse vencido o

Filho de Deus. Maria permaneceu presente além da morte porque sua fé era uma rocha insubmersível; ela foi além do que é humanamente possível.

Ainda hoje, podemos superar todas as decepções que provamos claramente da Igreja, ou de toda outra realidade humana e cristã, se permanecemos unidos com Deus pela oração. Devemos confiar totalmente no fato de que não estamos sozinhos. Sem Deus, nada podemos.

Apesar dos sofrimentos, apesar dos fracassos, apesar do mal, nossa vitória é nossa fé. São João escreve: "E a vitória que venceu o mundo é a nossa fé. Quem é vencedor do mundo, senão aquele que crê que Jesus é o Filho de Deus?" (1Jo 5,4-5).

Às vezes, a obstinação contra a palavra do papa, contra o ensinamento da Igreja, contra a moral leva a pensar que o mal venceu a batalha. Algumas forças filosóficas obscuras gostariam de impor à Igreja o silêncio para melhor governar o mundo segundo princípios egoístas, mercantis e selvagens. Não devemos baixar a guarda contra o ruído que quer aniquilar toda vida interior do homem, embrutecendo-o com imagens e informações que são verdadeiras drogas.

É preciso acreditar apesar de tudo, porque esta é nossa vocação de cristão. É preciso crer no futuro da Igreja, que superou bem as crises. É preciso crer que o vencedor permanece Cristo. É preciso crer com uma grande e amorosa paciência.

Uma vez ainda, eu me volto para santo Agostinho que fala maravilhosamente de nossa condição humana: "Aquele que quer encontrar em si mesmo a causa de sua alegria estará triste, mas aquele que quer encontrar em Deus a causa de sua alegria estará sempre na alegria, porque Deus é eterno. Queres ter uma alegria interna? Adere Àquele que é eterno"[14].

9
EVANGELII GAUDIUM, A ALEGRIA DO EVANGELHO SEGUNDO O PAPA FRANCISCO

> "O próprio Deus nada poderia fazer para aquele que não lhe deu lugar. É preciso esvaziar-se completamente de si para deixá-lo entrar, a fim de que ele faça o que ele quer."
>
> Madre Teresa de Calcutá

NICOLAS DIAT: Na sequência de Paulo VI, Francisco gosta de falar, em sua primeira exortação apostólica, Evangelii Gaudium, *da doce e reconfortante alegria de evangelizar.*

CARDEAL ROBERT SARAH: Quando o homem comunica um bem, esse sai de seu coração, como de uma fonte de água que se derrama totalmente ao redor de si. O bem aumenta à medida que se dá. A *contrario*, ele se enfraquece na recusa de partilhar.

A renovação da fé e da vida cristã não existe a não ser na missão. E esse é um dom de Deus que nos associa a sua obra de salvação. Se a fé é comunicada com generosidade, ela se reforça porque "a fé é testemunhada quando se dá", dizia frequentemente João Paulo II, depois de santo Agostinho. Desde que o Evangelho foi difundido nos quatro cantos do mundo, [pag. 338] a Palavra de Deus irradia como os raios do sol para nos esclarecer a fim de que rejeitemos as atividades das trevas. A alegria transborda tanto no coração dos arautos do Evangelho quanto no coração de todos aqueles que abrem as portas de sua vida a Cristo.

Infelizmente, o número daqueles que não conhecem Cristo e não são parte da Igreja aumenta continuamente; quase dobrou desde o término do concílio. Dada essa multidão imensa de homens que o Pai ama e para quem enviou seu único Filho Jesus Cristo, a urgência da atividade missionária é evidente. A felicidade de ver crescer a Igreja deve estar no centro da preocupação de cada batizado. Quando a alegria da evangelização não constitui o centro da existência cristã, nós não podemos senão deplorar um sintoma preocupante de secura espiritual. O único desenvolvimento cristão autêntico reside na oferenda e no dom de si por causa do Evangelho. Porque há mais alegria em dar do que em receber; dar Jesus e seu Evangelho, dirigir o olhar de toda a humanidade para o mistério de Cristo dilata o coração de todo cristão. A mensagem de Cristo não nos pertence; existe para ser oferecida a toda a humanidade. Para ser justo, também é preciso notar que o número absoluto de batizados não cessa de aumentar no mundo e, em alguns países, até cresce a proporção de católicos.

Há diferentes níveis na evangelização. Nós não devemos responder à mesma sede se se trata de reforçar a fé de batizados que se afastaram da Igreja, ou se o desafio consiste em falar de Cristo pela primeira vez a pessoas que não o conhecem.

Francisco lembra que a evangelização é parte do mandato que Cristo nos transmitiu. Em sua exortação apostólica, cita duas frases importantes de são Paulo: "O amor de Cristo nos constrange" (2Cor 5,14) e "Ai de mim se não anunciar o Evangelho!" (1Cor 9,16). Mas o papa também afirma que "algumas expressões de são Paulo não deveriam nos surpreender". Incontestavelmente, há países em que as palavras do apóstolo dos gentios não são compreendidas...

Qual a significação exata de alegria cristã?

É importante lembrar que a alegria cristã nunca se assemelhou a uma felicidade fácil, como um caminho no qual voaríamos da vitória ao triunfo. Não quero esquecer a palavra de são Pedro: "De fato, não é por termos ido atrás de fábulas sofisticadas que vos demos a conhecer a vinda poderosa de nosso Senhor Jesus Cristo, mas sim por tê-lo visto com nossos próprios olhos em todo o seu esplendor" (2Pe 1,16). Quanto ao apóstolo dos gentios, ele considera a evangelização como um dever exigente. De fato, Paulo apresenta muitas vezes seu ministério em termos de combates, de sofrimentos e de provas. A adesão a Cristo implica sempre uma grande alegria, mas também uma comunhão com o mistério de sua Paixão, de sua morte e de sua Ressurreição: "Agora encontro minha alegria nos sofrimentos que suporto por vós; e o que falta às tribulações de Cristo, eu o completo em minha carne em favor do seu corpo que é a Igreja; dela tornei-me ministro em virtude do encargo que Deus me confiou a vosso respeito: completar o anúncio da Palavra de Deus" (Cl 1,24-25). A Palavra de Deus frequentemente ocasiona "fadiga e sofrimento, vigílias frequentes; fome e sede; jejum, muitas vezes; frio e indigência; sem contar todo o resto, a minha preocupação de cada dia, a solicitude por todas as Igrejas" (2Cor 11,27-28).

Assim, Francisco, inspirando-se em Paulo VI, *Evangelii nuntiandi*, escreve: "um evangelizador não deveria ter constantemente uma cara de funeral. Recuperemos e aumentemos o fervor de espírito, 'a suave e reconfortante alegria de evangelizar, mesmo quando for preciso semear com lágrimas! (...) E que o mundo do nosso tempo, que procura ora na angústia ora com esperança, possa receber a Boa Nova dos lábios, não de evangelizadores tristes e descoroçoados, impacientes ou ansiosos, mas sim de ministros do Evangelho cuja vida irradie fervor, pois foram quem recebeu primeiro em si a alegria de Cristo'".

De outro lado, é importante lembrar que o concílio Vaticano II marcou uma mudança na concepção da missão. Na ocasião de um colóquio organizado pelo Instituto católico de estudos superiores da diocese de Luçon, em março de 2013, sobre o tema "Cinquentenário do concílio Vaticano II, uma hermenêutica da continuidade", eu quis sublinhar que o Vaticano II constituiu a primeira reflexão sobre a missão no contexto de um concílio ecumênico. O trabalho começara no Vaticano I, mas não foi levado a termo. No decreto *Ad Gentes*, sobre a atividade missionária da Igreja, há uma mudança de perspectiva mediante a afirmação segundo a qual o fundamento da missão não se encontra unicamente no mandato de Jesus, mas na Trindade: "A Igreja peregrina é, por sua natureza, missionária, visto que tem a sua origem, segundo o desígnio de Deus Pai, na 'missão' do Filho e do Espírito Santo" (*Ad Gentes*, I, 2).

Se claramente não estabelecemos o mandato missionário na Trindade, existe o risco de reduzir a missão a múltiplas atividades de ordem social, de obras para o desenvolvimento econômico ou o progresso, de um engajamento político a favor da libertação dos povos oprimidos e da simples luta contra a exclusão. Tudo são coisas boas, às vezes necessárias, mas distintas da missão que Jesus confiou a seus discípulos. Ser missionário, de fato, não significa dar coisas, mas comunicar o fundamento da vida trinitária: o amor do Pai, do Filho e do Espírito Santo. Ser missionário consiste em conduzir os homens para uma experiência pessoal do amor incomensurável que une o Pai, o Filho e o Espírito Santo para se deixar prender ao mesmo tempo que eles pela fornalha ardente de amor que se manifestou de modo sublime na Cruz. Ser missionário é ajudar os outros a se tornarem verdadeiros discípulos de Jesus, pois "se formos totalmente unidos, assimilados à sua morte, o seremos também à sua ressurreição" (Rm 6,5).

O que acontece entre Jesus e seus discípulos é, por analogia, exatamente o que se passa entre o fogo e o ferro: há realmente entre Cristo e seus discípulos uma inefável comunhão de vida, de amor, de conhecimento recíproco, de comunhão tão estreita que Jesus age neles e os consome como em um braseiro. Mediante a imagem do ferro e do fogo, que encontramos em seu último manuscrito, santa Teresa do Menino Jesus percebeu esta dimensão simbólica da profundidade dos laços de amor entre Jesus e aqueles que Ele ama. O fogo tem somente o poder de penetrar no ferro, de embebê-lo com sua brilhante substância, de transformá-lo em si, de torná-lo incandescente de tal maneira que o ferro parece se identificar com o fogo e não ser senão um com ele. O discípulo, que se une a Jesus e se lança ao braseiro de seu coração transpassado, compara-se a uma lasca que queima, seca e elimina todas as suas impurezas, antes de se transformar em fogo. A missão não consiste somente em comunicar uma mensagem, mas em ajudar os homens a encontrar Cristo e a fazer a experiência íntima de seu amor.

Na origem da conversão de são Paulo, há uma descoberta: apesar de suas andanças, Jesus o amou e por ele se entregou, diz ele aos Gálatas. Paulo se sabia um grande pecador, mas tomou consciência de que Deus o amava apesar de suas faltas. Desde então, compreendia que nada era mais importante do que revelar aos pagãos o amor de Deus. Durante sua vida, rumina o acontecimento decisivo do caminho de Damasco, em que experimenta o amor misericordioso de Deus a seu respeito.

A fonte da missão é resumida por são João: "O que ouvimos, o que vimos com nossos olhos, o que contemplamos e nossas mãos tocaram do Verbo da vida... Nós vo-lo anunciamos, também a vós, para que vós também estejais em comunhão conosco. E nossa comunhão é comunhão com o Pai e com seu Filho, Jesus Cristo. E vos escrevemos para que nossa alegria seja completa" (1Jo 1,1-4).

Ademais, Francisco insiste na necessária "transformação missionária da Igreja". Esse desafio estava no coração do seu trabalho na Congregação para a evangelização dos povos?

O papa considera que a Igreja deve se esforçar para partir em missão além de suas fronteiras tradicionais, para concentrar uma parte de seu trabalho em espaços e personagens que ela poderia tender a negligenciar. No Antigo Testamento, Abraão, Moisés ou Jeremias partem em viagem a pedido de Deus. Os apóstolos não cessavam de ser surpreendidos pelos caminhos que Cristo tomava. Assim, o Santo Padre pode escrever: "A evangelização obedece ao mandato missionário de Jesus: 'Ide, pois, fazei discípulos de todos os povos, batizando-os em nome do Pai, do Filho e do Espírito Santo, ensinando-os a cumprir tudo quanto vos tenho mandado' (Mt 28,19-20). Nesses versículos, aparece o momento em que o Ressuscitado envia os seus a pregar o Evangelho em todos os tempos e lugares, para que a fé nEle se estenda a todos os cantos da terra" (I, 19).

A incitação a sair de si para evangelizar é um pequeno resumo do ser cristão. Não podemos senão irradiar nossa alegria de falar de Deus a homens que o ignoram. A Igreja é inicialmente uma comunidade de discípulos missionários. As periferias das quais fala o papa pedem um compromisso face a face com Cristo e com seu sacrifício na Cruz. Mantenho estas palavras vigorosas: "A Palavra possui, em si mesma, tal potencialidade, que não a podemos prever. O Evangelho fala da semente que, uma vez lançada na terra, cresce por si mesma, inclusive quando o agricultor dorme" (Mc 4,26-29). "A Igreja deve aceitar esta liberdade incontrolável da Palavra, que é eficaz a seu modo e sob formas tão variadas que muitas vezes nos escapam, superando nossas previsões e quebrando nossos esquemas. A intimidade da Igreja com Jesus é uma intimidade itinerante, e a comunhão 'reveste essencialmente a forma de comunhão missionária'", lembra Francisco (I, 1, 22-23).

A transformação missionária da Igreja não é uma perspectiva humana, mas um apelo do Espírito Santo que esclarece nossos caminhos, como uma tocha luminosa e brilhante na obscuridade deste mundo.

Foi para mim um privilégio trabalhar durante nove anos a serviço da evangelização e pude constatar com alegria o crescimento rápido e belo das jovens Igrejas dos países de missão na África, na Ásia como na Oceania.

Nessa exortação, o papa muitas vezes evoca a idolatria do dinheiro que atravessa a história da humanidade, mas que parece atingir níveis preocupantes desde alguns anos. Como o senhor reage a essa reflexão?

Francisco considera importante lembrar que "a cultura do bem-estar anestesia-nos, a ponto de perdermos a serenidade se o mercado oferece algo que ainda não compramos, enquanto todas estas vidas ceifadas por falta de possibilidades nos parecem um mero espetáculo que não nos incomoda de forma alguma. Uma das causas desta situação está na relação estabelecida com o dinheiro, porque aceitamos pacificamente o seu domínio sobre nós e as nossas sociedades" (II, 1,54-55).

Cristo nada possuía e não cessou de denunciar o culto ao bezerro de ouro e os mercadores do Templo. O missionário deve ser o inimigo do dinheiro fácil, com o qual nada tem a fazer para realizar seu trabalho.

Certamente, meios financeiros são necessários na vida cotidiana. Mas o instrumento privilegiado da missão permanece a graça.

Desde as suas origens, a Igreja se bate para que o dinheiro esteja a serviço do homem. Estou extremamente chocado ao ver quantos grupos industriais e financeiros exploram na África, sem nenhum princípio moral, os recursos naturais de países que vivem numa grande pobreza. Eles não têm cuidado algum com a miséria das populações. A doutrina social da Igreja sempre tem sustentado que a justiça se refere ao conjunto das fases da atividade econômica, porque ela sempre diz respeito ao homem e a suas exigências. A descoberta dos recursos, os financiamentos, a produção, o consumo e as outras fases do ciclo econômico têm inelutavelmente implicações morais. Toda decisão econômica tem, também, uma consequência de caráter moral e comporta exigências de justiça.

O papa quis denunciar novamente o cinismo das sociedades materialistas que restabelecem o ser humano numa simples função de consumo e que tentam limitar o desenvolvimento espiritual do homem por todos os meios de dominação em suas propriedades. As potências do dinheiro consagram o reino de um mundo horizontal, no qual toda transcendência é negada, depreciada ou ridicularizada.

Uma sociedade que toma o desenvolvimento material como única bússola se desvia inevitavelmente para o escravagismo e a opressão. O homem não nasceu para regular sua conta em banco; ele nasceu para unir-se a Deus e para amar o seu próximo.

Francisco critica a secura do egoísmo. O que se entende em particular por sua denúncia da acédia egoísta?

A acédia é um mal da alma que se exprime pelo tédio, o desgosto da oração, a rejeição ou o relaxamento da penitência, a negligência do coração e o desinteresse pelos sacramentos. Esses sintomas constituem muitas vezes uma prova passageira, mas a acédia pode conduzir também a um verdadeiro torpor espiritual.

Para a teologia moral, a acédia (a preguiça) é um dos sete pecados capitais.

Francisco tem ainda mais motivo para se alarmar com um problema tão grave que, no Ocidente, atinge picos preocupantes. Sobre esse ponto, seu discurso no Parlamento europeu de Estrasburgo, em novembro de 2014, era particularmente claro.

Como compreender a queda da força missionária da Igreja, senão pelo recuo sobre si e a frieza de nossos corações? Os cristãos têm a vocação de se tornar o sal e a luz do mundo. Não está escrito no Evangelho que deveríamos guardar a Palavra de Deus para nossa pequena conveniência pessoal. A fuga egoísta e a ausência de generosidade escondem muitas vezes uma falta de maturidade e uma visão muito empobrecida da natureza humana.

É inconcebível que um cristão não aceite se comprometer num trabalho de transmissão da fé. Francisco repreende muitas vezes com veemência os padres e os religiosos que se tornariam funcionários da fé, numa forma de recuo identitário e rígido do sacerdócio. Incontestavelmente, o sacerdote que constrói para si um universo confortável e secularizado corre o risco de não mais responder ao apelo de seu sacerdócio. O papa pede a todos que se ponham a caminho do arrojo da aventura missionária, do risco da alteridade e da audácia de Deus. O despertar missionário arruinará os verdadeiros lugares nos quais o sacerdote morno ou burocrata pode se encerrar. O sacerdote que é parcimonioso de seu tempo para suas ovelhas atravessa uma verdadeira tempestade espiritual.

Da mesma maneira, pessoalmente, denuncio com amargura os sacerdotes que não respondem, em última instância, senão a uma sede de sucessos humanos, de poder e ambição pessoal, de reconhecimento político e midiático. O clérigo está presente na terra para falar de Deus, servir a Deus e não o seu contrário. O medo, a exaltação e a vaidade são inimigos selvagens dos homens que deram suas vidas a Deus.

Igualmente, o papa não teme afirmar que a maior ameaça "'é o pragmatismo cinzento da vida cotidiana da Igreja, no qual aparentemente tudo procede dentro da normalidade, mas na realidade a fé vai-se deteriorando e degenerando na mesquinhez'[15]. Desenvolve-se a psicologia do túmulo, que pouco a pouco transforma os cristãos em múmias de museu. Desiludidos com a realidade, com a Igreja ou consigo mesmos, vivem constantemente tentados a apegar-se a uma tristeza melosa, sem esperança, que se apodera do coração como 'o mais precioso elixir do demônio'[16]. Chamados para iluminar e comunicar vida, acabam por se deixar cativar por coisas que só geram escuridão e cansaço interior e corroem o dinamismo apostólico. Por tudo isso, permiti que insista: Não deixemos que nos roubem a alegria da evangelização!" (II, 2,83).

Com essa mesma energia, Francisco denuncia e recusa o que ele denomina de "o pessimismo estéril"...

Francisco evoca com insistência essa necessidade porque recusa que os crentes se deixem envolver pelas dificuldades das situações cotidianas. O papa não quer que os discípulos de Cristo sejam prisioneiros de conflitos, de oposições e de ódios recíprocos. Nos nossos dias, a Igreja atravessa incontestavelmente numerosas tempestades, mas ela sobreviveu a dramas espirituais ou temporais ainda mais graves. É importante que os batizados guardem a bela e santa alegria das crianças. O pessimismo gera esterilidade e destruição, enquanto a esperança procede do Espírito Santo. Os problemas cotidianos, por mais pesados que sejam, não devem se tornar desculpas para diminuir nosso compromisso missionário. Cristo atravessou provas muito profundas. A dureza do instante pode se transformar em força, e delineia o horizonte que nos permitirá crescer.

É preciso preservar o olhar da fé. A dúvida não é cristã. Os apóstolos conheceram incertezas múltiplas e compreenderam que deviam avançar sem retornar. Os cristãos são chamados a se abandonar nas mãos de Deus, que é o verdadeiro mestre da evangelização.

Seremos sempre instrumentos frágeis e inábeis; mas é preciso preservar a direção da esperança em Deus. Ele levou seu povo a deixar o Egito e partir para a Terra Prometida. No deserto, alguns queriam voltar atrás, por nostalgia "do peixe, dos pepinos e das cebolas" e, sobretudo, pelo medo da travessia de grandes espaços tão pouco hospitaleiros, mas Moisés convenceu seus irmãos a não duvidar de Deus e a guardar a fé. Nas dificuldades, o exemplo de missionários corajosos e intrépidos é indispensável. Para um sacerdote, como esquecer que a última ambição sacerdotal é a salvação de todos os homens?

Francisco utiliza uma imagem particularmente adequada, chamando os cristãos a ser "pessoas-ânforas para dar de beber aos outros": "Virão dias – oráculo do Senhor, meu Deus – em que alastrarei a fome pela terra, não fome de pão nem sede de água, mas fome de ouvir a Palavra do Senhor" (Am 8,11). "Essa fome nada tem de corporal, essa sede não deseja nada de terrestre", comenta são Leão Magno. O papa tem razão de lembrar que a ânfora pode se transformar numa pesada Cruz; mas não esqueçamos que é justamente na Cruz que o Senhor se deu a nós como fonte de água viva. Com efeito, do coração de Jesus brotaram torrentes de amor para irrigar um mundo seco pelo ódio, violência, desconfianças e guerras...

O Santo Padre recusa a armadilha do pessimismo e convida a olhar o futuro de maneira positiva, não é assim?

Em sua exortação, Francisco desejou citar o discurso de João XXIII por ocasião da abertura do concílio. O bom papa João, por seu caráter e sua experiência, sempre via a existência humana com otimismo. Dizia assim com sua voz tão característica: "No exercício cotidiano do nosso ministério pastoral ferem nossos ouvidos sugestões de almas ardorosas sem dúvida no zelo, mas não dotadas de grande sentido de discrição e moderação. Nos tempos atuais, elas não veem senão prevaricações e ruínas [...] Mas parece-nos que devemos discordar desses profetas da desventura, que sempre anunciam acontecimentos infaustos, como se estivesse iminente o fim do mundo. No presente momento histórico, a Providência está nos levando para uma nova ordem de relações humanas, que, por obra dos homens, e o mais das vezes para além do que eles esperam, se dirigem para o cumprimento de desígnios superiores e inesperados; e tudo, mesmo as adversidades humanas, dispõe para o bem maior da Igreja"[17].

Entretanto, o otimismo não impede a clarividência. Bento XVI foi um mestre de lucidez. Penso em particular nas palavras desse grande papa, no final de seu pontificado, em outubro de 2012, a propósito do quinquagésimo aniversário da abertura do concílio: "Hoje também, somos felizes, temos a alegria em nosso coração, mas diria que se trata de uma alegria sem dúvida mais sóbria, de uma alegria humilde. No decorrer dos cinquenta últimos anos, fizemos a experiência e aprendemos que o pecado original existe e se traduz sempre novamente em pecados pessoais, que podem igualmente se tornar estruturas de pecado. Vimos que, no campo do Senhor, existe sempre também a cizânia. Vimos que na rede de Pedro, há também maus peixes. Vimos que a fragilidade humana está presente igualmente na Igreja, que o navio da Igreja navega também com o vento contrário, com tempestades que ameaçam o navio, e às vezes pensamos: "O Senhor adormeceu e esqueceu-se de nós". Isto é uma parte das experiências desses cinquenta anos, mas fizemos igualmente a experiência nova da presença do Senhor, de sua bondade, de sua força. O fogo do Espírito Santo, o fogo de Cristo não é um fogo que devora, ou que destrói; é um fogo silencioso, uma pequena chama de bondade, de bondade e de verdade, que transforma, que ilumina e esquenta. Vimos que o Senhor não nos esquece. Hoje também, à sua maneira, humilde, o Senhor está presente. Ele esquenta o coração, e mostra a vida. Ele cria carismas de bondade e de caridade que iluminam o mundo e são para nós uma garantia da bondade de Deus. Sim, Cristo vive, ele está conosco hoje também, e nós podemos estar felizes hoje também, porque sua bondade não se extingue; ela é forte hoje também!". Isso explica por que Bento XVI tanto falou da alegria cristã, e por que seu rosto estava iluminado por um terno e profundo sorriso, imbuído de bondade.

De maneira análoga, Francisco não cessa de pôr em causa as "mundanidades espirituais". Esse último tema parece estar no centro de sua própria reflexão.

O papa mostra uma verdadeira coragem exprimindo-se com tais palavras. Porque podem existir na Igreja, mais particularmente em seu governo, pessoas que se deixam levar por comportamentos e hábitos mundanos.

A mundanidade espiritual se esconde atrás de aparências religiosas e espirituais, mas ela não constitui senão uma verdadeira negação de Cristo. O Filho de Deus veio dar aos homens a salvação, e não alguma felicidade rápida em salões atapetados com belos veludos carmesins. Aquele que busca o bem material, o conforto mundano ou sua própria glória em vez daquela de Cristo, trabalha para o diabo. Aquele que utiliza as aparências de seu sacerdócio para melhor gozar dos prazeres desta terra é um renegado. Aquele que esquece que o verdadeiro poder não vem senão de Deus contraria as promessas de sua ordenação.

De muitas maneiras, as mundanidades espirituais não estão longe de cair numa forma de pelagianismo. O mundano conta, com efeito, com suas próprias forças e com sua liberdade, deixando de lado o poder autêntico da graça.

De fato, a mundanidade é o inimigo mais perverso do espírito missionário, do qual ela até pode representar uma subversão perigosa.

O sacerdote é servidor, não é um deus; o sacerdote não comanda tropas, ele conduz seu rebanho para Deus por seu exemplo. O sacerdócio não procura glória alguma, prestígio humano algum, porque ele tem sua força unicamente de Deus: "*Non nobis Domine, non nobis: sed nomini tuo da gloriam*" (Não a nós, Senhor, não a nós, mas a teu nome dá glória) (Sl 113,1).

Bento XVI tinha perfeitamente compreendido a amplidão desse problema. Em um discurso em Fribourg, *para os Católicos comprometidos na Igreja e na Sociedade*, em 25 de setembro de 2011, declarava assim: "Para corresponder à sua verdadeira tarefa, a Igreja deve esforçar-se sem cessar por distanciar-se desta sua secularização e tornar-se novamente aberta para Deus. Assim fazendo, segue a Palavra de Jesus: "Eles não são do mundo, como também Eu não sou do mundo" (Jo 17,16), e é precisamente assim que Ele Se entrega pelo mundo. Em certo sentido, a história vem em ajuda da Igreja com as diversas épocas de secularização, que contribuíram de modo essencial para a sua purificação e reforma interior. De fato, as secularizações – sejam elas a expropriação de bens da Igreja, o cancelamento de privilégios, ou coisas semelhantes – sempre significaram uma profunda libertação da Igreja de formas de mundanidade: despoja-se, por assim dizer, da sua riqueza terrena e volta a abraçar plenamente a sua pobreza terrena. Desse modo, partilha o destino da tribo de Levi, que, segundo afirma o Antigo Testamento, era a única tribo em Israel que não possuía um patrimônio terreno, mas, como porção de herança, tinha tido em sorte exclusivamente o próprio Deus, a sua palavra e os seus sinais. Como esta tribo, a Igreja partilhava naqueles momentos da história a exigência duma pobreza que se abria para o mundo, para se destacar dos seus laços materiais e assim também a sua ação missionária voltava a ser credível. Os exemplos históricos mostram que o testemunho missionário de uma Igreja "desmundanizada" refulge de modo mais claro. Liberta dos fardos e dos privilégios materiais e políticos, a Igreja pode dedicar-se melhor e de modo verdadeiramente cristão ao mundo inteiro, pode estar verdadeiramente aberta ao mundo. Pode de novo viver, com mais agilidade, a sua vocação ao ministério da adoração de Deus e ao serviço do próximo. A tarefa missionária, que está ligada à adoração cristã e deveria determinar a estrutura da Igreja, torna-se visível mais claramente. A Igreja abre-se ao mundo, não para obter a adesão dos homens a uma instituição com as suas próprias pretensões de poder, mas sim para fazê-los reentrar em si mesmos e, desse modo, conduzi-los a Deus – Àquele de Quem cada pessoa pode afirmar com Agostinho: Ele é mais interior do que aquilo que eu tenho de mais íntimo (cf. Confissões, III, 6,11). Ele que está infinitamente acima de mim, todavia está de tal maneira em mim que constitui a minha verdadeira interioridade. Através desse estilo de abertura da Igreja ao mundo, é conjuntamente delineada também a forma em que se pode realizar, eficaz e adequadamente, a abertura ao mundo por parte do indivíduo cristão".

Termino propondo três questões. Como um sacerdote que de nada falta poderia ser semelhante a Cristo? Como um sacerdote que possui a superabundância do conforto material pode pretender associar-se a Cristo? Como esquecer a Palavra de Cristo: "Um escriba aproximou-se dele e lhe disse: 'Mestre, eu te seguirei para onde quer que vás'. Jesus lhe disse: 'As raposas têm tocas e os pássaros os seus ninhos: o Filho do homem, porém, não tem onde recostar a cabeça'" (Mt 8,18-20)?

Certamente, num mundo cínico, ou simplesmente superficial, as mídias querem fazer crer que Jesus não nasceu em um pobre estábulo, quando Maria e José eram rejeitados em todas as partes. As potências que não amam Jesus não podem aceitar tal augúrio; para elas, o estábulo miserável é forçosamente um mito romântico. Elas esquecem também que em sua morte Cristo não tinha sequer o lugar para ser sepultado. Foi colocado apressadamente na tumba prevista para José de Arimatéia.

Francisco, com sua experiência na América Latina, liga um lugar todo particular à "força evangelizadora da piedade popular". Com sua experiência pastoral na África, como o senhor vê essas expressões da fé?

O entusiasmo dos católicos africanos se manifesta em belas celebrações eucarísticas, longas peregrinações, procissões ancestrais ou da festa de grandes santos. Francisco lembra justamente a importância dessa piedade, quando algumas pessoas, cheias de racionalidade, querem atenuar a sua importância.

O testemunho do povo cristão é belo porque exprime a exteriorização de uma vida interior intensa. A piedade popular apresenta publicamente o que Cristo realiza no segredo dos corações. Por isso, é facilmente compreensível que potências estabelecidas queiram minimizar o seu alcance...

Muitas vezes, a piedade popular é uma maneira de inculturar a fé. Cristo entra assim em comunhão com as raízes de um povo que não o conhecia há pouco. A piedade popular se encontra no centro de um autêntico processo de evangelização. Eu me lembro de que Bento XVI, na ocasião de uma audiência privada, me confiara que a mais bela lembrança de sua viagem ao Brasil era a piedade tão tocante do povo.

Na Guiné, eu quis instaurar a peregrinação penitencial à Notre--Dame-de-Guiné, em Boffa. Alguns fiéis podiam caminhar centenas de quilômetros para chegar ao santuário. Os católicos que moram longe andam mais de quatrocentos quilômetros a pé, notadamente aqueles que vêm de minha pequena vila de Ourous. Nos primeiros anos, as populações que nos viam caminhar perguntavam se éramos fugitivos, vítimas de uma epidemia ou de uma guerra... Hoje a acolhida de todos, cristãos e mulçumanos, é formidável. Longe de minha terra, não esqueço mais o santuário de Kibeho, em Ruanda, ou ainda as peregrinações ligadas aos mártires da Uganda.

Para mim, filho de um país da África tão pobre, a primeira viagem a Lourdes foi inesquecível. Ainda hoje, não vou sem uma emoção a Paray-le-Monial, Ars, Lisieux ou à capela da rua du Bac. Eu me impressiono com a expressão de afeto filial dos peregrinos de todas as idades que, em Fátima ou em Czestochowa, caminham para a Virgem, ou se voltam ao redor de seu ícone, de joelhos, com o terço na mão.

Não me admira que Francisco possa assim escrever: "Para compreender esta necessidade, é preciso abordá-la com o olhar do Bom Pastor, que não procura julgar, mas amar. Só a partir da conaturalidade afetiva que dá o amor é que podemos apreciar a vida teologal presente na piedade dos povos cristãos, especialmente nos pobres. Penso na fé firme das mães ao pé da cama do filho doente, que se agarram a um terço, embora não saibam elencar os artigos do Credo; ou na carga imensa de esperança contida numa vela que se acende, numa casa humilde, para pedir ajuda a Maria, ou nos olhares de profundo amor a Cristo crucificado. Quem ama o povo fiel de Deus, não pode ver estas ações unicamente como uma busca natural da divindade; são a manifestação duma vida teologal animada pela ação do Espírito Santo, que foi derramado em nossos corações (cf. Rm 5, 5)" (III, 1,125).

Eu me emocionei profundamente quando, em julho de 2014, em Chateauneuf-de-Galaure, ao sair da missa, a pequena Sibylle me ofereceu, com um grande sorriso, um desenho feito por suas mãos. Era Cristo atado na Cruz. Podia distinguir perfeitamente Jesus, as mãos e os pés pregados na Cruz. Em cima da Cruz, em vez do habitual JHS, Sibylle escrevera "Jerusalém". E no pé, desenhara a Virgem Maria, com as mãos estendidas, com estas palavras explicativas: "Mari *(sic)* chor *(sic)* porque Jesus morreu na cru *(sic)*". As crianças são magníficas! Sentem o coração de Deus e os mistérios de seu amor que nos reúnem até em nossas grandes faltas e nossas pequenas fraquezas.

Sim, os pobres nos incitam e os simples nos obrigam. Suas alegrias são sempre interiores. Esses homens gozam já um pouco da alegria do céu, onde nos precederão discretamente.

Como compreender o que Francisco chama de "o culto da verdade"?

Deus é a verdade; mediante seu Filho, ele ouve o que aspiramos a esta verdade. O apego e o amor da verdade constituem a atitude mais autêntica, mais justa e a mais nobre que um homem possa querer nesta terra. Ao contrário, a ausência da verdade é a verdadeira miséria do homem; porque a recusa da verdade paralisa e falseia seu agir. Assim, o homem que não está na verdade de Deus se encontra prisioneiro de seu ego. Sem verdade, somos estrangeiros a nós mesmos, divididos em nosso ser, apartados de Deus, prisioneiros de nossas próprias trevas.

Em sua encíclica *Evangelii nutiandi*, Paulo VI afirmava que a evangelização vinha extinguir uma sede que se poderia resumir em uma tríplice busca, aquela da "verdade sobre Deus, verdade sobre o homem, verdade sobre o mundo". Não somos nem os autores, nem os mestres da verdade, mas seus depositários e seus servidores. O culto da verdade constitui o verdadeiro culto espiritual que temos de prestar a Deus.

No Evangelho de João, encontramos estas palavras extraordinárias: "Jesus disse, pois, aos judeus que haviam acreditado nele: 'Se permaneceis na minha palavra, sois verdadeiramente meus discípulos, conhecereis a verdade e a verdade fará de vós homens livres'" (Jo 8,31-32).

Quando estabelece a sua vida na verdade, o homem se torna uma rocha, porque Deus é amor e verdade. Ele jamais decepciona. Ao contrário, se a humanidade escolhe construir sobre a areia, pode temer os maiores êxodos interiores e exteriores.

De outro modo, a propósito do problema da fidelidade à verdade, Francisco escreve assim: "É verdade que, para se entender adequadamente o sentido da mensagem central dum texto, é preciso colocá-lo em ligação com o ensinamento da Bíblia inteira, transmitido pela Igreja. Este é um princípio importante da interpretação bíblica, que tem em conta que o Espírito Santo não inspirou só uma parte mas a Bíblia inteira, e que, nalgumas questões, o povo cresceu na sua compreensão da vontade de Deus a partir da experiência vivida. Assim se evitam interpretações equivocadas ou parciais, que contradizem outros ensinamentos da mesma Escritura. Mas isto não significa enfraquecer a acentuação própria e específica do texto que se deve pregar. Um dos defeitos duma pregação enfadonha e ineficaz é precisamente não poder transmitir a força própria do texto que foi proclamado" (III, 3,148).

Francisco desejou dar a um capítulo de sua exortação o título "A realidade é mais importante que a ideia". Como o senhor interpreta essa análise?

O papa gostaria de nos fazer compreender como a Igreja se sente na obrigação imperiosa de apreender a realidade. Essa nos conduz à verdade quando a ideia se mostra muitas vezes orgulhosa e pretensiosa.

Assim, algumas pessoas possuem ideias muito estabelecidas sobre a Igreja, os bispos ou a liturgia. Creio importante dizer que a realidade da fé me parece mais importante que as ideias sobre a fé.

O papa escreve: "Existe também uma tensão bipolar entre a ideia e a realidade: a realidade simplesmente é, a ideia elabora-se. Entre as duas, deve estabelecer-se um diálogo constante, evitando que a ideia acabe por separar-se da realidade. É perigoso viver no reino só da palavra, da imagem, do sofisma. Por isso, há que postular um terceiro princípio: a realidade é superior à ideia. Isto supõe evitar várias formas de ocultar a realidade: os purismos angélicos, os totalitarismos do relativismo, os nominalismos declarativos, os projetos mais formais que reais, os fundamentalismos anti-históricos, as éticas sem bondade, os intelectualismos sem sabedoria" (IV, 3,231).

Penso que Francisco ardentemente deseja dar à Igreja o gosto do real, no sentido de que os cristãos e até os clérigos podem, às vezes, ter a tentação de se esconder atrás das ideias para esquecer a situação real das pessoas.

Ao contrário, alguns se inquietam com que essa concepção do papa ponha em risco a integridade do magistério. O debate recente sobre a problemática dos divorciados e recasados foi muitas vezes levado por esse tipo de tensão.

Quanto a mim, não creio que o pensamento do papa seja de pôr em risco a integridade do magistério. Com efeito, ninguém, até o papa, pode destruir ou modificar o ensinamento de Cristo. Ninguém, até o papa, não pode opor a pastoral à doutrina. Seria se rebelar contra Jesus Cristo e seu ensinamento.

A aliança matrimonial pela qual um homem e uma mulher constituem entre si uma comunidade de toda uma vida foi elevada por Cristo Senhor à dignidade de sacramento. Além disso, em sua pregação, Jesus ensinou sem equívoco o sentido original da união do homem e da mulher, tal como o Criador a quis no começo (Canon 1055).

Foram assim revogadas as tolerâncias que incorreram na lei de Moisés, admitindo o retorno do cônjuge. Também a união matrimonial do homem e da mulher é indissolúvel; Deus a concluiu: "Que o homem não separe, pois, o que Deus uniu" (Mt 19,6).

Esta insistência sem equívoco sobre a indissolubilidade do laço matrimonial deixou perplexos os discípulos de Jesus, aparecendo-lhes como exigência irreal (Mt 19,10). Entretanto, Cristo não sobrecarregou os esposos com um fardo impossível de levar. Ao restabelecer a ordem inicial da criação, perturbada pelo pecado, o Filho de Deus dá a força e a graça para viver o casamento na dimensão nova do reino de Deus.

Seguindo Cristo, renunciando a si, tomando cada dia a sua Cruz, os esposos poderão compreender o sentido original do casamento e vivê-lo com sua ajuda. A graça do casamento cristão é um fruto da Cruz de Cristo.

O apóstolo Paulo procura nos fazer compreender essa realidade escrevendo: "Maridos, amai vossas mulheres como Cristo amou a Igreja: ele se entregou por ela, a fim de santificá-la" (Ef 5,25-26). Depois acrescenta; – É por isso que o homem deixará o seu pai e a sua mãe, ele se ligará à sua mulher, e ambos serão uma só carne. Este mistério é grande: eu, por mim, declaro que ele concerne a Cristo e à Igreja" (Ef 5,31-32).

Certamente, mas hoje o divórcio está muito difundido...

Sobre a questão do divórcio, o ensinamento da Igreja foi constante. O divórcio e o novo casamento são a ocasião de um grande escândalo. O concílio Vaticano II, na *Gaudium et spes*, denomina o divórcio "uma epidemia". Igualmente, o catecismo da Igreja católica ensina que o divórcio é imoral por causa da desordem que introduz na célula familiar e na sociedade. Essa ruptura ocasiona sempre prejuízos graves: para o cônjuge, que se encontra abandonado, para os filhos, traumatizados pela separação dos pais e muitas vezes dilacerados entre eles; por seu efeito de contágio, que faz dela uma verdadeira praga social (Catecismo da Igreja Católica, 2385). O divórcio é uma ofensa grave à lei natural e uma injúria à aliança de salvação da qual o casamento sacramental é o sinal. O fato de contratar uma nova união, seja ela reconhecida pela lei civil, acrescenta à gravidade da ruptura. O cônjuge recasado se encontra, então, em situação de adultério público permanente (CIC 2384). A Palavra de Cristo é forte: "Eu vos digo: Se alguém repudia sua mulher – exceto em caso de união ilegal – e se casa com outra, é adúltero" (Mt 19,9).

São Basílio, em sua *Regra moral 73*, escreve: "Se o marido, após estar separado de sua mulher, se aproxima de outra mulher, é adúltero, porque faz que essa mulher cometa um adultério; e a mulher que habita com ele é adúltera porque atraiu a si o marido de uma outra".

Certamente hoje muitos são os católicos que recorreram ao divórcio segundo as leis civis e que contratam civilmente uma nova união. A Igreja mantém, por fidelidade à Palavra de Jesus Cristo, sua posição: "Se alguém repudia sua mulher e se casa com outra, é adúltero com respeito à primeira; e se a mulher repudia seu marido e se casa com outro, ela é adúltera" (Mc 10,11-12). Não é possível reconhecer como válida uma nova união se o primeiro casamento o era. Os divorciados que são recasados civilmente se encontram numa situação que contraria objetivamente a lei de Deus. Por isso, não podem ter acesso à comunhão eucarística, durante o tempo em que persiste essa situação. Pelas mesmas razões, esses homens e essas mulheres não podem exercer algumas responsabilidades eclesiais. A reconciliação pelo sacramento da penitência não pode ser concedida a não ser àqueles que se arrependeram de ter violado o sinal da aliança e da fidelidade a Cristo e se comprometeram a conviver numa continência completa (CIC 1650).

Alguns poderiam arguir que o divórcio é de tal maneira frequente hoje que o escândalo não existe mais... Segundo esse raciocínio, poderíamos admitir os divorciados recasados à santa comunhão. Para esses zeladores de um estranho progresso, ninguém se chocaria! Esse tipo de raciocínio repousa sobre uma má compreensão da noção de escândalo. Esse último não é um choque psicológico, mas uma ação que leva deliberadamente outro a pecar. Em nenhum caso, o pecador não deve tentar nem incitar o outro a pecar. A tentação é um efeito do pecado. Ora, a multiplicidade dos divórcios e a dos recasamentos são pecados que provocam situações sociais ou instituições contrárias à bondade divina.

As "situações de pecado" assim criadas são a expressão e o efeito dos pecados pessoais. Elas induzem os outros a cometer o mal por sua vez. Os discípulos de Cristo se encontram em um contexto mais e mais difícil que fragiliza sua fé, seu apego e sua fidelidade ao ensinamento de Deus. A Igreja os exorta a resistir e a se opor firmemente às estruturas de pecado. Ela lhes recorda que o casal não pode estar fundado senão numa relação partilhada entre um homem e uma mulher. O desígnio total do homem não é realizável fora da dualidade homem-mulher. Não é por isso que nos é necessário olhar constantemente para Cristo, o revelador último do homem?

Somente o Filho de Deus revela ao homem e à mulher sua verdadeira natureza comum, sua dignidade igual e verdadeira, restaurando na perfeição os laços de amor recíproco, de entreajuda mútua e de complementariedade inscrita no fundo de seus seres, desde a origem, pelo Criador.

Na África igualmente, embora alguns povos praticassem a poligamia, antes da vinda dos cristãos, na pura tradição dos antepassados, o casamento monogâmico e indissolúvel é o centro da existência. Ele é a aliança não somente do esposo e da esposa, mas ao mesmo tempo a aliança de suas famílias e de seus clãs, selada com o selo da palavra dada, e o "sangue" da noz de cola partilhada juntamente. A cola, fruto do colateiro, é o símbolo da união definitiva e indissolúvel do laço matrimonial. Ela está constituída de duas partes fortemente unidas uma à outra. Os futuros esposos partilham e cada um trinca a sua parte. O mestre de cerimônia pede em seguida aos esposos que restituam a noz de cola a seu estado inicial. A impossibilidade dessa restituição simboliza o laço definitivo do casamento. O casal, indissoluvelmente constituído e associado às famílias pelos laços do casamento, torna-se igualmente geracional para se inscrever na imortalidade das gerações precedentes. Pelos seus filhos e seus sucessores, os pais continuam a existir graças a um laço de solidariedade que os cristãos chamam de comunhão dos vivos e dos mortos.

O senhor pensa que a visão do casamento e da indissolubilidade do laço conjugal seja partilhada por todas as etnias africanas?

DEUS OU NADA

Sim, não há dúvida alguma sobre essa questão. Por exemplo, na cultura Fon, do Benin, o termo *Sesi* designa a primeira mulher dotada e casada virgem, diante da qual deve existir sempre o *Sesu*, o primeiro homem casado em primeiras núpcias. No momento dos funerais da mulher, aparece claramente que a monogamia e a indissolubilidade são tradicionais, fortemente ancoradas na prática africana do casamento.

Encontramos o termo *Sesi* precisamente no contexto dos ritos funerais destinados a encaminhar os mortos deste mundo para aquele do Ser supremo. As cerimônias funerárias de uma mulher morta exigem, de seu marido, alguns gestos e ritos, em particular o do vestuário. Uma mulher é muitas vezes enterrada com um número de sarongues. A tradição acolhe os sarongues dos membros da família, dos amigos, dos conhecidos e eventuais maridos sucessivos que ela tenha tido. Entretanto, o rito do vestuário não se efetua senão na presença do primeiro marido, o *Sesu*. Se ele não estiver ali, não se poderá proceder ao ato. Além disso, qualquer que seja a fortuna dos outros maridos sucessivos, é a ele, o primeiro marido, fosse ele pobre e miserável, que assume o direito de exercer diante da mulher o papel de esposo e de vesti-la para a passagem ao além. Ela é, com efeito, *Sesi*. E é ele que fixará a hora do enterro. A mulher aparece assim, nesse contexto cultural, como destinada a não esposar em verdadeiras núpcias senão um único homem, da mesma maneira que sua família só aceita o dote uma vez. Os outros maridos são considerados amantes e amigos. O momento de verdade da morte permite captar o sentido profundo da intencionalidade subjacente ao universo cultural negro-africano.

Podemos afirmar com certeza que, no contexto cultural africano, a mulher, após ter servido de esposa a outros distintos de seu primeiro marido, com o acordo cúmplice e fácil do grupo, se encontra no fim de sua vida restaurada em seu estatuto original. Gostaria de concluir essa lembrança da tradição africana homenageando João Paulo II que, na *Familiaris consortio*, selou definitivamente o ensinamento e a disciplina da Igreja, fundados na Sagrada Escritura. Hoje, penso que deveríamos cessar de discutir essa questão como intelectuais irreverentes, que dão a impressão de contestar o ensinamento de Jesus e da Igreja. Alguns governos ocidentais, com grande desprezo de Deus e da natureza, legislam leis insensatas sobre o casamento, a família e a vida. Por sua vez, a Igreja não pode se comportar levianamente diante de Deus.

Às vezes esquecemos que foi um sínodo de bispos que deu lugar à exortação apostólica Familiaris consortio.

Absolutamente! Numerosas questões relativas à bela realidade da família criada por Deus foram tratadas nesse sínodo. Entre outras, falou-se ali dos fiéis divorciados. Na *Familiaris consortio*, João Paulo II escrevia: "Juntamente com o Sínodo, exorto vivamente os pastores e a inteira comunidade dos fiéis a ajudar os divorciados, promovendo com caridade solícita que eles não se considerem separados da Igreja, podendo, e melhor devendo, enquanto batizados, participar na sua vida. Sejam exortados a ouvir a Palavra de Deus, a frequentar o Sacrifício da Missa, a perseverar na oração, a incrementar as obras de caridade e as iniciativas da comunidade em favor da justiça, a educar os filhos na fé cristã, a cultivar o espírito e as obras de penitência para assim implorarem, dia a dia, a graça de Deus. Reze por eles a Igreja, encoraje-os, mostre-se mãe misericordiosa e sustente-os na fé e na esperança! A Igreja, contudo, reafirma a sua práxis, fundada na Sagrada Escritura, de não admitir à comunhão eucarística os divorciados que contraíram nova união. Não podem ser admitidos, no momento em que o seu estado e condições de vida contradizem objetivamente aquela união de amor entre Cristo e a Igreja, significada e atuada na Eucaristia. Há, além disso, outro peculiar motivo pastoral: caso se admitissem estas pessoas à Eucaristia, os fiéis seriam induzidos em erro e confusão acerca da doutrina da Igreja sobre a indissolubilidade do matrimônio. A reconciliação pelo sacramento da penitência - que abriria o caminho ao sacramento eucarístico - pode ser concedida só àqueles que, arrependidos de ter violado o sinal da Aliança e da fidelidade a Cristo, estão sinceramente dispostos a uma forma de vida não mais em contradição com a indissolubilidade do matrimônio... Igualmente o respeito devido quer ao sacramento do matrimônio quer aos próprios cônjuges e aos seus familiares, quer ainda à comunidade dos fiéis proíbe os pastores, por qualquer motivo ou pretexto mesmo pastoral, de fazer em favor dos divorciados que contraem uma nova união cerimônias de qualquer gênero. Estas dariam a impressão de celebração de novas núpcias sacramentais válidas, e consequentemente induziriam em erro sobre a indissolubilidade do matrimônio contraído validamente. Agindo de tal maneira, a Igreja professa a própria fidelidade a Cristo e à sua verdade; ao mesmo tempo comporta-se com espírito materno para com esses seus filhos, especialmente para com aqueles que, sem culpa, foram abandonados pelo legítimo cônjuge. Com firme confiança ela vê que, mesmo aqueles que se afastaram do mandamento do Senhor e vivem agora nesse estado, poderão obter de Deus a graça da conversão e da salvação, se perseverarem na oração, na penitência e caridade" (IV,84).

Enfim, Francisco fala frequentemente da "força missionária da intercessão". Qual é o seu ponto de vista sobre esse assunto?

O papa escreveu linhas admiráveis lembrando-nos de que "os grandes homens e mulheres de Deus foram grandes intercessores. A intercessão é como a "levedação" no seio da Santíssima Trindade. É penetrarmos no Pai e descobrirmos novas dimensões que iluminam as situações concretas e as mudam. Poderíamos dizer que o coração de Deus se deixa comover pela intercessão, mas na realidade Ele sempre nos antecipa, pelo que, com a nossa intercessão, apenas possibilitamos que o seu poder, o seu amor e a sua lealdade se manifestem mais claramente no povo" (V, 1,238).

Se o homem não eleva seu olhar para Deus, orando e intercedendo, ele se resseca e morre. Isso acontece, em um movimento semelhante, no trabalho missionário.

São Paulo trata muitas vezes esse assunto. Em sua Carta aos Efésios, exorta fortemente: "Que o Espírito suscite a vossa oração sob todas as suas formas, vossos pedidos, em todas as circunstâncias; empregai as vossas vigílias em uma infatigável intercessão por todos os santos, também por mim: que a palavra seja posta em minha boca para anunciar ousadamente o mistério do Evangelho do qual sou o embaixador acorrentado. Orai, pois, a fim de que eu encontre nesse Evangelho a ousadia necessária para falar dele como devo" (Ef 6,18-20). A urgente necessidade da intercessão está em numerosas repetições no ensinamento de Paulo. Ele pede aos primeiros cristãos que orem por ele e intercedam junto aos santos a fim de que seu trabalho de evangelização seja abundante e eficaz: "Perseverai na oração: que ela vos mantenha bem alertas, em ação de graças. Ao mesmo tempo, rezai também por nós: que Deus abra uma porta à nossa pregação, a fim de que eu anuncie o mistério de Cristo, pelo qual estou preso; que eu o publique como cumpre que fale a seu respeito" (Cl 4,2-4).

A oração dos monges e das monjas é um dos fundamentos mais fecundos da Igreja. Os mosteiros são lares de evangelização e de missão absolutamente prodigiosos. A oração ardente e contínua dos carmelitas, dos beneditinos, dos cistercienses, ou das visitandinas, para não citar senão as únicas congregações, acompanha e sustenta com vigor o trabalho dos sacerdotes. O mundo moderno e mesmo alguns clérigos, ébrios do sentimento de poder, pensam muitas vezes que os monges e as monjas enclaustrados para nada servem. Finalmente, trata-se do elogio mais nobre que poderíamos dirigir aos contemplativos retirados entre os altos muros de suas clausuras; eles para nada servem particularmente aqui, simplesmente e unicamente a Deus. Esse é o simples e belo segredo de suas orações que sustentam o mundo inteiro.

Como esquecer esta frase de Cristo: "A messe é abundante, mas os operários, pouco numerosos. Pedi, pois, ao senhor da messe que mande operários para sua messe. Ide! Eis que eu vos envio como cordeiros para o meio de lobos. Não leveis bolsa, nem alforje, nem sandálias, e a ninguém saudeis pelo caminho" (Lc 10,2-4). A primeira coisa a fazer quando faltam operários, não é reestruturar com inteligência uma diocese, reorganizar as paróquias, reunindo-as – sem negar a eventual utilidade e oportunidade de tal ato – mas sim é preciso orar para que Deus suscite numerosas e santas vocações para o ministério sacerdotal e para a vida consagrada.

Oramos verdadeiramente com ardor pelas vocações? Oramos todos os dias para que Deus envie sacerdotes?

Devemos sem cessar pedir a Deus que suscite no seu povo grandes operários da missão. A obra missionária não é humana; ela não pode vir senão de Deus. A oração de intercessão é doce e confiante. Os espiritanos de minha infância tiveram êxito em suas missões porque estavam constantemente imersos na oração, pedindo a Deus que lhes concedesse sua proteção e fecundasse seu trabalho de semeadores. Aos olhos dos homens, como imaginar um instante que homens tão pobres tenham podido chegar a transmitir as Palavras de Cristo nos lugares mais longínquos da África? Somente a força missionária da intercessão da qual fala Francisco pode explicar o magnífico sucesso deles...

Durante três anos de sua vida pública nesta terra, Jesus levava muitas vezes os apóstolos longe para orar. A missão de Cristo e dos primeiros cristãos já era obra de Deus. O sofrimento que pode muitas vezes acompanhar o trabalho missionário transforma-se em vitória pela oração de intercessão.

A vontade última de Francisco é que o Evangelho penetre na vida de cada pessoa. A Palavra de Deus não é uma ideia nem um ideal; ela existe para penetrar todo ser humano, no conjunto de suas dimensões e, realizado isso, o Evangelho pode partir até os confins do mundo. O desejo do Santo Padre é realista porque ele aceita com determinação a vontade de Cristo. Francisco procura certamente aplicar as palavras de são Tiago que declarava: "Prova-me tua fé sem as obras, que eu tirarei das minhas obras a prova da minha fé. Crês que Deus é um? Fazes bem. Os demônios também creem e tremem" (Tg 2,18-19).

A evangelização permaneceria uma ideia que não passaria pelas situações concretas da vida, se não permanecêssemos unidos intimamente com Deus pela oração.

Na *Lumen fidei*, sua primeira encíclica, Francisco escreve: "Por isso, urge recuperar o carácter de luz que é próprio da fé, pois, quando a sua chama se apaga, todas as outras luzes acabam também por perder o seu vigor. De fato, a luz da fé possui um caráter singular, sendo capaz de iluminar toda a existência do homem. Ora, para que uma luz seja tão poderosa, não pode dimanar de nós mesmos; tem de vir de uma fonte mais originária, deve provir em última análise de Deus" (4).

A fonte é Deus, pela constância da oração. Deus é sempre nossa força, admirável; nossa alegria, serena; e nossa esperança, luminosa.

10
DEUS NÃO FALA, MAS SUA VOZ É DISTINTA

"O mundo é maior que todas as criaturas visíveis, como o maior de todas as coisas invisíveis é Deus; e vemos o mundo e acreditamos que Deus é.
Ora, que Deus tenha criado o mundo, não podemos acreditar que alguém o tenha feito com mais segurança do que o próprio Deus, pelo que se diz nas Escrituras mediante o Profeta: 'No princípio, Deus criou o céu e a terra.'"

Santo Agostinho, *A Cidade de Deus*, IV

NICOLAS DIAT: No meio de tantas responsabilidades, solicitações e inquietações no governo do papa, como a África continua a ser uma rocha espiritual?

CARDEAL ROBERT SARAH: Devo afirmar que quando fui chamado à Cúria romana por João Paulo II, em outubro de 2001, não estava muito entusiasmado. Devia deixar um pequeno país, no qual éramos apenas três bispos, e a nossa Igreja continuava bem pobre. Pensava sem cessar nesta palavra difícil do Evangelho: "Pois a todo homem que tem será dado, e estará na superabundância; mas àquele que não tem, mesmo o que tem lhe será tirado" (Mt 25,29).

Pior, algumas semanas mais tarde, meu primeiro Natal longe de meu país e dos cristãos da Guiné foi horrível. Eu estava nostálgico, triste de estar longe de minha catedral, dos cantos tão alegres e do calor dos natais africanos. No colégio Urbano, na colina do Janículo onde eu vivia então, celebrei a missa para um pequeno grupo de seminaristas. Depois, no dia 25 de dezembro, todos os jovens partiram para suas paróquias ou famílias amigas. Eu era esmagado pela solidão. Não encontrava mais o sal do fervor africano.

Durante esses primeiros tempos romanos, tinha a sensação de ser uma árvore desarraigada. Depois, com o tempo, refleti sobre o apelo de Deus para que eu exercesse uma nova missão a serviço do papa. Embora eu sempre sentisse saudades do país, o rosto do cardeal Bernardin Gantin, esse grande servidor da África, estava constantemente diante de mim. No fundo de meu coração, ouvia o eco sonoro de suas palavras, tão comoventes: "Todo o meu amor cristão se resume nestas simples palavras: Deus, Jesus Cristo, o papa, a santa Virgem. Realidades supremas que Roma me fez descobrir, amar e servir. Por isso, ainda, como podia um dia agradecer, suficientemente, ao Senhor?". Não esquecia a África, mas estava feliz pela amplidão de minha tarefa. Sei que fui beneficiado de numerosas graças em razão da missão tão particular da Congregação para a evangelização dos povos. Cada dia, foi possível encontrar os bispos das dioceses do mundo inteiro que vinham a Roma para nos falar de suas realizações e dos progressos missionários. Deus me tirou de minha terra amada, mas tive a honra de trabalhar a serviço de todo o seu rebanho.

Quando a saúde de meu antigo prefeito, o cardeal Dias, declinou, eu ia sozinho aos diferentes encontros com Bento XVI para lhe submeter as possíveis nomeações episcopais às quais ele devia proceder segundo os estudos e as proposições da Congregação, meticulosamente examinados pela Assembleia da *Ordinaria*. Como esquecer a riqueza, a simplicidade e a profundidade dos encontros com esse grande papa? Tenho lucidez sobre o fato de que jamais teria podido viver tais momentos se eu estivesse em Conakry.

Doravante, meu apego à minha terra também se duplicou com a obrigação de defendê-la diante das ameaças que pesam sobre ela por causa da globalização e da nova ética mundial promovida pelo Ocidente secularizado. Por sua identidade, a África está aberta à transcendência, à adoração e à glória de Deus. Os povos africanos respeitam o homem, mas olham além procurando a eternidade. A alma da África se abre sempre para Deus. Ao contrário de uma grande parte do Ocidente, esse continente tem uma visão fundamentalmente teológica. As preocupações materiais vêm sempre em segundo lugar. Nesta vida, o homem africano sabe que ele está apenas de passagem.

Apesar dos programas mais ou menos subterrâneos que procuram destruir seus recursos espirituais, a primavera de Deus permanece para uma boa parte na África. Eu sei que Bento XVI compreendia profundamente os lineamentos da alma africana quando escrevia: "Um tesouro precioso está presente na alma da África, onde vislumbro um imenso "pulmão" espiritual para uma humanidade que se apresenta em crise de fé e de esperança'[18]". Se minha terra continua a sofrer, é que sua primavera prossegue segundo o plano divino.

Antes de deixar Roma para voltar a seu Benin natal, o cardeal Gantin disse que ele era como a bananeira. Quando essa árvore dá seus frutos, os homens a cortam. Mas ela sempre tem um broto que aponta; de fato, ele pensava que eu era esse novo rebento... O cardeal deu um exemplo maravilhoso. Ele me transmitiu a grandeza e a nobreza de seus sentimentos por nosso continente, e eu não posso esquecer como ele compreendera a profundidade da autenticidade africana pelo invisível. Bernardin Gantin dizia frequentemente: "Deus não me pede o sucesso, mas o amor. Ora, o verdadeiro amor não passa inicialmente pela palavra, mas pelo coração. Tudo o mais é secundário e perecível. Somente Deus é essencial e eterno. E o amor nos dá que nos assemelhemos um pouco a Ele".

Também o homem e a mulher da África buscam assemelhar-se um pouco a Deus. Eles veem nessa busca a mais bela aventura que o homem possa viver aqui. Seus olhares não se fixaram nas realidades terrestres, e eu sei que esta busca espiritual é fecunda. Porque, apesar das guerras, da pobreza, dos rigores da natureza, Deus dá muito aos seus filhos que o buscam, e até além daquilo que ousam lhe pedir. A África ama erguer os olhos para o céu, e Deus envia muitas vezes belas mensagens àqueles que o amam verdadeiramente.

Qual é a mais bela realização da Igreja?

Somente Deus o sabe! Em todo caso, a mobilização caritativa da Igreja a favor dos pobres e dos necessitados é extraordinária. A Igreja sempre se bateu por reduzir a miséria material e espiritual dos povos. A rede das 165 *Caritas* pelo mundo, as estruturas e organizações caritativas católicas desejam se inspirar no Evangelho, como a Ordem de Malta, o engajamento da Igreja nos níveis educativo e sanitário, para a defesa da dignidade da pessoa humana, as boas vontades postas ao serviço dos mais pobres constituem um exército sem comparação que trabalha para aliviar as misérias. Deus nos deu para ter sucesso uma obra caritativa excepcional para os mais fracos.

Se eu não tivesse sido beneficiado pela ajuda da Igreja, não estaria com vocês nesse momento. Desde as suas origens, a Esposa de Cristo sempre escolheu ir até os confins do mundo para ajudar os homens que nada possuíam. Os espiritanos vindos à minha pequena vila pertenciam a essa linhagem notável de sacerdotes magnetizados por um sopro de Deus que os tornavam capazes de coisas impossíveis aos olhos humanos.

No decorrer dos séculos, o maior dom de Deus é ter enviado, depois de Cristo, santos que deram suas vidas aos mais pobres dos pobres. São Vicente de Paulo, são João Bosco, são Daniel Comboni ou Madre Teresa de Calcutá pensavam naqueles que não interessavam mais a ninguém. A vitória da Igreja está gravada no coração de todos os pobres que ela salvou desde muitas gerações.

Milhares de sacerdotes e de religiosas mostraram uma tenacidade sem igual, apesar de graves obstáculos, para cumprir suas missões de caridade. E a maior caridade é revelar Deus manifestado em seu Filho na Cruz. Graças aos exemplos desses homens e mulheres de Deus, o trabalho de evangelização e de humanização de nossas sociedades conheceu grandes sucessos.

É importante compreender o alcance da ação caritativa. Para os cristãos, o essencial nunca reside completamente na ajuda material e social, mas na luta contra a miséria espiritual. Desse ponto de vista, a Igreja tem a ardente obrigação, corolário do dom imenso que Deus lhe deu, de jamais abdicar.

A mais bela ação nesta terra permanece, pois, a de devolver aos homens sua dignidade igual a de filhos do céu e sua capacidade de se abrir à luz eterna.

Graças aos pobres, a vitória da Igreja sempre é humilde e escondida, longe dos luxos enganadores.

Quais são os insucessos da Igreja?

Se se refere à Igreja como sociedade e não à sua realidade essencial de corpo místico de Cristo, um erro mortal seria privilegiar a obra social, econômica, ou pior, política, em detrimento da evangelização. As primeiras palavras de Francisco, na Capela Sistina, algumas horas depois de sua eleição à sede de Pedro, são particularmente eloquentes: "Nós podemos caminhar quanto queremos, nós podemos edificar tantas coisas, mas se não confessamos Jesus Cristo, as coisas não caminham. Tornar-nos-emos uma ONG assistencial, mas não a Igreja, Esposa do Senhor. Quando não se caminha, para-se. Quando não se edifica sobre pedras o que acontece? Acontece o que acontece com as crianças na praia quando fazem castelos de areia, tudo cai, é sem consistência"[19]. Portanto, quando não mais se anuncia Cristo, não é mais da Igreja que se trata. Porque a Igreja é santa, apostólica e missionária.

Em seu livro Entrez dans l'espérance[20], *João Paulo II escrevia que "Deus sempre está no campo daqueles que sofrem". Como o senhor interpreta essa frase?*

Quando Deus aparecia a Moisés, ele lhe dizia: "Eu vi, vi a opressão de meu povo no Egito e ouvi o clamor sob os golpes dos chefes de corveia. Sim, eu conheço seus sofrimentos. Desci para libertá-los das mãos dos egípcios" (Ex 3,7-8).

Deus sempre se põe ao lado daqueles que choram. Em quantos Salmos podemos ler que Deus nunca abandona os pobres? De um ponto de vista humano, temos muitas vezes um sentimento de revolta contra a ausência aparente de uma ajuda divina diante da adversidade. Mas, ao longo de minhas viagens aos países mais pobres do mundo, constatei a que ponto Deus permanecia muito mais presente do que poderíamos imaginar. Com efeito, através das provas e das misérias físicas, vi com os meus olhos como Deus transforma a alma dos pobres por meio de sofrimentos obscuros e humildes que purificam suas chagas. Observando os pobres, aprendi a dizer, pobremente, eu também: meu Deus, estou feliz com todas as provas que conheci, e eu te agradeço antecipadamente por todas aquelas que virão. Espero que estas contribuam para curar as chagas do mundo.

Eu não esqueço os grandes santos que Deus enviou para morrer com os pobres, como o padre Damião. Ele chegou a Molokai, no Havaí, em 10 de maio de 1873. São Damien Josef de Veuster se oferecera para ser a presença de Deus no meio dos leprosos que mais ninguém queria ver. Damião sabia perfeitamente que não tinha chance alguma de voltar vivo de tal aventura. Após dez anos de missão no meio desses seres infelizes que tinham sido encerrados como gado para o abate, ele pegou a lepra que começou a corroê-lo, para destruí-lo inelutavelmente. Mas ele escolhera tudo dar aos moribundos de Molokai por amor de Deus. Celebrou sua última missa, totalmente esgotado pela lepra, em 28 de março de 1889, alguns dias antes de ser levado para o Pai de toda a misericórdia.

Quando tive a chance de conversar com Madre Teresa, vi uma mulher totalmente imersa em Deus. Seu rosto não tinha uma beleza humana particular, mas uma simples e grandiosa luz interior, reflexo do fogo que não pode transparecer senão em contato permanente com Deus. Era habitada por uma presença, uma simplicidade e uma serenidade que vinham de Cristo, que ela contemplava no tabernáculo durante horas. Com efeito, Madre Teresa atraía para ela, porque um pequeno pedaço do céu descera já em sua alma. Sua humildade era a dos companheiros e dos amigos de Deus. A fragilidade de sua voz e a força de suas palavras são o sinal tangível de uma mulher que estava literalmente mergulhada em Deus.

Madre Teresa havia tocado com o dedo a verdadeira ternura de Deus pelos homens e sua ternura amorosa pelos pobres.

DEUS OU NADA

Muitas vezes, para nos assegurar, dizemos que Deus escreve certo por linhas tortas...

Considerando meu próprio percurso, constato que nada foi simples. Minha vida foi uma verdadeira peregrinação de um continente a outro, de um país a outro, de um seminário a outro, de uma simples paróquia no arcebispado de Conakry, em circunstâncias políticas nacionais complexas, e depois de minha cara Guiné à Cidade eterna. Deus quis esse caminho difícil para melhor me ensinar que aqui os homens nunca estão definitivamente em sua pátria.

Como discípulos de Cristo, constantemente estamos em êxodo. Os cristãos sempre são nômades em busca de Deus, numa peregrinação difícil e rica. É importante que permaneçam disponíveis à vontade de Deus.

Muitas vezes, como Abraão, não sabemos para quais horizontes Deus nos conduz. Enquanto amamos um universo estável e perfeito, a rota humana é tortuosa, sinuosa e lamacenta, como aquela que conduz até a minha pobre vila de Ourous. Entretanto, nunca devemos esquecer que um homem jamais está só. Apesar das aparências mais difíceis, Deus nos conduz ultimamente para a perfeição, a santidade e a realização plena de nossa vocação própria. Uma existência pode parecer uma tragédia, mas Deus sabe a significação exata de todas as coisas. Nosso Pai realiza um plano para cada um de nós. Ele simplesmente pede ao homem que seja dócil e atento às mensagens que Ele não deixa de nos enviar. Pode submeter-nos a ofensas insultantes ou a calúnias pesadas para nos ensinar a doçura e a humildade.

Sobre essa estrada, não devemos esquecer a magnífica frase de Deus a Abraão: "Anda na minha presença e sê íntegro" (Gn 17,1). Há uma experiência de Deus no homem, e uma experiência do homem em Deus.

Eu sou pessoalmente a obra da esperança de Deus e de seus colaboradores, esses homens que me acompanharam em meu caminho sacerdotal e meu crescimento humano. Por eles, muitas vezes, ouvi Deus me repetir: "Anda na minha presença e sê íntegro".

Como o pequeno filho do campo que eu fui poderia um só instante imaginar que partiria, um dia, a Roma para tornar-se cardeal? No grande seminário de Nancy, quando encontrei pela primeira vez o cardeal Tisserant, pensei que nunca escutaria mais um colaborador do papa. Como minha avó Rose poderia imaginar a vida que seria a minha? Os caminhos misteriosos de Deus não faltam de humor. Os apóstolos que cercavam Cristo foram os primeiros surpreendidos pelos acasos de Deus. Os Evangelhos abundam desses imprevistos...

Qual é o seu evangelista preferido?

Sem dúvida alguma, amo são João mais que todos os outros. Penso que ele entrou tão profundamente no coração de Jesus que se tornou um intérprete amoroso de sua Palavra. João descobriu a radicalidade de que era portador o ensinamento de Cristo, o amor que vai até o dom de si. Seu Evangelho se prolonga com grandeza em suas epístolas.

Para mim, João representa o cerne da mensagem cristã na qual Deus se revela como um Pai que ama. João estava ao pé da Cruz, aquele dia em que o Filho morreu por amor a nós. Viu o coração traspassado de Jesus e as torrentes de amor transbordarem sobre a humanidade. Contemplou o sangue do Cordeiro lavar-nos de toda mancha. Ouviu todas as últimas Palavras de Jesus, e tais palavras se gravaram lentamente em seu coração amante.

Com a Virgem Maria e Maria Madalena, João conheceu o sofrimento extremo após a morte do Filho de Deus. Eles ofereceram, "com grande clamor e lágrimas, orações e súplicas" (Hb 5,7), tanto quanto homens podem se dirigir ao Pai.

Para o senhor, o que representam a oração dos monges e ainda mais suas escolhas de vida contemplativa?

A vida monástica é difícil fisicamente, mas aspira a ser inundada com a paz de Deus. Os monges fizeram a escolha de uma existência ativa e silenciosa, inteiramente consagrada a Deus. Seus dias devem pouco a pouco tornar-se uma oração ininterrupta; o monge permanece unido a Deus durante todas as suas ocupações. O verdadeiro fim da vida monástica é alcançar um estado mais ou menos habitual de oração e penitência, de liturgia e estudo, de trabalho manual e oração. "O silêncio e a solidão, a escuta e a meditação da Palavra colocam continuamente a alma do monge sob a influência direta da ação divina", diz Thomas Merton[21].

Nesta terra, os monges devem se tornar os operários mais humildes e os mais pacientes no conhecimento da vida espiritual.

O Père Jérôme, que foi monge trapista durante cerca de sessenta anos na abadia de Sept-Fons, escreveu linhas realistas e admiráveis sobre a vida dos monges. Em seus *Écrits monastiques*[22], observava: "Não se torna-se monge em um dia! São necessários dez, trinta, sessenta anos. O jovem monge, o noviço, é um broto da primeira primavera, quando os ramos estão ainda enegrecidos e frios do inverno, quando o fruto não é ainda senão uma promessa".

Fora de Deus e da fé, os monges são incompreensíveis. Não é necessário ter medo de dizer que eles para nada servem. Entretanto, o monge sabe que sua vocação é útil misteriosamente, porque eficaz misteriosamente para os homens; ele reconhece que sua pobre existência é uma participação imperfeita da vida, da Paixão e da morte dolorosa de Jesus Cristo. Mas a sua alma não quer perder de vista as chagas de nosso Senhor.

Aprofundando sua oração na grande oração de Jesus, o monge intercede por todos os homens, vivos e mortos, crentes e incréus, desconhecidos e amigos; não para que os maus se tornem bons, mas para que tenham acesso à felicidade e à verdade.

    Em 9 de outubro de 2011, em sua homilia por ocasião de Vésperas na Cartuxa histórica de Serra San Bruno, onde se encontram os restos mortais do fundador da ordem, Bento XVI teve palavras de grande fidelidade sobre a essência da vida cartuxa, e mais globalmente sobre a grandeza da existência contemplativa. Considero, de minha parte, que se trata de um dos mais belos textos do antigo papa: "*Fugitiva relinquere et aeterna captare*": abandonar as realidades fugazes e procurar capturar o eterno. Nesta expressão da carta que o vosso Fundador dirigiu ao Abade de Reims, Rodolfo, está encerrado o núcleo da vossa espiritualidade (Carta a Rodolfo, 13): o forte desejo de entrar em união de vida com Deus, abandonando todo o resto, tudo aquilo que impede esta comunhão, e deixando-se capturar pelo amor imenso de Deus, para viver só desse amor. Caros irmãos, vós encontrastes o tesouro escondido, a pérola de grande valor (Mt 13,44-46); respondestes com radicalidade ao convite de Jesus: "Se quiseres ser perfeito, vai, vende os teus bens, distribui-os aos pobres e terás um tesouro no céu. Depois, vem e segue-me!" (Mt 19,21). Cada mosteiro – masculino ou feminino – é um oásis em que, com a oração e a meditação, se cava incessantemente o poço profundo do qual haurir a 'água viva' para a nossa sede mais profunda. Mas a Cartuxa é um oásis especial, onde o silêncio e a solidão são conservados com cuidado particular, segundo a forma de vida iniciada por são Bruno e que permaneceu inalterada ao longo dos séculos. "Habito no deserto com irmãos" é a frase sintética que escrevia o vosso Fundador (Carta a Rodolfo, 4). A visita do Sucessor de Pedro a esta Cartuxa histórica tenciona confirmar-vos não só a vós, que viveis aqui, mas toda a Ordem na sua missão, mais atual e significativa do que nunca no mundo de hoje.

DEUS OU NADA

O progresso técnico, nomeadamente no campo dos transportes e das comunicações, tornou a vida do homem mais confortável, mas também mais agitada, às vezes até desordenada. As cidades são quase sempre ruidosas: nelas raramente há silêncio, porque um barulho de fundo permanece sempre, nalgumas áreas até de noite. Além disso, nas últimas décadas o desenvolvimento dos *mass media* difundiu e amplificou um fenômeno que já se perfilava nos anos 60: a virtualidade, que corre o risco de dominar a realidade. Cada vez mais, mesmo sem se dar conta, as pessoas vivem imersas numa dimensão virtual, por causa de mensagens audiovisuais que acompanham a sua vida, desde a manhã até a noite. Os mais jovens, que já nasceram nesta condição, parecem desejar encher com músicas e imagens cada momento vazio, como se tivessem medo de sentir, precisamente, esse vazio. Trata-se de uma tendência que sempre existiu, especialmente entre os jovens e nos contextos urbanos mais desenvolvidos, mas hoje ela alcançou um nível tal, que se chega a falar de mutação antropológica. Algumas pessoas já não são capazes de permanecer por muito tempo em silêncio e solidão.

Quis referir-me a esta condição sociocultural, porque ela põe em relevo o carisma específico da Cartuxa, como um dom precioso para a Igreja e para o mundo, um dom que contém uma mensagem profunda para a nossa vida e para a humanidade inteira. Eu resumi-lo-ia assim: retirando-se no silêncio e na solidão o homem, por assim dizer, "expõe-se" à realidade na sua nudez, expõe-se àquele aparente "vazio" ao qual me referia antes, para experimentar ao contrário a Plenitude, a presença de Deus, da Realidade mais real que existe, e que se encontra para além da dimensão sensível. Trata-se de uma presença perceptível em cada criatura: no ar que respiramos, na luz que vemos e que nos aquece, na relva, nas pedras... Deus, *Creator omnium*, atravessa tudo, mas vai mais além e, precisamente por isso, é o fundamento de tudo. Deixando tudo, o monge por assim dizer "arrisca": expõe-se à solidão e ao silêncio para não viver a não ser do que é essencial, e precisamente ao viver do essencial encontra também uma profunda comunhão com os irmãos, com cada homem.

    Alguém poderia pensar que é suficiente vir aqui, para fazer esse "salto". Mas não é assim. Esta vocação, como cada vocação, encontra resposta num caminho, na busca de uma vida inteira. Com efeito, não é suficiente retirar-se num lugar como este para aprender a estar na presença de Deus. Assim como no matrimônio não basta celebrar o Sacramento para se tornar efetivamente um só, mas é necessário deixar que a graça de Deus aja e percorrer juntos o cotidiano da vida conjugal, também o tornar-se monge exige tempo, exercício e paciência, "numa vigilância divina perseverante – como afirmava são Bruno – à espera da volta do Senhor, para lhe abrir imediatamente a porta" (Carta a Rodolfo, 4); e precisamente nisto consiste a beleza de cada vocação no seio da Igreja: dar tempo a Deus, para agir com o seu Espírito, e à própria humanidade para se formar, para crescer em conformidade com a medida da maturidade de Cristo, naquela particular condição de vida. Em Cristo encontra-se tudo, a plenitude; quanto a nós, temos necessidade de tempo para fazer nossa uma das dimensões do seu mistério. Poderíamos dizer que se trata de um caminho de transformação, em que se realiza e se manifesta o mistério da Ressurreição de Cristo em nós, mistério para o qual nos interpelou esta tarde a Palavra de Deus, na Leitura bíblica tirada da Carta aos Romanos: o Espírito Santo, que ressuscitou Jesus dos mortos, e que dará vida também aos nossos corpos mortais (Rm 8,11), é Aquele que realiza, também, a nossa configuração com Cristo, segundo a vocação de cada indivíduo, um caminho que vai desde a pia batismal até a morte, passagem para a Casa do Pai. Às vezes, aos olhos do mundo, parece impossível permanecer durante a vida inteira num mosteiro, mas na verdade toda uma vida é apenas suficiente para entrar nesta união com Deus, naquela Realidade essencial e profunda, que é Jesus Cristo.

DEUS OU NADA

Estimados Irmãos que formais a Comunidade Cartuxa de Serra San Bruno, foi por isto que vim aqui! Para vos dizer que a Igreja tem necessidade de vós, e que vós precisais da Igreja. O vosso lugar não é marginal: nenhuma vocação é marginal no Povo de Deus: somos um único corpo, em que cada membro é importante e tem a mesma dignidade, e é inseparável do todo. Também vós, que viveis em isolamento voluntário, estais realmente no coração da Igreja, e fazeis correr nas suas veias o sangue puro da contemplação e do amor de Deus.

Stat Crux dum volvitur orbis – assim recita o vosso lema. A Cruz de Cristo é o ponto firme, no meio das mudanças e dos transtornos do mundo. A vida numa Cartuxa participa da estabilidade da Cruz, que é a de Deus, do seu amor fiel. Permanecendo solidamente unidos a Cristo, como ramos à Videira, também vós, Irmãos Cartuxos, estais associados ao seu mistério de salvação, como a Virgem Maria, que junto da Cruz 'stabat', unida ao Filho na mesma oblação de amor. Assim, como Maria e juntamente com Ela, também vós estais profundamente inseridos no mistério da Igreja, Sacramento de união dos homens com Deus e entre si. Nisto vós estais também singularmente próximos do meu ministério. Por conseguinte, vele sobre nós a Santíssima Mãe da Igreja, e o santo padre Bruno abençoe sempre do céu a vossa Comunidade.

Certamente a vida eremítica pode parecer demasiado rigorosa, quase inadequada à nossa época. Mas não se deve esquecer de que Bruno queria ver Deus num face a face íntimo. O fundador dos cartuxos não podia esperar a morte e a eternidade para responder à violência de sua sede. De fato, os cartuxos são impacientes.

Em uma carta a Jacques e Raïssa Maritain, Léon Bloy escrevia: "Quaisquer que sejam as circunstâncias, colocai sempre o Invisível antes do visível, o Sobrenatural antes do natural; se esta regra for aplicada a todos os vossos atos, sabemos que sereis investidos de força e banhados de alegria profunda". Sem querer, o escritor acabava de resumir a essência da ambição do monge.

Os monges são estrelas brilhantes que conduzem silenciosamente a humanidade para os caminhos da vida interior. Sua vida inteira, em seus detalhes práticos mais ínfimos, está centrada em Deus. Não se deve admirar que esse dom absoluto pudesse produzir efeitos que excedam a simples racionalidade. Nós não damos nossa vida a Deus sem consequência.

São Bento tinha a obsessão de agradar verdadeiramente a Deus. Nas biografias que lhe são consagradas, sempre me impressionei com sua alegria de viver sob o olhar de Deus. Ele concebia a solidão como uma prova de amor. Deu regras que permitem dispor das armas adequadas para levar o combate difícil da vida interior. Sua ambição era dar aos monges os meios de habitar sob o olhar de Deus. Com o ardor dos tímidos, esse grande santo estava devorado pelo desejo de estar com Deus. A ordem que ele fundou conquistou um lugar capital na história da Igreja e, recentemente ainda, eu não trairia um segredo afirmando que o exemplo dos beneditinos foi determinante para Joseph Ratzinger. Sua sede exclusiva de Deus assemelha-se em todos os pontos à dos monges.

Quando era arcebispo de Conakry, procurei durante dez anos filhos de são Bento que aceitassem se instalar em meu país. Suplicava cada dia ao Senhor que me concedesse essa graça. Em 1994, enfim consegui trazer beneditinos da abadia de Maumont, na diocese de Angoulême. Antes, tentara atrair a benevolência dos monges de Solesmes para o meu projeto. Finalmente, o mosteiro senegalês de Keur Moussa cedeu a minhas insistências repetidas, fundando um priorado na Guiné. Deus foi maravilhoso e satisfez minhas expectativas.

De fato, considerava que a oração dos monges era insubstituível para suscitar a procura incessante por Deus e aumentar a vida espiritual de meu povo. Doravante, quando retorno a Guiné, nunca deixo de consagrar ao menos dois dias aos beneditinos e às beneditinas. Gosto dos mosteiros porque são cidadelas de Deus, praças fortes nas quais podemos encontrá-lo mais facilmente, muralhas nas quais o coração de Jesus vela eternamente.

Ali, aqueles que buscam Deus podem dizer como o salmista: "*Domine, dilexi habitaculum Domus tuae et locum habitationis gloriae tuae... unum petii a Domino, hoc requeiram: ut inhabitem tarem in Domo Domini omnibus diebus vitae meaen ut videam voluptatem Domini et visitem templum ejus*" (Sl 26,8; Sl 27,4) [Senhor, amo a casa onde resides e o lugar onde habita tua glória... Uma coisa pedi ao Senhor, e mantenho o meu pedido: morar na casa do Senhor todos os dias de minha vida, para contemplar a beleza do Senhor e zelar pelo seu templo]. Nos mosteiros, encontramos a virgindade do coração, a "*munditia cordis*".

Estou intimamente convencido de que a Igreja prossegue sua estrada graças à intercessão, dia e noite, dos contemplativos e das contemplativas. A Esposa de Cristo brilha com a oração invisível dos soldados que mantiveram suas vidas nos arcos do céu.

Hoje, apesar da confusão do mundo moderno, homens continuam a estabelecer sua vida inteira no amor de Deus. Compreenderam que a razão de amar Deus permanece Deus mesmo. Em seu tratado, *De amore Dei*, são Bernardo escrevia com poesia: "A medida de amar a Deus é amá-lo sem medida".

Em 24 de maio de 2009, em sua visita a Monte Cassino, Bento XVI, na celebração das Vésperas com os abades beneditinos e a comunidade de monges e monjas, pronunciou estas palavras incomparáveis sobre Bento: "Não mais viver para si mesmos, mas para Cristo: eis o que dá sentido pleno à vida de quem se deixa conquistar por Ele. Manifesta-o claramente a vicissitude humana e espiritual de são Bento, que, tendo deixado tudo, se pôs no fiel seguimento de Jesus Cristo. Encarnando o Evangelho na própria existência, tornou-se iniciador de um vasto movimento de renascimento espiritual e cultural no Ocidente. Gostaria de fazer aqui menção a um acontecimento extraordinário da sua vida, referido pelo biógrafo São Gregório Magno e que vós certamente conheceis bem. Poder-se-ia quase dizer que também o santo Patriarca foi 'elevado ao alto' numa experiência mística indescritível. Na noite de 29 de outubro de 540 – lê-se na biografia –, enquanto, estando à janela, 'com o olhar fixo nalgumas estrelas absorvia-se na contemplação divina, o santo sentia que o coração se lhe inflamava... Para ele o firmamento estrelado era como a cortina bordada que revelava o Santo dos Santos. A certo ponto a sua alma sentia-se transportada para a outra parte do véu, para contemplar manifestamente o rosto d'Aquele que habita numa luz inacessível' (cf. A. I. Schuster, *Storia di san Benedetto e dei suoi tempi*, Ed. Abbazia di Viboldone, Milão, 1965, pp. 11 e ss.). Sem dúvida, analogamente ao que aconteceu com Paulo depois do seu arrebatamento ao céu, também são Bento, precisamente depois dessa extraordinária experiência espiritual, teve de iniciar uma vida nova. De fato, se a visão foi passageira, os efeitos permaneceram, a sua própria fisionomia – referem os biógrafos – foi modificada, o seu aspecto permaneceu sempre sereno e de aspecto sempre angélico e, mesmo vivendo na terra, compreendia-se que com o coração já estava no Paraíso".

Como o senhor compreende a Palavra de Cristo: "Eu estou convosco para sempre" (Mt 28,20)?

Em primeiro lugar, a presença de Jesus existe mediante a Igreja. Tenho o sentimento que esquecemos rapidamente estas palavras do Evangelho de Mateus: "Eu vos declaro ainda: se dois dentre vós, na terra, se puserem de acordo para pedir seja o que for, isto lhe será concedido por meu Pai que está nos céus. Pois onde dois ou três estiverem reunidos em meu Nome, eu estou no meio deles" (Mt 18,19-20). Mediante a Igreja, a promessa de Cristo se realiza continuamente desde a sua morte.

Os homens podem também perceber sua presença nos sacramentos. Somos batizados no nome de Cristo. Igualmente, a Eucaristia é o corpo de Jesus e a confissão permanece uma atualização da vontade do Filho de Deus de perdoar os pecados dos homens. Enfim, nos Evangelhos, é aquele que fala mediante seus apóstolos.

A constituição do concílio Vaticano II sobre a liturgia, *Sacrosanctum Concilium*, precisa assim: "Para realizar tão grande obra, Cristo sempre está presente na sua Igreja, especialmente nas ações litúrgicas. Está presente no sacrifício da Missa, quer na pessoa do ministro – 'O que se oferece agora pelo ministério sacerdotal é o mesmo que se ofereceu na Cruz' [Concílio de Trento, XXII, De ss. Missae sacrif., c. 2] –, quer sobretudo sob as espécies eucarísticas. Está presente com o seu dinamismo nos Sacramentos, de modo que, quando alguém batiza, é o próprio Cristo que batiza [Santo Agostinho, *In Joannis Evangelium Tractatus VI*, c. I, n. 7]. Está presente na sua Palavra, pois é Ele que fala ao ser lida na Igreja a Sagrada Escritura. Está presente, enfim, quando a Igreja reza e canta, Ele que prometeu: 'Onde estiverem dois ou três reunidos em meu nome, Eu estou no meio deles' (Mt. 18,20). Em tão grande obra, que permite que Deus seja perfeitamente glorificado e que os homens se santifiquem, Cristo associa sempre a si a Igreja, sua esposa muito amada, a qual invoca o seu Senhor e por meio dele rende culto ao Eterno Pai. Com razão se considera a Liturgia como o exercício da função sacerdotal de Cristo. Nela, os sinais sensíveis significam e, cada um à sua maneira, realizam a santificação dos homens; nela, o Corpo Místico de Jesus Cristo – cabeça e membros – presta a Deus o culto público integral. Portanto, qualquer celebração litúrgica é, por ser obra de Cristo sacerdote e do seu Corpo que é a Igreja, ação sagrada por excelência, cuja eficácia, com o mesmo título e no mesmo grau, não é igualada por nenhuma outra ação da Igreja".

Cristo também está presente ao lado dos pobres e dos homens que sofrem. É impossível esquecer as Palavras radicais de Cristo: "E quando o Filho do homem vier em sua glória, acompanhado de todos os anjos, então se assentará no trono da sua glória. Diante dele serão reunidas todas as nações, e separará os homens uns dos outros, como o pastor separa as ovelhas dos cabritos. Ele colocará as ovelhas à sua direita, e os cabritos à sua esquerda. Então o Rei dirá aos que estiverem à sua direita: 'Vinde, benditos de meu Pai, recebei em herança o Reino que foi preparado para vós desde a fundação do mundo; Porque eu tive fome, e me destes de comer; tive sede, e me destes de beber; eu era estrangeiro, e me acolhestes; Estava nu, e me vestistes; doente, e me visitastes; na prisão, e viestes a mim'. Então os justos lhe responderão: 'Senhor, quando é que nos sucedeu ver-te com fome, e alimentar-te, com sede, e dar-te de beber? Quando nos sucedeu ver-te estrangeiro, e acolher-te, nu, e vestir-te? Quando é que nos sucedeu ver-te doente, ou na prisão, e irmos a ti?' E o Rei lhes responderá: 'Em verdade vos declaro, todas as vezes que o fizestes a um destes mais pequenos, que são meus irmãos, foi a mim que o fizestes'. Então ele dirá aos que estiverem à sua esquerda: 'Retirai-vos para longe de mim, malditos, para o fogo eterno, que foi preparado para o diabo e para seus anjos. Pois eu tive fome, e não me destes de comer; tive sede, e não me destes de beber; Eu era estrangeiro, e não me acolhestes; estava nu, e não me vestistes; doente na prisão, e não me visitastes'. Então eles também responderão: 'Senhor, quando é que nos sucedeu ver-te com fome, ou com sede, estrangeiro ou nu, doente ou na prisão, sem ir dar-te assistência?' Então Ele lhes responderá: 'Em verdade vos declaro, cada vez que não o fizestes a um destes mais pequenos, a mim também não o fizestes'. E irão estes para o castigo eterno, mas os justos irão para a vida eterna" (Mt 25,31-46).

São João Crisóstomo sempre assume com vigor a defesa dos pobres e dos infelizes. Gosta de recordar que Cristo jamais pactuou com o escândalo da riqueza e do luxo que grassavam aos olhos dos pobres. Em suas *Exhortations à Theodore*, escreveu: "Queres honrar o corpo de Cristo? Não o desprezes quando está nu. Não o honres, aqui, na Igreja, com tecidos de seda enquanto o deixas fora sofrer o frio e a falta de roupas. Porque aquele que disse: Isto é o meu corpo e que o realizou ao dizer, é aquele que disse: Vós me vistes ter fome, e não me destes o que comer, e também: cada vez que não o fizestes a um destes pequenos, foi a mim que não o fizestes. Aqui, o corpo de Cristo não necessita de roupas, mas de almas puras; acolá, necessita muito de solicitude... Que benefício tem a mesa de Cristo em estar repleta de vasos de ouro, enquanto ele morre de fome? Começa por saciar o faminto e, com o que sobrar, ornarás o teu altar. Fazes uma taça de ouro, e não dás um copo de água fresca? E qual é o benefício em revestir a mesa de Cristo com mantas douradas se não lhe dás o cobertor do qual necessita? O que ganhas com isso? Diga-me, pois: Se vês que a Cristo lhe falta o alimento indispensável, e que tu o abandonas para cobrir o altar com um revestimento precioso, será que ele te será agradecido? Será que ele não vai se indignar? Ou ainda, vês Cristo coberto de trapos, gelando de frio, e tu negligencias em lhe dar um casaco, e lhe levantas colunas de ouro na Igreja dizendo que fazes isso para honrá-lo. Não vai ele te dizer que ris dele, julgar que o injurias, e com a pior das injúrias?".

São João Crisóstomo revela Cristo no pobre e o faz dizer: "Eu poderia me alimentar; mas prefiro perambular mendigando, estender a mão diante de tua porta, para ser alimentado por ti. É por amor a ti que ajo dessa maneira". Com veemência, o arcebispo de Constantinopla se levanta contra a escravidão e seu alheamento: "O que eu vou dizer é horrível, mas é preciso que vos diga. Colocai Deus no mesmo lugar que vossos escravos. Libertai Cristo da fome, da necessidade, das prisões, da nudez. Ah! Vós tremeis". Quando são João Crisóstomo fala de Cristo presente entre nós, é o suficiente para ficar com medo! Sua palavra é rude, áspera e intransigente. Todo o homem está em sua palavra. Não fala para se escutar nem para seduzir. Escreve para instruir, exortar, reformar, ansioso por combater os costumes pagãos e instaurar a única moral do Evangelho.

São João Crisóstomo é um verdadeiro pastor que educa, alimenta seu povo, explica as Sagradas Escrituras e as aplica à vida cotidiana.

Finalmente, o que é a santidade?

Em sua primeira carta aos Tessalonicenses, são Paulo afirma: "De resto, irmão, vós aprendestes de nós como proceder para agradar a Deus, e é assim que procedeis; fazei ainda novos progressos. Sabeis, de fato, as instruções que vos demos da parte do senhor Jesus. A vontade de Deus é a vossa santificação, que vos abstenhais da imoralidade, que cada um de vós saiba casar-se para viver com santidade e honestidade, sem se deixar levar pela paixão, como fazem os pagãos que não conhecem Deus; que ninguém prejudique seu irmão, nem lhe cause dano nesta matéria, pois o Senhor se vinga de tudo isso, como já dissemos e testemunhamos. De fato, Deus não nos chamou para viver na impureza, mas nos chamou para a santidade. Assim, pois, aquele que rejeita esses ensinamentos não é a um homem que rejeita, mas o próprio Deus que vos dá o seu Espírito Santo" (1Ts 4,1-8).

Quais são os caminhos para atingir a santidade? Com efeito, a santidade é de início uma graça que vem de Deus. Devemos intentar acolhê-la e realizá-la. Na *Imitação de Jesus Cristo,* se encontra esta magnífica frase: "Não há, pois, santidade, se Vós, Senhor, retirais a mão. Nenhuma sabedoria aproveita, se não a dirigis. Nenhuma fortaleza ajuda, se não a conservais. Nenhuma castidade está segura, se não a protegeis. Inútil a guarda de nós mesmos sem a vossa santa vigilância. Desamparados, afundamos e perecemos; visitados por Vós, erguemo-nos e recobramos vida. Instáveis somos e Vós nos confirmais; somos tíbios e Vós nos afervorais" (III, 14,2).

Entretanto, penso que existe uma via privilegiada, a do amor e da caridade. Essa última conduz sempre o homem à perfeição; ela é a rota mais absoluta para a santidade. Esse elo entre a caridade, a perfeição e a santidade é mais importante. Os homens devem, portanto, avançar na fé vivendo na caridade.

As Palavras que Jesus nos dirige estão cheias de amor, tanto quanto de exigências. Eis por que nos diz: "Sede perfeitos como vosso Pai celeste é perfeito" (Mt 5,48). Com efeito, se aceitamos ser cristãos, devemos constantemente agir sem pensar nos pequenos objetivos do prestígio ou da ambição, nem nos fins que parecem mais nobres, como a filantropia ou a benevolência humanitária. O cristão é o homem que reflete incessantemente no termo último e radical do amor que Jesus Cristo nos manifestou morrendo por nós na Cruz. Desde então, a santidade consiste em viver exatamente como Deus quer que nós vivamos, configurando-nos sempre mais a seu Filho Jesus Cristo. São Paulo já nos advertia sem rodeios, escrevendo: "Visto que sois eleitos santificados, amados por Deus, revesti-vos dos sentimentos de compaixão, benevolência, humildade, doçura, paciência. Suportai-vos uns aos outros, e se alguém tiver algum motivo de queixa contra outro, perdoai-vos mutuamente; assim como o Senhor vos perdoou, fazei o mesmo, também vós. E acima de tudo, revesti-vos de amor: é o vínculo perfeito. Reine em vossos corações a paz de Cristo, à qual fostes todos chamados em um só corpo. Vivei na gratidão" (Cl 3,12-15).

O desejo profundo de Deus quer que possamos semelhar-nos a Ele sendo santos. A caridade é amor, e a santidade é uma manifestação sublime da capacidade de amar. É uma identificação com Cristo e assim a realização de nossa vocação de ser filho e filha de Deus.

Quem são exatamente os anjos?

Pela Bíblia, sabemos que os anjos são espíritos puros, mensageiros de Deus, dotados de uma inteligência extraordinária, imersos na luz de

Deus. Os anjos vivem verdadeiramente com Deus, formam ao redor dEle a corte celeste, que não cessa de louvar o Criador.

Eles são os protetores e os guias naturais dos homens. Acho particularmente importante a consciência da existência de nosso anjo da guarda que vela em cada instante por nós. Cristo evoca muitas vezes os anjos, e nos revela: "que há alegria entre os anjos de Deus por um só pecador que se converta" (Lc 15,10). O Filho de Deus nos pede que tenhamos cuidado em amar as crianças, "porque eu vos digo, nos céus os seus anjos se mantêm sem cessar na presença do meu Pai que está nos céus" (Mt 18,10).

O exemplo dos anjos lembra aos homens a necessidade de viver santamente, de maneira bela e pura. No céu, seremos levados a viver na companhia deles, perdidos na claridade de Deus. Com efeito, Cristo disse aos saduceus: "Os que pertencem a este mundo casam-se ou são dados em casamento. Mas os que foram julgados dignos de ter parte no mundo futuro e na ressurreição dos mortos não casam nem são dados em casamento. É que eles não podem mais morrer, pois são iguais aos anjos: são filhos de Deus, visto serem filhos da ressurreição" (Lc 20,34-36).

A humanidade tem verdadeira necessidade de ser acompanhada por esses seres misteriosos. Não ignoro que pode ser difícil falar dos anjos em um mundo forjado numa cultura racionalista e narcisista.

Mesmo assim, a Bíblia afirma que aos olhos de Deus o homem é superior aos anjos. Deus não se encarnou em um anjo. Se Ele quis o Arcanjo Gabriel como mensageiro de sua encarnação, escolheu vir aqui na carne de um homem. A Carta aos Hebreus afirma: "O que é o homem, para te lembrares dele? Ou o filho do homem, para nele descansares o olhar? Tornaste-o um pouco inferior aos anjos; de glória e honra o coroaste; puseste-lhe todas as coisas debaixo dos pés. Ao submeter-lhe todas as coisas, nada deixou que lhe pudesse ficar insubmisso. Ora, na realidade, ainda não vemos que tudo lhe esteja submetido, mas uma coisa constatamos: aquele Jesus que se tornou um pouco inferior aos anjos acha-se, por causa da morte que padeceu, coroado de glória e honra. Assim sendo, foi em favor de todos os homens que, pela graça de Deus, provou a morte" (Hb 2,6-9).

A grandeza do homem está na encarnação, e os anjos que aceitaram livremente esse grande mistério louvam a Deus eternamente.

Com seu conhecimento de pedagogia, Bento XVI, ao evocar a missão dos anjos, podia dizer: "Os anjos de Deus, qualquer que seja a distância que eles percorrem para suas missões, estão sempre a caminho em Deus. Eles estão sempre com Ele" (Homilia de Bento XVI, *Vêpres mariales avec les religieux et les seminaristes de Bavière*, 11 de setembro de 2006).

É significativo que nos jardins do Vaticano o papa Francisco quis abençoar, acompanhado por Bento XVI, uma estátua de são Miguel, e pôr o Vaticano sob a proteção desse arcanjo.

Não posso esquecer, enfim, as belas e fortes palavras de Francisco, em setembro de 2014, em uma homilia de sua missa matinal: "Satanás é inteligente: a primeira página do Gênesis nos diz. Ele apresenta as coisas como se fossem boas, mas sua intenção é a destruição. E os anjos nos defendem. Eles defendem o homem e o Homem Deus, o Homem Superior, Jesus Cristo, que é a perfeição da humanidade, o mais perfeito. Por essa razão, a Igreja homenageia os seus anjos, porque eles são os que estão na Glória de Deus, porque eles defendem o grande mistério oculto de Deus, isto é, o Verbo se fez carne".

Nossa entrevista chega a seu fim. O senhor pode falar-nos de sua nomeação pelo papa Francisco à chefia de uma das mais importantes estruturas da Cúria romana, a Congregação para o culto divino e a disciplina dos sacramentos?

Cada vez que o sucessor de Pedro teve a bondade de me confiar uma responsabilidade para o serviço da Igreja, provei sempre o sentimento de minha insuficiência e de minha inadequação.

Ainda assim, enquanto sinto o peso demasiado árduo da missão que me foi confiada em razão de minhas fraquezas objetivas, percebo brotar em meu coração uma imensa ação de graças ao Senhor, que, regularmente, escolhe o que nada é aos olhos do mundo para realizar sua obra.

Agradeço, pois, ao Senhor que me dá operar com Ele e para Ele com o fim de ajudar o povo de Deus a entrar plenamente no mistério que Ele celebra na liturgia santa.

Com humildade, agradeço ao papa. Também sinto uma verdadeira gratidão aos meus colaboradores da Congregação para o culto divino e a disciplina dos sacramentos. Juntamente, com a ajuda de Deus, e por sua presença ativa – porque a liturgia "é essencialmente, como lembra *Sacramentum Caritatis*, uma ação de Deus (actio Dei) que nos envolve em Jesus por meio do Espírito Santo" –, trabalhamos para que as celebrações do culto e dos sacramentos sejam vividas sempre diante de Deus na admiração de sua ação salvífica, que abarca não somente o indivíduo, mas toda a Igreja, toda a sociedade, todo o universo no grande movimento que faz com que os homens e o mundo passem da morte à vida no mistério da Páscoa do Senhor. Juntos, procuramos fazer com que se compreenda que foi Deus e não os homens quem fixou a liturgia. Com efeito, o homem não pode simplesmente fabricar um culto *ex nihilo*. Porque "nós, diz Moisés ao Faraó, antes de chegar ao local, não sabemos o que deveremos oferecer ao Senhor" (Ex 10,26). Se Deus não se revela, o homem não se une senão em um espaço vazio.

Em seu livro L'Esprit de la liturgie[23], *Joseph Ratzinger escrevia que "a liturgia deve mostrar Cristo, deixá-lo transparecer em sua presença transfiguradora mediante os sinais, os gestos, as palavras que a Igreja nos transmitiu em seus ritos". Como o senhor compreende essa análise?*

Joseph Ratzinger queria explicitar o que *Sacrosanctum Concilium* afirma muito claramente: "A liturgia contribui em sumo grau para que os fiéis exprimam na vida e manifestem aos outros o mistério de Cristo e a autêntica natureza da verdadeira Igreja". Ele afirmava assim: "Deus age na liturgia mediante Cristo, e nós, enquanto Igreja, nós não podemos agir senão mediante Ele, por Ele, com Ele e nEle"[24].

Mediante a liturgia, Jesus entra em nosso coração. Os sacerdotes devem, portanto, garantir-lhe o primeiro lugar, de modo que ele transpareça de tal maneira que, nos olhando, os homens vejam Jesus. Devemos ser a transparência de Cristo.

Em um mundo que constantemente nos leva para fora de nós, ao aprisionar o homem nos bens sensíveis e materiais, numa total privação do essencial, a liturgia é verdadeiramente a porta de nossa união a Deus por nossa união a Jesus. Ela nos prepara para a liturgia celeste que nos dará contemplar Deus sem véu, face a face, amá-lo sem fim. Na liturgia, experimentamos a manifestação e a presença operante de Jesus Cristo, se o sacerdote entra plenamente no mistério pascal, que é celebrado com fé, piedade e beleza na santa Eucaristia.

Em 7 de julho de 2007, Bento XVI promulgava Summorum pontificum, *o Motu proprio sobre a liturgia romana anterior à reforma de 1970. Qual é o seu ponto de vista sobre esse texto?*

Pessoalmente acolhi *Summorum pontificum* com confiança, alegria e ação de graças. Ele é o sinal e a prova de que a Igreja, *Mater et Magister*, permanece atenta a todos os seus filhos, tendo conta de suas sensibilidades. Bento XVI queria promover a riqueza de diferentes expressões espirituais, desde que elas conduzissem a uma real e verdadeira comunhão eclesial e a uma irradiação mais luminosa da santidade da Igreja.

Penso que esse belo *Motu proprio* se situa na linha reta da vontade dos Padres conciliares. Assim, não devemos esquecer o que o *Sacrosanctum Concilium* declara: "A Liturgia compõe-se duma parte imutável, porque de instituição divina, e de partes suscetíveis de modificação, as quais podem e devem variar no decorrer do tempo, se porventura se tiverem introduzido nelas elementos que não correspondam tão bem à natureza íntima da Liturgia ou se tenham tornado menos apropriados" (I, 3, 21).

Na carta aos Bispos, de 7 de julho de 2007, que acompanhava o *Summorum pontificum,* Bento XVI escrevia: "Aliás, as duas Formas do uso do Rito Romano podem enriquecer-se mutuamente: no Missal antigo poderão e deverão ser inseridos novos santos e alguns dos novos prefácios. E, na celebração da Missa segundo o Missal de Paulo VI, poder-se-á manifestar, de maneira mais intensa do que frequentemente tem acontecido até agora, aquela sacralidade que atrai muitos para o uso antigo. A garantia mais segura que há de o Missal de Paulo VI poder unir as comunidades paroquiais e ser amado por elas é celebrar com grande reverência em conformidade com as rubricas; isto torna visível a riqueza espiritual e a profundidade teológica desse Missal".

É provável que na celebração da missa, segundo o antigo missal, nós compreendamos melhor que a missa é um ato de Cristo e não dos homens. De igual modo, seu caráter misterioso e mistagógico é imediatamente mais perceptível. Embora não participemos ativamente da missa, esta não é ação nossa, mas é de Cristo. Em seu livro, *L'Espirit de la liturgie*, Bento XVI escreveu: "Em que consiste, porém, esta participação ativa? O que é preciso fazer? Infelizmente, esta expressão foi rapidamente mal compreendida e reduzida ao seu significado exterior, o da necessidade de um agir comum, como se se tratasse de fazer entrar em ação o maior número possível de pessoas e com a maior frequência possível. A palavra *participação* remete, porém, a uma ação principal, na qual todos devem tomar parte. Se, pois, se quer descobrir de que agir se trata, é necessário, antes de tudo, verificar qual é esta '*actio*' central, na qual devem tomar parte todos os membros da comunidade... O termo '*actio*' referido à liturgia nos reenvia às fontes do '*cânon*' eucarístico. A verdadeira ação litúrgica é a '*oratio*'. Esta *oratio*-oração eucarística solene, o '*cânon*', é realmente mais que um discurso, é '*actio*' no sentido mais alto do termo. Nela acontece, com efeito, que a '*actio*' humana passa para o segundo plano e abre espaço para a '*actio*' divina, para o agir de Deus" (IV, 2,1).

O *Motu proprio Summorum pontificum* tenta conciliar as duas formas do rito romano e procura, sobretudo, ajudar-nos a redescobrir a sacralidade da santa missa como *actio Dei*, e não dos homens. Toca-se aqui em um ponto extremamente importante: o problema da indisciplina difundida, a falta de respeito e de fidelidade ao rito, que também pode atingir a validade dos sacramentos.

Alguns se alarmam diante de uma crise da liturgia na Igreja. Têm eles razão?

Infelizmente, creio que eles têm razão de se inquietar e de temer o pior... Constatamos cada vez mais que o homem procura tomar o lugar de Deus. A liturgia se torna então um simples jogo humano. Se as celebrações eucarísticas se transformam em autocelebrações humanas e em lugares de aplicação de nossas ideologias pastorais e de opções políticas partidárias que nada têm a ver com o culto espiritual que se deve celebrar da maneira querida por Deus, o perigo é imenso. Porque, então, Deus desaparece.

Em dezembro de 2014, o cardeal Reinhard Marx, presidente da conferência dos bispos alemães, declarou: "A busca de um acompanhamento teologicamente responsável e pastoralmente apropriado dos crentes divorciados ou divorciados e recasados civilmente figura em toda a parte do mundo entre os desafios urgentes da pastoral familiar e conjugal no contexto da evangelização". Qual é o seu ponto de vista sobre esse assunto que fazia parte das questões do último sínodo de outubro de 2014?

Tenho muito respeito pelo cardeal Reinhard Marx, mas essa afirmação tão geral me parece ser a expressão de pura ideologia que se quer impor a marcha forçada a toda a Igreja. Segundo minha experiência, em particular após vinte e três anos como arcebispo de Conakry e nove anos como secretário da Congregação para a evangelização dos povos, a questão dos "crentes divorciados ou divorciados e recasados civilmente" não é um desafio urgente para as Igrejas da África e da Ásia. Pelo contrário, trata-se de uma obsessão de algumas Igrejas ocidentais que querem impor soluções ditas "teologicamente responsáveis e pastoralmente apropriadas", as quais contradizem radicalmente o ensinamento de Jesus e do magistério da Igreja.

A primeira urgência nos países de missão consiste em estruturar uma pastoral que tenha como único objetivo responder à questão: o que é ser verdadeiramente cristão na situação histórica e cultural atual de nossas sociedades globalizadas? Como formar cristãos intrépidos e generosos, discípulos zelosos de Jesus? Para um cristão adulto, a fé em Cristo não pode ser uma intuição, uma emoção ou um sentimento. Para um cristão, a fé deve se tornar a forma, o modelo de toda a sua vida privada e pública, pessoal e social.

Quaisquer que sejam as dificuldades atuais, os discípulos de Cristo devem valorizar sem reticência e sem compromisso, na teoria e na prática, as exigências da fé em Cristo, porque elas são as exigências e os preceitos de Deus.

A segunda urgência é formar famílias cristãs sólidas, porque a Igreja, que é a família de Deus, se constrói sobre a base de famílias cristãs unidas sacramentalmente e testemunhas desse Mistério de grande significado dado eternamente por Cristo.

A verdade do Evangelho deve ser vivida sempre no difícil crisol do engajamento em plena vida social, econômica e cultural. Diante da crise moral, particularmente a do casamento e da família, a Igreja pode contribuir na busca de soluções justas e construtivas, mas ela não tem outras possibilidades a não ser de participar referindo-se de maneira vigorosa àquilo que a fé em Jesus Cristo traz de próprio e de único para a realização humana. Nesse sentido, não é possível imaginar qualquer distorção entre o magistério e a pastoral. A ideia que consistiria em pôr o magistério num belo estojo desligando-o da prática pastoral, que poderia evoluir a critério das circunstâncias, dos modismos e das paixões, é uma forma de heresia, uma perigosa patologia esquizofrênica.

Portanto, solenemente afirmo que a Igreja da África se oporá com firmeza a toda rebelião contra o ensinamento de Jesus e do magistério.

Posso me permitir uma recordação histórica, no século IV, a Igreja da África e o concílio de Cartago decretaram o celibato sacerdotal. Depois, no século XVI, esse mesmo concílio africano constituiu o pedestal sobre o qual o papa Pio IV se baseou para enfrentar as pressões dos príncipes alemães, que lhe pediam autorizar o casamento dos sacerdotes. Hoje também, a Igreja da África se compromete em nome do Senhor Jesus a manter inalterado o ensinamento de Deus e da Igreja sobre a indissolubilidade do matrimônio: o que Deus uniu, que o homem não o separe.

Como um sínodo poderia revogar o ensinamento constante, unificado e aprofundado do bem-aventurado Paulo VI, de são João Paulo II e de Bento XVI?

Eu ponho minha confiança na fidelidade de Francisco.

Em janeiro de 2015, tive a honra de acompanhá-lo em sua viagem ao Sri Lanka e às Filipinas. Em Manila, em 16 de janeiro, no Encontro das Famílias, o seu propósito sobre a família foi particularmente vigoroso:

"Existem colonizações ideológicas que procuram destruir a família. Não nascem do sonho, da oração, do encontro com Deus, da missão que Deus nos dá. Provêm de fora; por isso, digo que são colonizações. Não percamos a liberdade da missão que Deus nos dá, a missão da família. E assim como os nossos povos, num determinado momento da sua história, chegaram à maturidade de dizer 'não' a qualquer colonização política, assim também como família devemos ser muito sagazes, muito hábeis, muito fortes, para dizer 'não' a qualquer tentativa de colonização ideológica da família. E pedir a intercessão de São José, que é amigo do Anjo, para saber quando podemos dizer 'sim' e quando devemos dizer 'não'. [...] Penso no Beato Paulo VI. Num período em que se propunha o problema do crescimento demográfico, teve a coragem de defender a abertura à vida na família. Ele conhecia as dificuldades que havia em cada família; por isso, na sua Encíclica, era tão misericordioso com os casos particulares. E pediu aos confessores que fossem muito misericordiosos e compreensivos com os casos particulares. Mas ele olhou mais longe: olhou os povos da terra e viu esta ameaça da destruição da família pela falta de filhos. Paulo VI era corajoso, era um bom pastor e avisou as suas ovelhas a propósito dos lobos que chegavam. Que ele, lá do céu, nos abençoe nesta tarde!".

Em novembro de 2014, ao voltar de uma viagem ao Líbano, o senhor propôs uma questão particularmente difícil: "Por que Deus pode deixar que as crianças, que lhes são as mais fiéis, sejam massacradas, até a oferenda dolorosa de suas vidas?" Como compreender essa interrogação?

Os mártires são o sinal de que Deus está vivo e sempre presente entre nós. Seu amor misericordioso se manifesta visível e tangivelmente em Jesus Cristo que prometeu não se afastar de sua Igreja e daqueles que escolheram segui-lo fielmente: "Eis que eu estou convosco todos os dias, até a consumação dos tempos" (Mt 28,20). Ora, sua presença é tangível em seus discípulos perseguidos: "Saul, por que me persegues? / Quem és tu, Senhor? Perguntou ele/Eu sou Jesus, é a mim que persegues" (At 9,4-5). Os mártires são não somente a presença física de Jesus num mundo hostil e fechado ao Evangelho, mas também a resposta mais radical do homem ao amor de Deus. Não há, com efeito, maior prova de amor do que dar sua vida por aqueles que se ama. Deus se deu a nós realmente até a morte. É pela morte que respondemos de maneira verdadeira e total ao amor de Deus.

Em *Deus caritas est*, Bento XVI escrevia com vigor: "Já no Antigo Testamento a novidade bíblica não consistia simplesmente em noções abstratas, mas na ação imprevisível e, de certa forma, inaudita de Deus. Esta ação de Deus ganha agora a sua forma dramática devido ao fato de que, em Jesus Cristo, o próprio Deus vai atrás da "ovelha perdida", a humanidade sofredora e transviada. Quando Jesus fala, nas suas parábolas, do pastor que vai atrás da ovelha perdida, da mulher que procura a dracma, do pai que sai ao encontro do filho pródigo e o abraça, não se trata apenas de palavras, mas constituem a explicação do seu próprio ser e agir. Na sua morte de Cruz, cumpre-se aquele virar-se de Deus contra Si próprio, com o qual Ele se entrega para levantar o homem e salvá-lo – isto é o amor na sua forma mais radical" (I,12).

Ainda hoje, na morte cruel de tantos cristãos fuzilados, crucificados, decapitados, torturados e queimados vivos, se realiza "o retorno de Deus contra si próprio" para a recuperação e a salvação do mundo.

Segundo as estatísticas *do Pew Research Center Study* de janeiro de 2014, em uma terça parte dos cento e noventa e oito países em que se fizeram pesquisas, foram recenseadas perseguições graves contra os cristãos. Muitos que se declaram de Cristo são perseguidos através do mundo. Muitos historiadores afirmam que a metade dos mártires cristãos de toda a história da Igreja foram mortos no século XX.

Mas o sangue dos mártires cristãos fala outra língua que aquela de Abel (Hb 12,24). Não exige nem vingança nem punição, mas perdão e reconciliação. O martírio representa um testemunho de amor e um exemplo de fé para aqueles que se abrem ao Deus de misericórdia e de verdade. Assim se explica o sucesso inesperado na França do filme *Des hommes et des Dieux*, que relata a história de sete monges cistercienses do mosteiro de Tibhirine massacrados em março de 1996.

Aliás, como não se admirar diante das palavras do testamento de Shahbaz Bhatti, homem político católico paquistanês morto em razão de sua fé, em março de 2011? Ele escrevia: "Altas responsabilidades no governo me foram propostas, e me pediram que abandonasse minha batalha, mas sempre recusei, embora soubesse que arriscava a minha vida. Eu não procuro a popularidade, eu não quero posição de poder. Eu quero somente um lugar aos pés de Jesus. Eu quero que minha vida, meu caráter, minhas ações falem de mim e digam que eu estou no seguimento de Jesus Cristo. Esse desejo é tão forte em mim que eu me consideraria como um privilegiado se, em meu esforço nesta batalha que é a minha para ajudar os necessitados, os pobres, os cristãos perseguidos no Paquistão, Jesus quisesse aceitar o sacrifício de minha vida. Quero viver para Cristo, e por Ele quero morrer".

Temos a impressão de ouvir novamente o martírio de santo Inácio de Antioquia, vindo a Roma para sofrer os piores ultrajes, macerado pelo dente dos animais ferozes.

Igualmente, não posso esquecer os rostos de Shahzad Masih, de trinta anos, e de sua mulher Shama Bibi, que tinha vinte e quatro anos, queimados vivos, lançados ao forno em que o cozimento dos tijolos estava em andamento, em 4 de novembro de 2014, na província de Pendjab, no Paquistão, deixando três crianças e Shama estava grávida. Shahzad Masih e Shama Bibi morreram no silêncio, como holocaustos oferecidos ao Deus de amor. Mas o silêncio das vítimas não justifica a indiferença culpável diante da sorte de milhares de cristãos que morrem cada dia. Como ignorar o grito doloroso do profeta Isaías: "O justo perece, sem que ninguém tome a coisa a peito, os homens de bem são ceifados, sem que ninguém veja que sob os golpes da maldade o justo é ceifado" (Is 57,1)?

Enquanto cristãos morrem por sua fé e sua fidelidade a Jesus, no Ocidente homens da Igreja procuram reduzir ao mínimo as exigências do Evangelho.

Nós chegamos até a utilizar a misericórdia de Deus, abafando a justiça e a verdade, para "acolher, segundo os termos da *Relatio post disceptationem* do último sínodo sobre a família, em outubro de 2014, os dotes e as qualidades que as pessoas homossexuais têm para oferecer à comunidade cristã". Esse documento prosseguia afirmando que "a questão homossexual interpela-nos a uma séria reflexão acerca do modo como elaborar caminhos realistas de crescimento afetivo e de maturidade humana e evangélica, integrando a dimensão sexual". De fato, o verdadeiro escândalo não é a existência de pecadores, porque precisamente a misericórdia e o perdão existem sempre para eles, mas a confusão entre o bem e o mal, operada pelos pastores católicos. Se homens consagrados a Deus não são mais capazes de compreender a radicalidade da mensagem do Evangelho, procurando anestesiá-la, nós estaremos num falso caminho. Porque eis aí a verdadeira falta de misericórdia.

Enquanto centenas de milhares de cristãos vivem cada dia com medo, alguns querem evitar que sofram os divorciados recasados, que se sentiriam discriminados ao serem excluídos da comunhão sacramental. Apesar de um estado de adultério permanente, apesar de um estado de vida que dá testemunho de uma recusa à adesão à Palavra que eleva aqueles que são sacramentalmente casados a ser o sinal revelador do mistério pascal de Cristo, alguns teólogos querem dar acesso à comunhão eucarística aos divorciados recasados. A supressão desta interdição da comunhão sacramental aos divorciados recasados, que lhes permite ir além da Palavra de Cristo – "Não separe, pois, o homem o que Deus uniu" (Mt 19,6) –, significaria claramente a negação da indissolubilidade do matrimônio sacramental.

Aline Lizotte, teóloga reputada e diretora do Instituo Karol Wojtyla, escreveu com toda razão em *L'Obéisssance du Christ e le mystère de piété*[25]: "A verdade da união conjugal não se exerce a não ser no interior de um matrimônio que comporta uma união estável de um homem e de uma mulher cujo consentimento expresso publicamente implica uma comunhão radical dos dons de um e do outro tendo em vista transmitir na criança o mistério da pessoa. No interior da Igreja de Cristo, as outras formas de união sexual, embora comportem elementos que lhes permitem parecer com o matrimônio sacramental, constituem, objetivamente, obstáculos à plenitude da vida conjugal tal como é querida pelo Criador e tal como é afirmada por Cristo. Para um batizado, dizer que a união de fato, o concubinato ou somente o casamento civil podem constituir objetivamente elementos positivos para a plenitude sacramental, é querer reescrever a história da Salvação ao contrário!".

Existe hoje um confronto e uma rebelião contra Deus, uma batalha organizada contra Cristo e sua Igreja. Como compreender que pastores católicos ponham em questão a doutrina, a lei de Deus e o ensinamento da Igreja sobre a homossexualidade, sobre o divórcio e o recasamento, como se a Palavra de Deus e o magistério devessem ser doravante sancionados, aprovados pelo voto da maioria?

Os homens que edificam e estruturam estratégias para matar Deus, destruir a doutrina e o ensinamento seculares da Igreja, serão engolidos, levados pela própria vitória terrestre à geena eterna.

No próximo sínodo sobre a família, que caminho quereremos tomar ao separar o culto, a lei e a ética? Em *L'Esprit de la liturgie*[26], Joseph Ratzinger já escrevia: "Na organização da Aliança no Sinai, os três aspectos de culto, de direito e de ethos se entrelaçam indissoluvelmente entre si. [...] um direito que não se baseia na moral se torna injustiça; uma moral e um direito que não têm sua origem na referência a Deus degradam o ser humano, porque o privam de sua medida mais elevada e de sua possibilidade mais alta, visto que lhe negam a visão do infinito e do eterno: com essa aparente libertação ele é submetido à ditadura da maioria dominante, a critérios humanos limitados que terminam por submetê-lo à violência. [...] Por isso culto e direito não podem ficar completamente separados entre si: Deus tem direito à resposta do ser humano, tem direito ao próprio homem, e onde esse direito de Deus desaparece por completo também se dissolve a organização jurídica humana porque lhe falta a pedra angular que mantém o conjunto unido".

O Ocidente deve urgentemente fixar seu olhar em Deus e no Crucificado, "Naquele que eles transpassaram", encontrar novamente sua confiança e sua fidelidade ao Evangelho, superar sua fadiga e não recusar escutar "o que o Espírito diz às Igrejas", embora sejam elas africanas...

Defina a eternidade em três palavras.

A vida, o amor e a comunhão.

A eternidade é um grande rodopio, uma elevação sem volta, um mergulho na vida de Deus, no amor de Deus e na comunhão trinitária de Deus.

A eternidade é o presente. A eternidade está na palma da mão. A eternidade é uma semente de fogo, cujas raízes imprevistas prendem as barreiras que impedem nossos corações de ser um abismo.

A eternidade és Tu, Senhor. E nós te encontramos no amor e na comunhão: Tu em mim e eu em Ti e Tu neles e eles comigo para a eternidade.

Por que santo Agostinho podia escrever, em La Cité de Dieu, *esta frase magnífica: "Deus não fala, mas sua voz é distinta; esclarece pouco, mas sua luz é pura"? [esta citação é atribuída a Nicolas Malebranche]*

Deus é um amante silencioso, e um farol tão brilhante que permanece invisível. O verdadeiro amor não fala. Os sorrisos sem palavras não são os mais belos? O silêncio de Deus é uma voz, a mais profunda de todas.

Toda a criação fala de Deus, graças a seu maravilhoso silêncio. Na noite pascal, nasceram todas nossas vidas.

Nossa vida de fé caminha mais frequentemente na noite. Quanto mais a fé deve afrontar provas, tanto mais se fortalece. As noites da fé acabam sempre por encontrar a pequena luz de Deus.

Na vida de santo Agostinho, Deus esteve sempre presente. Nos momentos de desregramento, o céu podia parecer mais discreto. Entretanto, Deus velava sem descanso, e Agostinho acabou por responder a uma voz que não falava. Ele não cessou de procurá-la até o último alento de sua vida. Nas *Confissões* (II, 27-28), o bispo de Hipona escreveu estas extraordinárias palavras:

"*Tarde Vos amei, ó Beleza tão antiga e tão nova,*
Tarde Vos amei!
Eis que habitáveis dentro de mim, e eu lá fora
a procurar-Vos!
Disforme, lançava-me sobre estas formosuras que criastes,
e eu não estava convosco!
Retinha-me longe de Vós aquilo que não existiria,
se não existisse em Vós.
Porém chamaste-me com uma voz tão forte
que rompestes a minha surdez!
Brilhastes, cintilastes e logo afugentastes a minha cegueira!
Exalastes perfumes: respirei-o suspirando por Vós.
Saboreei-Vos, e agora tenho fome e sede de Vós.
Tocaste-me e ardi no desejo da vossa paz.

DEUS OU NADA

Quando estiver unido a Vós com todo o meu ser,
em parte nenhuma sentirei dor e trabalho.
A minha vida será então verdadeiramente viva,
porque estará toda cheia de Vós.
Libertais do seu peso aqueles que encheis,
porque não estou cheio de Vós, sou ainda peso para mim".

Nosso mundo muitas vezes está perdido, como esteve o jovem Agostinho.

Ele busca com ardor sem saber onde se encontra a verdade,

Ele busca mil caminhos para tentar crer na vida eterna,

Ele busca em tantos paraísos artificiais a alegria, a simplicidade e a beleza.

Na névoa e no sol, nosso mundo busca seu Pai e seu Deus.

Porque, no coração do homem, aquele que o conhece ou aquele que ainda o busca, já existe a presença luminosa de Deus.

NOTAS

1. Christian Cochini, *Les Origines apostoliques du célibat sacerdotal*, Paris, Ad Solem, 2006.

2. Joseph Ratzinger. *Entretien sur la foi*, Paris, Fayard, 2005. O sal da terra

3. Joseph Ratzinger. *L'Espirit de la liturgie*, Paris, Ad Solem, 2001. Em Português: *Introdução ao Espírito da Liturgia*, tradução Silva Debetto C. Reis, São Paulo: Edições Loyola, 2015.

4. Joseph Ratzinger, *ibid.*

5. Jean-Paul II, *Mémoire et identité: conversations au passage entre deux millénaires*, Paris, Flammarion, 2005.

6. Pére Jacques Dupuis, *Vers une théologie chrétienne du pluralisme religieux*, Paris, Éditions du Cerf, 1997.

7. Alexandre Soljenitsyne, *L'Erreur de l'Occident*, Paris, Grasset, 1980.

8. Albert Camus, *L'Homme révolté*, Paris, Gallimard, 1951.

9. Joseph Ratzinger, *Découvrez la pensée de Benoît XVI. Chemins vers Jésus*, Parole et Silence, 2004, pp. 45-47.

10. Thomas Merton, *Le Signe de Jonas*, Paris, Albin Michel, 1955.

11. Thomas Merton, *ibid.*

12. Simone Weil, *La Pensateur et la Grâce*, Paris, Plom, 1947. Préface de Gustave Thibon.

13. La Doctrine de Sainte Thérèse de L´Enfant-Jésus sur le Purgatoire - Philippe de la Trinite (Père), Parvis (Editions), 2006.

14. In Ioannis Evangelium, Tractatus centum viginti et quatuor, ML 35, tractatus 14, n. 2.

15. Joseph Ratzinger, Situación actual de la fe y la teología (Conferência pronunciada no Encontro de Presidentes das Comissões Episcopais da América Latina para a Doutrina da Fé) – Guadalajara, México, 1996.

16. Georges Bernanos, *Journal d'un curé de campagne* (Ed. Plon, Paris 1974), 135.

17. João XXIII, Discurso na inauguração do concílio Vaticano II (11 de outubro de 1962), AAS 54 (1962), 792: «Est enim aliud ipsum depositum Fidei, seu veritates, quae veneranda doctrina nostra continentur, aliud modus, quo eaedem enuntiantur». IV, 2-4.

18. Bento XVI, Homilia na Missa de abertura da Segunda Assembleia Especial para a África do Sínodo dos Bispos, 4 de outubro de 2009, Africae Munus, nº 13.

19. Francisco, Homilia na Missa com os Cardeais, Capela Sistina, quinta-feira, 14 de março de 2013.

20. João Paulo II, *Entrez dans l'espérance*, Paris, Plon, 1994. Em português: *Cruzando o Limiar da Esperança*. São Paulo: Editora Francisco Alves, 1994.

21. Thomas Merton, *Le Signe de Jonas*, Paris, Albion Michel, 1956, pp. 11-13. Citação não literal.

22. Père Jérôme. *Écrits monastiques*, Montrouge, Sarment, 2002.

23. Joseph Ratzinger. *L'Espirit de la liturgie*, obra citada.

24. *Une histoire de la messe*, texto introduzido por duas conferências do cardeal Joseph Ratzinger em Fontgombault, La Nef, 2009, p. 26.

25. Aline Lizotte, *L'Obéissance du Christ et le mystère de piéte*, Avingnon, Éditions AFCP, 2007.

26. Joseph Ratzinger. *L'Espirit de la liturgie*, obra citada.

Fons Sapientiae

Este livro foi impresso em papel polen bold 70g, capa triplex laminação fosca com verniz UV
Rua Lopes Coutinho, 74 – Belenzinho 03054-010 São Paulo – SP
T 55 11 3322-0100 / F 55 11 4097-6487
www.FonsSapientiae.com.br
vendas@FonsSapientiae.com.br